KB043880

속도에서 깊이로

HAMLET'S BLACKBERRY

속도에서 깊이로

철학자가 스마트폰을 버리고
월든 숲으로 간 이유

윌리엄 파워스 · 지음
임현경 · 옮김

21세기북스

1. 이 책에 등장하는 《햄릿》의 번역문은 아침이슬 출판사에서 나온 《햄릿》을 참고했다. 단, 《햄릿》의 역자는 'globe'를 '머릿속'으로, 'table'을 '페이지'로 번역했지만 이 책에서는 원문 그대로인 '글로브'와 '테이블'로 옮겼다.

2. 이 책에 쓰인 스크린이라는 단어는 최근 20여 년 동안 광범위하게 사용되기 시작한 데스크탑, 노트북, 휴대전화, e-리더, 태블릿 pc 등 모든 디지털 네트워크 장치를 통틀어 지칭한다.

3. 이 책에 쓰인 디지털 신조어는 모두 영문 발음 그대로 번역, 표기했다.

   - Digital Maximalism(디지털 맥시멀리즘): 디지털 세상에서 스크린을 통한 네트워크는 넓으면 넓을수록 좋다는 의미

   - Digital Maximalist(디지털 맥시멀리스트): 디지털 맥시멀리즘을 추구하는 사람들

   - Hyperconnected(하이퍼 커넥티드): 일상생활에서 엄청난 양의 디지털 도구를 통해 디지털 네트워크에 접속해 있는, 디지털 군중과 밀접하게 연결된 상태

   - Connecting(커넥팅): 디지털 세상과 접속된 상태

   - Disconnecting(디스커넥팅): 디지털 세상과의 접속이 끊긴 상태

언제나 그랬듯이 현대사회도 매우 훌륭한 시대다.
이 시대에 우리가 어떻게 살아야 하는지만 안다면 말이다.

- 랄프 왈도 에머슨 -

Contents

첫째 걸음, 거대한 방에서 벗어나는 문을 찾다

둘째 걸음, 시간의 숲으로 들어가다

셋째 걸음, 내 안의 월든 숲을 발견하다

거대한 방

톡톡 톡토톡 토독 톡톡……

방이 있다. 10억 명이 충분히 들어갈 수 있을 정도로 거대한 방이다. 그리고 지금 이 순간 당신을 비롯한 10억 명은 이미 그 방 안에 들어가 있다.

커다란 크기에도 불구하고 방의 디자인은 아주 독특해서 방 안에 있는 모든 사람들은 서로서로 아주 가까운 거리를 유지하고 있다. 누구나 다른 사람에게 쉽게 접근할 수 있고 어깨를 툭툭 건드릴 수도 있다.

날마다 방 안을 돌아다니는 것, 이것이 이 방에서 일어나는 전부다. 어디를 가든지 사람들이 당신을 따라다니며 당신의 어깨를 두드린다. 부드러운 손짓도 있고 단호한 손짓도 있지만 원하는 건 모두 같다. 바로 당신의 시간과 관심이다.

당신에게 질문을 던지고 대답을 기다리는 사람도 있고 부탁을 하는 사람도 있다. 물건을 팔고 싶어 안달인 사람도 있고 당신의 물건을 사려는 사람도 있다.

개인적인 소식을 전하거나 최근 다녀온 여행 사진을 보여주는 사람도 있다. 자기가 벌이는 사업에 대해서만 이야기하는 사람도 있다. 방 안에 계속 함께 있었는데도 보고 싶었다며 껴안고 뽀뽀를 퍼붓는 사람도 있다. 사소한 행동이나 생각을 실시간으로 알려주는 사람도 있는데 그는 지금 "치즈버거를 먹고 있다!"며 먹고 있던 햄버거를 번쩍 들어 보여주고 있다.

여러 명이 한꺼번에 다가오는 경우도 있다. 당신은 이미 누군가와 대화를 나누고 있는데 또 다른 사람이 접근하면 누구와 대화를 나눌 것인지 정해야 한다.

하지만 보통 당신은 사람들이 이렇게 한꺼번에 접근하더라도 능숙하게 다룰 수 있고 그 와중에도 원하는 다른 사람을 찾아 나서기도 한다. 방 안에 있으면 지루할 틈이 없다. 늘 무슨 일이든지 일어나고 배울 것도 많다. 그렇지만 10억 명의 사람 중에서 당신에게 중요한 사람은 20명에서 30명 남짓이다. 그들에게는 최대한 자주 찾아가려고 노력하고 그들이 찾아오면 당신의 기분도 좋아진다.

톡톡 톡톡 톡토톡 톡톡……

두드림은 하루 종일 멈추지 않는다. 거대한 방에서 벌어지는 인간의 상호작용이라는 축제는 끝이 없다.

방 안의 다른 모든 사람들처럼 당신에게도 개인적인 공간은 있다. 먹고 자고 많은 시간을 그곳에서 보낸다. 당신의 공간은 좋은 가구들로 채워져 있고 꽤 안락하다. 하지만 벽이 없다. 그래서 원하면 누구나 쉽게 들어올 수 있다. 자고 있으면 메시지를 남기고 가는데 가끔은 아주 급하다는 메시지도 있다. 매일 아침 당신 앞에는 새로운 메시지가 12개 정도 쌓여 있다.

그렇게 몇 년 동안 방 안에만 처박혀 있다 보니 피로가 밀려온다. 모든 두드림에 대꾸해주다 보니 기운이 다 빠진다. 이제 당신은 사람들의 요구, 부탁, 거대한 방의 이상한 기운에서 벗어나 혼자 있고 싶다는 생각이 간절해진다.

그래서 당신은 며칠 동안 휴가를 다녀오기로 결정한다. 며칠 방을 떠나 아무도 당신을 찾을 수 없는 곳으로 가기로 한다. 당신은 그러한 장소가 어디인지도 알고 있다. 높고 푸른 하늘 아래 신선한 공기가 가득한 곳, 새들의 지저귐과 바람에 흔들리는 나뭇잎 소리만 가득한 곳, 아무런 인기척이 없는 그런 곳에서 홀로 조용히 앉아 자유롭게 떠도는 마음을 느끼고 싶다.

일단 떠나고 싶다는 생각이 들자 더 이상 버티기 힘들어졌다. 왜 이제
야 이런 생각을 한 걸까?

작은 가방에 짐을 챙겨 출구를 찾는다. 잠시 후, 벽에 이르렀다. 문이
있는지 살펴보지만 보이지 않는다. 어느 쪽을 살펴봐도 끝없는 벽뿐이
다. 특별한 이유는 없지만 당신은 그냥 그런 느낌이 들어 왼쪽으로 간다.

벽을 따라 천천히 걸으며 출구를 찾는다. 그 와중에도 몇 분에 한 번씩
사람들이 다가와 어깨를 두드린다.

적당히 대꾸하고 문이 어디 있는지 물어보지만 아무도 속 시원히 대답
해주지 못한다. 모른다고 하거나 도와주지 못해 미안하다고 할 뿐이다.

문을 찾는다는 질문에 이상한 눈으로 쳐다보는 사람도 있다. 잠깐이지
만 마치 알쏭달쏭한 수수께끼라도 푸는 것처럼 당신의 눈을 똑바로 쳐다
본다.

그런데 딱 한 명, 밀짚모자를 쓴 젊은 여자가 반색을 하며 이렇게 말한다.

"문이요? 저한테 그걸 물어보시다니! 저도 몇 년째 찾고 있어요. 혹시
찾으면 저한테도 알려주실래요? 여기서 잠깐이라도 벗어날 수 있다면
무슨 짓이든 하겠어요!"

왜 그런 생각을 했는지 물어보고 싶었지만 어느새 다른 여자가 끼어들
어 젊은 여자의 어깨를 두드린다.

"행운을 빌어요!"

젊은 여자가 손을 흔들며 방긋 웃는다.

"저한테도 꼭 좀 알려주세요!"

계속 걷는다. 몇 시간이 지났지만 아직 문을 찾지 못했다. 이상하다. 이 방에 들어오기 전에는 어디로든 훌쩍 떠나는 게 무척 쉬웠는데 말이다. 어렸을 때는 툭하면 온 식구가 호숫가로 떠나기도 했는데. 호숫가 오래된 통나무집에서는 바깥에서 어떤 일이 일어나는지 아무런 소식도 듣지 못한 채 2주씩 지내다 오곤 했다.

대학을 졸업하고 도시에 살 때에도 주말마다 친구들과 함께 산이나 바다로 훌쩍 떠나곤 했다. 그때는 그게 전혀 어렵지 않았고 누구나 그렇게 했다.

마침내, 결국 포기하기 직전에, 벽에 난 커다란 구멍을 발견했다. 구멍 주위에는 몇몇 사람들이 서성이고 있다. 하지만 곧이어 하나둘 등을 돌린다. 마치 구멍이 있다는 걸 모르는 체하거나 알지만 무슨 상관이냐는 듯.

정확히 말하자면 문은 아니다. 높이 3미터에 폭이 1.2미터쯤 되는 아치 모양의 트인 공간에 허벅지까지 올라오는 높은 턱이다. 턱은 넓고 평평해서 그 위에 앉아 바깥을 내려다보기 딱 좋았다. 마침 아무도 없다.

턱에 앉아 바깥을 내다본다. 바깥은 상상했던 모습과 다르다. 높은 산, 넓은 계곡, 굽이굽이 펼쳐져 있는 한가로운 길을 기대했는데 보이는 건 까만 바탕에 크리스마스트리 장식처럼 듬성듬성 반짝이는 불빛이 전부다. 방 안 사람들이 크리스마스트리에 장식하는 작은 전구처럼 말이다.

몇 분 후, 눈이 적응하고 보니 반짝이는 불빛은 트리 장식이 아니라 진짜 별이다! 저 밖은 바로 우주인 것이다. 이 방이 지구에서 떨어져 나와 홀로 우주를 떠다니고 있는 것일까? 마치 빙하에서 떨어져 나와 홀로 떠다니는 거대한 얼음 덩어리처럼? 그런 빙하를 '독립' 빙하라고 부른다는 기사가 떠오른다. 그렇다면 사람들을 가득 싣고 우주를 떠다니는 커다란 방은 과연 뭐란 말인가?

선택은 두 가지다. 다시 돌아갈 것인가 아니면 무슨 일이 생기더라도 밖으로 나가볼 것인가.

후자는 위험부담이 크다. 바깥세상에서도 숨을 쉬거나 유쾌하게 돌아다닐 수 있을까? 혹시 까마득한 낭떠러지 아래로 떨어지는 건 아닐까?

밖으로 나갔는데 다시 돌아오고 싶을 수도 있고 혼자서는 돌아올 수 없을지도 모른다. 먼저 밖으로 나간 사람들이나 되돌아오는 방법을 아는 사람이 저 밖에 있을까?

문득 아무도 바깥으로 나간 사람이 없을 거라는 생각이 든다. 만약 있었다면 소식을 듣지 못했을 리 없다. 이곳은 발 없는 말이 천 리를 가는 세상이니까.

선택의 기로에 놓여 있는데 누가 어깨를 두드린다. 평소 같으면 당장 뒤돌아 답했겠지만 이번에는 약간 망설인다. 누구인지 궁금하다. 혹시 아는 사람일까? 아니면 전혀 모르는 사람? 하지만 바깥 광경에서 잠시도 눈을 뗄 수 없다. 이 방에 들어온 이후 다른 사람의 접근을 완전히 무시한 건 이번이 처음이다. 무모한 짓 같기도 하지만 왠지 그게 옳다는 생각이 든다.

턱 위에 올라서서 한 손으로 가장자리를 잡고 균형을 잡는다. 그리고 저 아래 뭐가 있는지 보려고 바깥으로 몸을 약간 기울인다. 별들, 끝이 보이지 않는 별들뿐이다.

그때 옆에서 인기척이 느껴진다.

"따라왔다고 화내지 않으실 거죠?"

익숙한 목소리다. 밀짚모자를 쓴 젊은 여자가 기어오르며 말한다.

"내 손을 잡아요."

"고마워요."

여자가 당신 옆에 선다.

"나는 더 이상 못 버티겠어요. 지금 내게 필요한 건 오직 이것뿐이에요."

젊은 여자는 마치 무대 위의 가수와 같은 몸짓으로 우주를 향해 팔을 뻗는다.

"준비됐나요?"

당신이 묻자 여자가 고개를 끄덕인다.

당신과 그녀는 눈을 감고 무릎을 약간 굽힌 다음 밖으로 힘차게 뛰어오른다!

깊이가 필요한 시대, 천천히 느끼고 제대로 생각하는 법

이 책은 동경과 갈망에 관한 책이다. 마음이 자유롭게 노닐 수 있는 조용하고 널찍한 공간에 대한 동경 말이다. 예전에는 그런 곳이 어디에나 있었고 또 어떻게 가는지도 잘 알았다. 그러나 이제는 점차 그런 곳을 찾기가 힘들어지고 있다.

앞서 언급했던 거대한 방의 이야기처럼 우리는 세상 모든 사람들과 연결되어 있다. 실제로 우주를 떠도는 방은 아니지만 기술이 우리 앞에 새로운 세상을 펼쳐 놓은 것만은 확실하다. 그 새로운 세상은 바로 디지털 세상이며 우리는 스크린을 통해 쉬지 않고 서로 어깨를 두드린다. 스크린 하나로 우리는 세상 모든 사람들과 온갖 정보에 쉽게 접근할 수 있다. 가족과 친구, 일과 놀이, 뉴스와 아이디어 등 우리의 모든 관심사가 디지털 세상으로 옮겨 왔다. 우리는 강력하게 연결되어 있는 디지털 세상에서 온종일 지낸다.

10년가량 디지털 세상에 머물면서 우리는 흥분도 느꼈고 보람도 느꼈다. 전 세계 어디로나 쉽게 접근할 수 있는 이 세상은 볼거리와 할 거리로 무궁무진하다. 가끔은 이 새로운 세상이 마치 지상낙원처럼 느껴지기도 한다.

하지만 반드시 기억해야 할 것이 있다. 우리는 이 사실을 무시하고 싶지만 절대 그럴 수 없다. 바로 디지털 세상에서의 삶이 갈수록 바빠진다는 사실이다. 온 세상을 연결하기 위해 태어난 디지털 네트워크를 관리하고 유지하기 위해서는 엄청난 노력이 필요하다. 이메일과 문자메시지, 음성 메시지, 포크와 프로드와 트윗, 알림과 댓글, 링크와 태그와 포스트, 사진과 동영상, 블로그와 비디오로그, 검색과 다운로드, 업로드, 파일과 폴더, 피드와 필터, 담벼락과 위젯, 태그와 태그 구름, 아이디와 비밀번호, 단축키, 팝업과 배너, 신호음과 진동. 이조차도 디지털 세상에서 우리가 매일 다루는 것의 일부일 뿐이다. 이 책이 출간될 쯤에는 또 어떤 네트워크 방법이 유행하고 있을지 모른다. 새로운 도구는 점점 더 많아지고 점점 더 다양해진다.

그럴수록 바빠지는 건 우리다. 디지털 도구를 들고 다닌다는 건 디지털 세상이 (그리고 모든 사람들이) 어디든지 당신을 따라다니는 것을 의미한다. 집에서도 마찬가지다. 여가 시간 또한 네트워크에 구속되어 더 이상 자유롭지 않다.

이런 상황을 도구의 탓으로 돌리기는 쉽다. 디지털 도구는 무척 유용하며 여러 가지 면에서 우리의 삶을 풍요롭게 했다. 그러나 새로운 기술이 늘 그랬던 것처럼 단점도 있다. 그리고 가장 중요한 것은 우리가 먼저 도구를 바쁘게 사용하지 않으면 도구가 우리를 바쁘게 만들 일도 없다. 주도권은 우리가 쥐고 있다. 우리가 먼저 '접속connecting'하기 때문에 언제나 '연결connected'되는 것이다.

디지털 세상에서 인간은 정신적으로 분주해질 뿐만 아니라 사고방식 자체도 새로워지고 있다. 인간의 정신세계를 내적인 측면과 외적인 측면으로 나누었을 때 디지털 세상에서는 외적인 측면이 더 중요하게 여겨진다. 외부 세계와 촘촘히 연결될수록 외부 세계에 의지하게 되고 결국 외부 세계가 인간의 사고방식과 생활 방식을 규정하게 된다. 이렇게 되면 외부로 향하는 인간의 사회적 욕구와 내면을 들여다보는 개인적 욕구 사이에서 충돌이 일어난다. 인류는 역사적으로 그 두 가지를 조화시키기 위해 노력해왔으며 이는 철학, 문학, 예술의 위대한 주제였다. 하지만 디지털 세상에서의 삶은 한쪽으로 몹시 치우쳐 있다. 이제 우리는 내면의 목소리가 아니라 타인의 목소리를 듣고 그 목소리에 따라 움직인다. 예전과 비교했을 때 우리는 자주, 그리고 쉽게 내면을 들여다보지 않는다.

어떻게 보면 사람들은 디지털 세상에서 단순히 자기 자신을 표현하고 싶은 것뿐인지도 모른다. 컴퓨터만 있으면 누구나 블로그를 운영할 수 있다. 자기표현의 가능성은 무궁무진하다. 문제는 이 자기표현의 대상이 오직 디지털 세계를 구성하고 정의하는 디지털 군중뿐이며 우리가 점차 디지털 군중의 반응에 민감해지고 그 반응에 따라 사고하게 된다는 데 있다. 하루 종일 디지털 군중 틈에 섞여 살아가는 사람들이 눈에 띄게 늘어나고 있다.

우리는 꽤 오랫동안 이 문제를 대수롭지 않게 여겨 왔다. 기술이 발전함에 따라 잠시 겪는 과도기적 문제라고 생각했다. 적응하면 괜찮아질 거라고 스스로를 다독였다. 결국 삶은 다시 차분해질 것이고 내면을 살피는 것 또한 자연스러워질 거라고 말이다. 이러한 긍정론에는 나름대로 타당한 근거가 있다. 지금까지 인간은 새로운 도구가 나타날 때마다 그것을 가장 잘 활용하는 방법을 능숙하게 찾아냈고 그렇기 때문에 엉터리 예언이나 지껄이는 테크노-카산드라Cassandra(주로 불길한 예언을 하는 그리스 신화의 예언자-옮긴이)의 미래에 대한 어두운 저주를 있는 그대로 받아들일 필요가 없다. 물론 이렇게 되기까지에는 많은 시간이 걸릴 수도 있다. 하지만 장밋빛 미래보다는 현재가 중요하다. 지금 당장 어떻게 생각하고 어떻게 느끼며 살아갈 것인가에 대해서 말이다.

앞서 언급한 거대한 방의 두 여행자처럼 지칠 대로 지친 많은 사람들이 디지털 군중을 피해 자기만의 시간을 염원한다. 지금의 자리를 벗어나는 것이 쉽다면 디지털 세상에서의 삶도 더욱 건전해지고 충만해질 것이다.

그런데 정말 벗어날 수 있을까? 어딘가 문이 있고 그 문을 통과하기만 하면 전혀 다른 세상이 펼쳐진다고 상상해보라. 지금보다 덜 연결된 세상에서는 시간에 쫓기지도 않고 마음도 느긋하고 차분해질 수 있다. 그런 곳이 정말 존재하고 어떻게 가야 하는지도 알고 있으니 따라오라는 사람만 있다면 당신은 그를 따라나서겠는가?

나는 이 책에서 디지털 시대를 살아가는 우리가 행복한 삶을 설계하기 위해 필요한 새로운 철학을 제시한다. 인간은 외부와 연결되고자 하는 욕망 혹은 군중의 요구에 부응하고자 하는 욕망과 함께 혼자만의 시간과 공간을 추구하는 정반대의 욕망을 '동시'에 갖고 있다. 중요한 것은 이 두 가지 욕망의 균형점을 찾는 것이다.

본론에 들어가기에 앞서 우리가 반드시 해결해야 할 중요한 문제에 대해 간단히 살펴보고자 한다. 스크린은 개인과 기업을 비롯한 다양한 조직에 필요한 업무를 손쉽게 해결해주었다. 편리함과 즐거움을 제공할 뿐 아니라 세상을 한 걸음 더 가깝게 만들어주기도 했다. 하지만 스크린을 통한 네트워크가 촘촘해질수록 우리의 일상은 정신없이 바빠졌다. 그로 인해 우리는 매우 중요한 것을 잃고 말았다. 바로 시간을 두고 천천히 느끼고 생각하는 방법이다. 우리는 이를 두고 '깊이'라는 한 단어로 표현할 수 있다. 사고와 감정의 깊이, 인간관계의 깊이, 우리가 하는 모든 일의 깊이가 사라지고 있다. 충만하고 의미 있는 삶의 핵심인 깊이가 사라져 간다는 것은 충격적인 일이 아닐 수 없다.

디지털 시대의 기저에 깔려 있는 두 가지 전제는 다음과 같다.

첫째, 스크린을 통한 네트워크는 좋다.

둘째, 네트워크는 확장될수록 더 좋다.

나는 이를 '디지털 맥시멀리즘Digital Maximalism'이라고 부른다. 이 두 가지 전제의 목표는 스크린 사용 시간을 최대화하는 것이다. 이렇게 사는 것이 진짜로 좋기 때문에 이렇게 사는 사람은 거의 없지만 이것이 바로 우리가 현재를 사는 방식이다.

그러나 최근 들어 많은 사람들이 이러한 삶의 방식에 문제가 많다고 느끼기 시작했다. 이러한 문제는 일상생활에서도 쉽게 감지할 수 있다. 끊임없이 스크린을 확인하고 싶다거나 무언가에 오랫동안 집중하지 못한다면 문제는 이미 발생했다. 이 현상은 집, 학교, 일터를 가리지 않고 나타난다. 사람들은 이 문제를 해결하기 위해 행동요법을 동원하기도 했고 정보의 흐름을 한눈에 관리할 수 있도록 도와주는 소프트웨어까지 발명했지만 별 효과는 보지 못했다. 디지털 맥시멀리즘은 이미 우리의 삶을 지배하고 있다.

그렇다면 어떻게 해야 할까? 우리는 디지털 세상이라는 미지의 세계에 발 딛고 있는 건지도 모른다. 하지만 그렇지 않다. 인간은 수천 년 동안 시대와 장소를 막론하고 새로운 기술을 사용해 네트워크를 구축해왔다. 새로운 기술이 발명될 때마다 그 시대의 사람들도 지금 우리 앞에 놓인 문제와 비슷한 문제에 직면했다. 그들 역시 분주했고 정보가 흘러넘쳤으며 삶은 통제하기 어려운 방향으로 흘러갔다.

2000년 전의 사람들도 지금 우리와 비슷한 처지였다. 그들도 우리처럼 사람들 틈바구니 속에서도 창조적인 방법으로 인생을 관리할 수 있는 방법을 찾기 위해 고심했다. 우리는 그들의 경험과 그 경험에서 나온 실질적인 아이디어를 통해 많은 것을 배울 수 있다. 미래에 대한 풍자로 시작했지만 이 책의 전제는 다음과 같다. 디지털 시대의 새로운 철학, 즉 더 올바르고 행복한 삶으로 가는 길은 바로 과거에 있다.

2부에서는 지금처럼 새로운 기술이 야기한 동요와 혼란이 팽배했던 역사적 순간들에 대해 살펴본다. 매 시기마다 당시의 새로운 기술과 그 기술에 대해 남다른 방식으로 사고했던 위대한 사상가가 있었다. 그 사상가들은 바로 플라톤, 세네카, 구텐베르크, 셰익스피어, 프랭클린, 소로, 매클루언이다. 그들의 이름이 널리 알려진 데 반해 이 문제에 대한 그들의 통찰력은 그리 잘 알려져 있지 않다.

예를 들면 플라톤은 고대 그리스 시대에도 새로운 기술이 인간의 마음에 어떤 영향을 끼칠 것인지 걱정하고 군중에서 벗어날 수 있는 방법을 찾는 사람들이 존재했다는 이야기를 들려줄 것이다. 햄릿은 문학사에서 가장 유명한 인물 중 하나지만 셰익스피어가 그에게 어떤 도구를 쥐어주었는지는 아무도 모른다. 르네상스 시대 영국에도 오늘날의 아이폰이나 블랙베리만큼 혁신적인 손바닥만 한 도구가 있었다. 나는 스크린의 일곱 철학자들이 들려주는 옛이야기를 통해 우리에게 닥친 문제를 해결하는 데 필요한 교훈을 제시하고자 한다. 당신의 삶이 외부로만 향하고 군중에게 휩쓸리고 있다면 어떻게 할 것인가? 분주한 마음을 어떻게 진정시킬 것인가? 나의 경우에는 이 문제가 각기 다른 모습으로 옛날에도 존재했다는 사실을 아는 것만으로도 위안이 되고 용기가 솟았다.

3부에서는 나의 실질적인 경험과 생생한 예를 통해 과거에서 얻은 교훈을 현재에 적용할 수 있는 가이드라인을 제시한다. 요점은 간단하다. 분주하고 복잡한 디지털 시대에 행복하고 생산적인 삶을 살기 위해서는 단절의 묘를 구사하는 법을 배워야 한다. 지금처럼 빈틈없는 네트워크 시대에도 개인과 군중 사이에 약간의 거리를 두는 것은 여전히 가능하다.

인간은 바깥으로의 여행을 좋아한다. 연결에 대한 욕구는 우리가 누구인지 그 정체성을 확인하기 위해서도 중요하다. 하지만 자신과 자신을 둘러싼 삶으로 반드시 돌아와야 한다. 그래야 스크린에 투자하는 시간이 가치 있고 의미 있게 느껴진다. 이 두 가지 욕구를 모두 충족시키는 삶을 원하지 않는가?

거대한 방이 너무 복잡하다고 생각한다면 그 방을 떠나 잠시 쉬어야
할 때가 되었다.

첫째 걸음,
거대한 방에서 벗어나는 문을 찾다

Chapter 01

참을 수 없는 디지털의 분주함

시도 때도 없이 크고 작은 스크린에서 눈을 떼지 못하는 사람들을 보면 내 친구 마리가 떠오른다. 마리를 처음 만난 건 1990년대 중반이었는데 당시 미국으로 이민 온 지 얼마 되지 않았던 마리는 영어의 미묘한 쓰임새에 대해 배우느라 한참 정신이 없었다. 그 시절 마리는 내가 잘 지내냐고 물을 때마다 행복하게 활짝 웃으며 "바빠, 정신없이 바빠!"라고 대답했다.

나는 그때 마리의 대답이 약간 이상하다고 생각했다. 언제나 똑같은 대답도 그렇고 바쁘다는 대답이 마리의 행복한 표정이나 말투하고도 별로 어울리지 않았기 때문이다. 정신없이 바쁘다고 대답하면서도 마리는 무척 즐겁고 활기차 보였다.

그러고 나서 얼마 지나지 않아 나는 그 이유를 알아냈다. 마리는 미국 사람들이 주고받던 인사말을 귀에 못이 박히도록 듣고 그대로 따라했던 것이다. 사람들은 저마다 자기가 얼마나 바쁜지 열변을 토하느라 정신이 없었고 마리는 바쁘다는 말이 큰 의미 없이 주고받는 인사말이라고 생각했다. 잘 지내냐는 친구의 물음에 별 생각 없이 예의상 내뱉는 그런 대답 말이다. "잘 지내, 고마워"가 아니라 "바쁘다, 바빠!"가 정답일 것 같은 그런 느낌이라고나 할까.

물론 시간이 지나고 나서 마리도 그게 아니라는 걸 깨달았지만 어떤 면에서는 마리가 전적으로 옳았다. 사실 우리는 정말 "정신없이 바쁘다". 날마다 수십 개의 공을 저글링하느라 정신이 없을 뿐더러 그 많은 공을 용케 떨어뜨리지도 않는 걸 보면 경이로울 정도다. 너무 바쁜 나머지 가끔은 바쁨 자체가 목적이 되어버린 것 같기도 하다.

그렇다면 가장 중요한 문제는 무엇일까? 이 아슬아슬한 저글링과 종종거림의 밑바닥에 깔린 목표는 과연 무엇일까? 사실 이런 질문은 쉽게 대답하기가 힘들다. 그래서 사람들은 이런 문제를 아예 생각조차 하지 않으려고 한다. 하지만 왜 이렇게 바쁜지 일단 고민하기 시작하면 어느 순간 나도 모르게 "내가 진정으로 원했던 삶이 이러한 모습이었나?"처럼 더 심오한 질문까지 던지게 된다. 여기에서 "인간은 왜 사는가?" 혹은 "나는 누구인가?"와 같은 존재 자체에 대한 근본적인 질문까지 던지게 되는 것은 순식간이다.

하지만 이런 질문에 진지하게 고민하는 사람은 거의 없을 것이다. 만약 있다 하더라도 과연 그러한 시간이 있을지도 의문이다. 게다가 사람들은 자신이 분주한 원인을 스스로 선택한 삶의 방식이라고 생각하지 않는다. 대신 통제할 수 없는 힘에 의해 강요된 삶의 방식이라고 생각한다. 어쩌면 우리는 정겨운 루니툰 캐릭터 대피 덕_{Daffy Duck}(워너 브라더스의 만화영화 캐릭터로 주로 엉뚱한 행동으로 웃음을 유발함-옮긴이)과 마찬가지일지도 모른다. 룰루랄라 거리를 활보하고 있는데 갑자기 머리 위로 커다란 쇠뭉치가 쿵 하고 떨어지는 광경을 상상해보라! 만화 속 쇠뭉치는 대피 덕을 그야말로 납작하게 깔아뭉갰지만 우리를 깔아뭉개는 분주함이라는 쇠뭉치는 대피 덕의 쇠뭉치와는 다르다. 쇠뭉치 아래 납작 깔리는 것은 우리 몸뚱이가 아니라 바로 내적 자아다. 육체를 넘나들며 삶의 매 순간을 인식하고 느끼고 받아들이는 인간 내부의 신비한 존재 말이다.

사람들은 흔히 자신을 둘러싼 물리적 세계에서 펼쳐지는 일련의 사건이나 오감을 통해 인식할 수 있는 외적 조건이 바로 삶이라고 생각한다. 하지만 인간은 이성과 감정을 통해 외적인 사건을 내적으로 '체험'한다. 어느 저명한 신경과학자는 그러한 체험을 바로 '뇌 안의 영상'[1]이라고 불렀으며 이것은 곧 인간을 둘러싼 세계를 내부로 반영한 모습이자 인간

개개인의 실재라고 보았다. 이는 마음, 정신, 영혼, 자아, 자각 등으로 불리기도 한다. 그 이름이 무엇이든 그것은 바로 분주함의 무게에 짓눌려 꿈틀대고 있는 '당신'과 '나'를 이루는 본질이다.

어쩌면 "그래서?"라고 냉소적으로 되묻는 사람도 있을 것이다. 삶은 언제나 몹시 고되고 힘들었으며 이를 견디는 것이 인간의 숙명이라고 따지면서 말이다. 물론 숨 돌릴 틈 없는 바쁜 상황을 즐기는 사람도 있다. 그들은 정신없이 바쁜 일상에서도 충분히 긍정적인 면을 찾을 수 있다고 여긴다. 우리에게 진정 필요한 것은 태도의 변화라면서 말이다.

하지만 태도의 변화만으로는 충분하지 않다. 인간의 의식처럼 광범위하고 주관적인 대상을 쉽게 일반화할 수는 없지만 정신없이 바쁘게 지내다 보면 태도만으로는 해결할 수 없는 문제가 생기기 마련이다. 내적으로 행복하고 충만한 삶, 혹은 "이게 바로 삶이야!"라고 느끼게 만드는 '뇌 안의 영상'을 가능하게 하는 가장 중요한 요소가 있다. 바로 '깊이'다. 깊이가 무엇을 의미하는지는 모두 알고 있다. 하지만 딱 집어 정확하게 정의하기란 쉽지 않다. 깊이는 우리가 체험하는 삶의 단면들과 진정으로 연결되어 있을 때 느끼는 자각, 감정, 이해의 폭이다.

그 삶의 단면들은 사람, 장소, 사물, 아이디어가 될 수도 있고 혹은 떠들썩한 사건이 될 수도 있다. 하루 동안 일어나는 모든 일, 모든 광경과 소리, 개인적인 만남, 마음속에 떠오르는 수많은 생각 안에서 깊이의 싹이 자라고 있다. 우리는 그 수많은 싹을 끊임없이 걸러내며 무엇에 관심을 기울일지 결정한다. 싹들은 대부분 의식의 변방에서 정처 없이 떠돌다 생을 마감하지만 선택된 몇 가지는 내면의 환한 빛을 받는다. 인간은 주변에서 일어나는 모든 일에 신경 쓰지 않고 오직 하나의 대화, 하나의 생각, 한 가지 일에 지각과 인식을 집중할 수 있도록 진화했다. 깊이 있는 경험은 진화의 결과다.

두 가지 예를 들어보자. 첫째, 당신은 운전 중이다. 차를 몰다가 빨간 신호등을 발견하면 신호를 인지하고 의미를 파악해 적절하게 반응한다. 이는 자동적이고 기계적인 반응으로 빨간 신호에 대해 깊이 생각하는 것은 아니다. 빨간 신호는 당신의 내적 세계로 진입하지 않는다. 찰나의 관심을 불러일으키는 수많은 대상 중 하나이자 무대 구석에 서 있는 영향력 없는 조연일 뿐이다. 빨간 신호등 경험에는 깊이가 없다.

그렇다면 깊이 있는 경험은 어떤 경험일까? 약 5분 후 집에 도착해 문을 열면 주인을 기다리던 개가 반갑게 뛰어오른다. 몸을 숙여 목덜미를 부드럽게 쓰다듬으면 좋아서 날뛰며 끈적끈적한 혓바닥으로 당신의 얼굴을 핥는다. 개가 풍기는 익숙한 냄새와 혓바닥의 감촉을 느끼면서 당신이 바깥세상을 탐험할 동안 개는 집에서 어떤 하루를 보냈는지 궁금해진다. 막대기를 던지면 펄쩍 뛰어올라 되물어 오는 개의 진지한 표정에 웃음이 터져 나오기도 한다. 개와 교감하는 동안 당신의 의식은 사고와 감정으로 풍부해진다. 빨간 신호등 경험과 달리 당신은 그 순간에 깊이 몰입해 있다. 바로 그 순간, 바로 그곳에 존재하는 것, 그것이 바로 깊이 있는 경험이다.

단순히 경험의 깊이가 경험에 투자한 시간에 비례한다고 생각할 수도 있다. 하지만 그렇게 간단하지 않다. 사람들로 가득한 방에서 주고받는 짧은 시선이 두 시간의 대화보다 더 깊은 경험이 될 수 있다. 깊이는 본질적으로 시간이나 수치화할 수 있는 다른 속성의 산물이 아니라 경험을 통해 흡수하는 '의미', 즉 내적인 삶에 관한 것이다. 미국의 심리학자 윌리엄 제임스는 이렇게 말한 적이 있다.

"경험의 깊이는 전적으로 삶의 전류를 끌어당기는 영혼의 능력에 달려 있다."[2]

누구에게나 이런 의미 있는 경험이 한 번쯤은 있다. 눈앞에 펼쳐지는 상황을 온전히 즐겼던 경험이나 오랜 시간이 지난 후에도 소중히 간직하고 싶은 순간이 바로 깊이 있는 경험의 순간이다. 깊이는 우리가 세상에 뿌리내릴 수 있게 해주는 삶의 본질이자 정수다. 깊이는 우리가 하는 일, 우리가 맺는 관계, 우리를 둘러싼 모든 일을 풍요롭게 만든다. 또한 훌륭한 삶을 위해 꼭 필요한 요소이자 우리가 타인의 모습에서 감탄해 마지않는 특징 혹은 자질이다. 위대한 예술가, 사상가, 지도자들에게는 모두 특정한 생각이나 사명, 다시 말하면 어떤 장애에도 흔들림 없이 목표를 추구하기 위해 필요한 내적 신념을 끌어당기는 특별한 능력이 있었다.

루트비히 판 베토벤, 미켈란젤로, 에밀리 디킨슨, 알베르트 아인슈타인, 마틴 루서 킹. 그들은 타고난 재능만으로 뛰어난 경지에 오른 것처럼 여겨지지만 그들이 뛰어난 경지에 오를 수 있었던 이유는 그 타고난 재능에 깊이를 부여했기 때문이다. 그들이 사고를 통해 이룬 깊이, 작품에 쏟아부었던 깊이 때문에 가능했던 것이다.

비단 천재들에게만 이런 능력을 찾을 수 있는 것은 아니다. 우리 주변에는 순수하게 기쁨에 가득 찬 경험을 통해 깊이를 찾아내는 평범한 사람들도 많다. 타인의 부러움을 유발하는 그런 재능은 타고나야 한다고 생각할 수도 있다. 윌리엄 제임스 역시 어떠한 경험에서도 내적 의미를 잘 찾아내는 능력을 타고난 운 좋은 사람들이 있다는 사실을 인정했다.[3] 이들에게는 구름 잔뜩 낀 하늘이나 복잡한 도심 한복판에서 마주치는 이방인의 얼굴까지도 의미 있는 경험으로 작용했다. 이에 제임스는 그런 능력을 타고나지 못한 사람들이 그와 같은 특별한 깨달음을 얻을 수 있는 방법에 대해 고심하며 이렇게 자문했다. "그런 능력을 타고나지 못한 사람이 경험에 깃들인 생생한 의미를 파악할 수 있는 방법은 무엇일까?" 그리고 그 역시 수세기에 걸쳐 많은 철학자들이 내렸던 결론과 똑같은 답을 얻었다. 바로 '깊이 있는 삶은 누구에게나 가능하다'는 것이다.

하지만 그 가능성조차도 일상생활에 깊이가 없고 분주함 자체가 목적이 되면 사라지고 만다. 매 순간이 꽉 막힌 거리의 자동차 행렬처럼 여유가 없다면 온전한 자아를 경험한다는 것은 불가능하다. 지금 우리의 삶이 바로 그렇다. 우리는 실속 없이 요란하기만 한 핀볼 기계처럼 정신없이 번쩍이고 소란스러운 세상에서 어디로 튈지 모르는 핀볼과 같다.

이따금 온갖 의무와 책임을 벗어버리고 스케줄을 약간 조정하면 조금이나마 정신을 차릴 수 있을 거라고 생각할지도 모른다. 하지만 곧 쓸데없는 생각으로 치부해버리고 만다. 이렇게 바쁘게 돌아가는 것이 정상이라고 스스로에게 주문을 걸면서 말이다. 우리는 독재자에게 자유를 빼앗긴 사람들이 체념하는 것처럼 암울한 현실을 있는 그대로 받아들인다. 모든 사람들이 질주하듯 혹은 대충 스쳐 지나가듯 일상을 허비한다. 떨어지는 쇠뭉치를 어찌할 수는 없으니 이러한 상황을 버티거나 최대한 잘 이용하는 것 말고는 할 수 있는 게 아무것도 없다는 식이다.

그래도 이러한 방식이 이 사회의 기준에 따르는 것이기는 하다. 그러나 우리가 그에 따르는 책임을 부정하는 것은 자신을 속이는 짓이다. 사실 일상생활의 여러 가지 의무와 활동 중에는 정말로 어쩔 수 없이 해야 하는 일들도 있다. 상사가 야근을 지시하면 해야 하고 대출금은 제날짜에 갚아야 한다. 그러나 아무도 요구하지 않는 일을 스스로 떠맡아 분주함을 자초하는 것도 사실이다. 취미 활동이나 관심을 가지고 열심히 참가하는 모임 등 즐거움과 만족감을 위해 하는 활동도 많지만 필요하지도 않은 물건을 사느라 허비하는 시간처럼 무의미하고 중요하지 않은 일도 많다. 가치 있는 활동이든 아니든 중요한 점은 우리를 분주하게 만드는 많은 일들을 우리 스스로 선택했다는 것이다. 단지 '선택'한 것이 아니라 우리는 그것들을 '추구'한다.

지난 몇십 년 동안 인류는 스스로를 더 바쁘게 만드는 새롭고 강력한 방법을 찾기 위해 노력했다. 바로 디지털 기술이다. 사람들은 컴퓨터와 스마트폰만 있으면 지나치게 외부 지향적인 생활과 그로 인한 스트레스를 해결할 수 있을 거라고 생각한다. 물론 컴퓨터와 스마트폰이 중요한 업무를 수행하고 의사소통을 위한 시간과 노력을 덜어주는 등 여러 가지 면에서 일상생활을 손쉽게 해결하는 것은 사실이다. 그러나 그만큼 우리는 더 바빠졌다. 스크린은 그것이 반드시 해야 하는 일이든 우리가 선택한 일이든 가치 있는 일이든 무의미한 일이든 상관없이 우리를 바쁘게 만드는 모든 일들과 우리를 더 촘촘하게 연결한다. 휴대전화가 있고 인터넷에 접속할 수 있으며 이메일 계정만 있으면 무수한 사람들과 손만 뻗어도 닿을 수 있다. 그리고 당신 역시 그들의 손아귀에서 벗어나기 힘들다.

우리는 이러한 삶의 방식을 적극적으로 받아들였다. 개인적으로도 그랬고 사회 전체적으로도 마찬가지였다. 지난 10년 동안 인류는 더 빠르고 빈틈없는 디지털 네트워크를 구축하고 확장하기 위해 노력했다. 전화는 초고속 인터넷에 자리를 내주었고 곧이어 휴대 가능한 무선통신으로 발전했다. 하지만 더 빠르고 광범위한 네트워크에 대한 갈망으로 인해 업그레이드는 여전히 진행 중이다. 이미 구축된 네트워크 안에서도 다른 사람과의 연결 강도와 수위를 끊임없이 높이고 있다. 서너 개의 이메일

계정은 기본이며 주소록 목록도 점점 늘어난다. 가장 최신의 소셜 네트워크에 가입하고 네트워크 안의 다양한 모임에 참여한다.

네트워크로 연결된 사람들의 수가 점점 더 많아질 뿐만 아니라 그들에게 투자하는 시간과 접속 횟수 또한 증가하고 있다. 지금보다 느렸던 아날로그 시대에는 친구들이나 가족들의 소식을 며칠이나 몇 주에 한 번씩 듣는 것이 보통이었지만 요즘은 한 시간 혹은 몇 분에 한 번씩 들을 수 있다. 얼마 전까지만 해도 하루에 이삼백 통의 이메일을 받는 사람은 상상할 수 없을 만큼 바쁜, 그래서 다소 불쌍한 사람이라고 생각했지만 요즘은 대부분이 그렇다. 양으로만 본다면 몇 년 안에 모든 사람들이 그렇게 될 것이다. 한 달에 30만 개가 넘는 문자메시지를 보냈다는 캘리포니아의 젊은 여성에 대한 기사는 우리가 지향하는 바를 잘 보여준다.[6] 기사의 부제목은 다음과 같았다. "새크라멘토의 10대들 눈에 비친 인기 있는 그녀." 10년 쯤 후에는 인기의 정의가 과연 어떻게 될까?

목표는 더 이상 연결이 아니라 연결되지 않을 가능성을 완전히 차단하는 것이다. 스크린을 통해 모든 생각과 행동을 실시간으로 타인과 공유하며 사는 것이다. 네트워크를 피해 찾아가는 곳에서도 네트워크는 끊어지지 않는다. 머리를 식히기 위한 잠깐의 산책도 15년 전과 비교하면 지금은 확연히 다르다. 대도시의 복잡한 거리든 시골의 숲길이든 휴대용 디지털 도구만 들고 있다면 전 세계의 모든 사람들이 당신의 뒤를 졸졸

첫째 걸음, 거대한 방에서 벗어나는 문을 찾다

따라오는 것과 같다. 물론 그렇다고 해도 기분 좋은 산책을 할 수는 있다. 하지만 과거의 산책과는 질적으로 다른 경험이라는 것은 확실하다. 보이지 않는 사람들이 계속 주변을 맴돌며 우리를 분주하게 만들기 때문이다.

방금 정말 멋진 영화를 봤어! 쯧쯧, 이런 쓸데없는 생각을 하다니. 남부 아시아에서 자살 폭탄 테러? 주가가 폭등했습니다. 유명 연예인의 가슴 아픈 비밀? 새로운 아이디어? 뭘까? 택시를 타고 가는 중이야. 당신의 힘을 보태주십시오! 그러고 보니 보고하는 걸 깜빡했네, 어디다 됐더라? 당신의 의견을 기다립니다. 또 살인자를 놓치다니, 바보 같은 놈들. 침대에서 사용해보라고? 음, 맛있어 보이는 셔벗이네. 지불 기한이 지났다고? 그럴 리 없는데. 손쉬운 치킨 파이? 대단한 분석이라, 어디 한 번 볼까? 우리가 다녀온 아프리카 사파리 비디오 볼래? 당신의 댓글에 답글이 달렸습니다. 시간이 얼마 남지 않았습니다. 지금 바로 주문하세요! 나 머리 했어, 어때? 그런 걸 농담이라고 하다니. 요즘 큰 프로젝트 때문에 무척 바빠. 예쁜 딸이 태어났습니다! 개표 결과를 보려면 여기를 클릭하세요!

너무 빨리 지나가기 때문에 따라잡기도 힘들다. 이런 삶의 방식에 깊이 빠져들면 들수록 우리는 내 친구 마리처럼 "바쁘다 바빠!"를 안부 인사로 주고받으며 디지털 시대를 살게 될지도 모른다. 요즘 어떻게 지내? 바빠, 정말 바빠!

우리는 분주함과 깊이가 상호 배타적이지 않다는 사실을 경험으로 알고 있다. 누구에게나 좋은 의미로 바빴던 순간들, 여기저기로 바쁘게 돌아다니면서도 그 순간 우리 앞에 놓인 일에 모든 것을 쏟아부었던 순간들이 있다. 하루에도 몇 번씩 어려운 수술을 해내는 외과 의사들은 바쁜 와중에도 매 수술마다 고도의 집중력을 발휘한다. 할 일이 많을수록 해내는 일도 많다는 옛말처럼 할 일이 산더미처럼 많으면 그만큼 단련되기 마련이다.

하지만 불행하게도 디지털로 인한 분주함은 외과 수술과는 차원이 다르다. 스크린 안에서는 수십 가지의 일이 우리의 관심을 얻기 위해 서로 경쟁하고 있고 이들을 한꺼번에 쉽게 처리할 수 있는 소프트웨어와 하드웨어도 개발되고 있다. 너무 쉽고 매력적이라 거부할 수도 없다. 그럴수록 우리는 쉬지 않고 깜빡이는 커서처럼 여기서 저기로 또다시 여기로 쉬지 않고 마우스를 클릭한다. 우리는 스크린이 생산성을 높여주는 도구라고 생각하지만 사실 스크린은 생산성을 높이기 위해 꼭 필요한 연속적인 집중력을 방해한다. 네트워크가 빨라지고 촘촘해질수록 생산성 향상이라는 이상은 멀어진다. 디지털로 인한 분주함은 깊이의 적이다.

물론 모든 사람들이 이렇게 사는 건 아니다. 미국만 해도 수백만 명이, 그리고 전 세계를 통틀어 이보다 더 많은 사람들이 디지털 장비를 구입

첫째 걸음, 거대한 방에서 벗어나는 문을 찾다

할 경제적인 여유가 없기 때문에 공공 도서관이나 다른 기관을 통해 제한적으로 접근할 수밖에 없다. 이는 디지털 기술이 베푸는 여러 가지 장점에서 소외되고 있는 사람들이 많다는 뜻으로 해석할 수 있으며 이 역시 관심을 기울여야 할 심각한 문제 가운데 하나다. 또한 경제적 능력은 있지만 과도한 네트워크를 지양하거나 아예 관심조차 없는 사람도 있다. 그러나 이러한 예외는 규칙이 있다는 반증이기도 하다. 시대의 흐름과 변화의 속도는 그와 정반대로 흘러가고 있다. 전 세계 네트워크는 10년 전과 비교해 엄청나게 확장되었고 지금도 끊임없이 확장되고 있다. 그리고 이러한 변화는 디지털 세상으로 뛰어들지 않은 사람들에게도 영향을 끼친다.

이는 심각한 문제로 우리 삶의 중심에서 일어나는 투쟁, 혹은 노력에 관한 문제다. 그리고 노력이란 삶의 중심을 찾기 위한 노력이자 생각하고 느끼는 방법을 스스로 통제하기 위한 노력이다. 유행을 쫓아 허겁지겁 달리다 보면 내적인 삶도 그렇게 될 수 있다. 우리는 왜 이렇게 살고 있는 것일까? 모든 사람들이 온종일 스크린만 바라보며 서로를 바쁘게 만드는 세상이 과연 우리가 바라는 세상일까? 진정 더 나은 방법은 없는 것일까?

이 같은 까다로운 질문에 대답하기 위한 방법으로 우리는 외부로 시선을 돌리도록 훈련을 받았다. 대학, 여론조사 기관, 두뇌 집단, 정부 기관 등 여론조사를 하고 연구를 하는 모든 집단의 결과물에서 답을 찾았다. 사실 디지털 기술이 개인을 비롯한 가족과 기업, 더 나아가 사회 전반에 미치는 영향에 대한 연구는 지금도 광범위하게 이루어지고 있다. 늘 새로운 의견이 발표되고 언론 매체를 통해 널리 알려진다. 디지털 기술은 그야말로 대중의 관심이 끊이지 않는 화젯거리다. "미국인 컴퓨터 사용 1일 8시간", "미국, 인터넷 중독자들의 천국", "음주 운전보다 더 위험한 운전 중 문자메시지 착발신".[5] 우리는 이런 기사를 읽으며 고개를 설레설레 흔든다. 몰랐던 사실이기 때문이 아니라 너무 잘 알고 있는 사실이기 때문이다. 과도하게 연결된 삶의 모습은 우리 주변에 널려 있다. 하지만 연구와 조사는 이런 상황을 타개할 방법은 알려주지 않는다.

연구와 조사는 일반적인 사실만을 반영한다. 즉 인구의 가장 많은 수가 그렇다는 이야기다. 이러한 일반적인 사실은 개개인의 특별한 삶에 관한 질문에 대해서도 대답할 수 있다고 가정한다. 간단히 말해 그들은 이해하기 위해 대중을 본다. 물론 어떤 주제들은 대중이 답을 가지고 있다. 이를 테면 정치에서 선거는 많은 사람들의 표심으로 결과가 달라진다. 커다란 선거에서 몇 주 간의 여론조사 결과가 흥미롭고 유용한 이유는 바로 여기에 있다. 물론 우리가 어떻게 기술과 공존할 수 있는지와 같은 특별한 측면을 드러내기 위해 연구의 범위를 한정하고 그것을 명확하게 밝힐 수 있다. 나도 이 책에서 그러한 연구를 인용했다. 그러나 증가하는 스크린의 영향력이나 스크린에 관한 전반적인 문제에 대한 대중들의 의견은 전혀 도움이 되지 않는다. 오히려 스크린의 문제는 대중들을 스크린으로 강력하게 끌어당김으로써 대중 자체가 문제가 될 수도 있다. 이는 마치 초콜릿 케이크로 과식 문제를 해결하려는 것과 같다.

궁극적으로 인간의 경험은 대부분의 사람들에게 무슨 일이 일어났는 지에 관한 것이 아니라 개개인에게 매시간 혹은 매 순간 무슨 일이 일어 났는지에 관한 것이다. 그렇기 때문에 모든 문제를 일반적이고 공통적인 방법으로만 답을 찾아낼 수는 없다. 특히 삶의 질에 관한 문제일 때는 더욱 그렇다. 최근에는 집단 사고와 집단행동이 힘을 발휘하고 있다. 이는 디지털 대중이 힘뿐만 아니라 지혜도 갖고 있다고 여기게 만든다.

확실히 대중의 흐름을 살펴보면 최신 유행이 무엇인지 혹은 누가 언제 어떤 물건을 구입했는지까지 분명히 알 수 있다. 그러나 이는 지혜가 아 니라 투자 종목을 고르거나 도박을 하거나 기타 단기적 목표 추구에 있 어서 약삭빠르게 상황을 잘 파악하는 능력일 뿐이다. 대중은 개개인이 모인 것뿐이다. 그리고 지금 이 순간 그 개개인에게 무슨 일이 일어나고 있는지 이해하기 위해서는 바로 우리 자신의 삶을 들여다보아야 한다. 어떤 자료도 결코 알려줄 수 없는 것을 우리 삶이 알려줄 것이다. 관심을 기울이기만 한다면 말이다.

앞으로 들려줄 이야기는 나의 개인적인 경험들이다. 첫 번째는 스크린 을 통해 다른 사람들과 연결되고자 하는 욕구에 관한 것으로 그런 욕구 는 어디서 나오며 왜 중요한지 살펴보겠다. 두 번째는 그와 정반대로 모든 연결을 차단하고자 하는 욕구다. 물론 내 경험이 독자들의 경험과 반드시 일치하지는 않을 것이다. 내 경험은 최근 많은 사람들이 각기 다른 방법으로 겪고 있는 갈등의 한 가지 예일 뿐이다. 우리가 아직 모르는 것은 이 두 가지 욕구가 서로 조화를 이룰 수 있는지, 있다면 어떻게 조화시켜야 하는지다. 이는 디지털 시대의 가장 중요한 수수께끼이며 이 수수께끼를 풀기 위해서는 가장 먼저 우리의 일상을 세세히 들여다보아야 한다.

Chapter 02
스크린 마법에 빠진 사람들

나는 차를 몰고 부모님 댁으로 향하고 있다. 부모님 댁은 우리 집에서 2시간 정도 걸리는데 거기서 고속도로를 타고 조금 더 가면 작은 공항이 있다. 공항은 주차하기도 쉽고 이용객도 별로 없으며 직원들도 모두 친절하다. 그래서 나는 일 때문에 비행기를 탈 일이 있으면 보통 그 공항을 이용하는데 그 전에 꼭 부모님 댁에 들른다. 오늘은 저녁 비행기를 타기 전에 부모님과 함께 저녁을 먹기로 했다.

그런데 이번에도 평소처럼 조금 늦게 출발하는 바람에 약속 시간에 도착하기 힘들 것 같았다. 그래서 늦을 것 같다고 집에 전화를 드려야 했다. 고속도로를 달리던 나는 앞뒤로 차가 하나도 없어 잠깐 한눈을 팔아도 될 때까지 기다렸다. 그리고 휴대전화를 꺼내 부모님 댁 전화번호가 저장된 단축 번호 4번을 눌렀다. 엄마의 사진이 휴대전화 액정 화면에 나타났다. 몇 달 전에 휴대전화 카메라로 찍은 다음 엄마와 통화를 할 때마다 그 사진이 뜨도록 지정해 놓았다.

나는 이 사진이 무척 마음에 든다. 전화기를 귀에 갖다 대기 전에 사진을 잠깐 바라보았다. 분홍색과 흰색 줄무늬 스웨터를 입은 엄마는 웃음을 터트리기 직전에 항상 짓는 표정을 짓고 있다. 엄마는 웃음이 많은 편인데 이 사진은 엄마의 중요한 특징을 아주 잘 포착했다.

엄마가 전화를 받자 나는 가는 길인데 약간 늦을 것 같다고 말씀드렸다. 엄마는 그럴 줄 알았다는 듯 웃으셨다. 엄마와 이런 대화를 너무 자주 나누다 보니 이제는 다음에 무슨 말이 오갈지 서로 다 알고 있을 정도다. 엄마는 저녁을 차리지 않고 기다릴 테니 도착하기 20분 전에 다시 한 번 전화해 달라고 말씀하셨다. 나는 그러겠다고 대답한 후 빨리 보고 싶다고 말씀드렸다. 그리고 전화를 끊었다.

전화를 끊고 나서 엄마 사진을 한 번 더 바라보았다. '종료' 버튼을 누르고 사진이 사라지는 모습까지 지켜보았다. 그리고 운전을 계속 하는데 갑자기 예상치 못한 감정이 밀려들었다. 엄마와 함께 보낸 시간이 얼마나 즐거웠는지 그리고 그렇게 따뜻하고 다정한 엄마의 아들이라는 사실이 얼마나 감사한지 그런 생각들이 연이어 떠올랐다. 최근에 나는 내 아들이 꽤 유머 감각이 있다는 사실을 발견했는데 어쩌면 제 할머니에게서 물려받은 게 아닐까 하는 생각이 든다. 좋은 유전자들만 따로 모아 전해진 것일까?

시간이 흐르면서 엄마에 대한 생각은 훨씬 더 풍부해졌다. 머릿속에서는 엄마의 사진과 고속도로 양쪽의 무성한 소나무 숲이 하나로 모아졌고 라디오에서는 저 멀리 인공위성을 통해 재즈 음악이 흘러나왔다. 난데없이 떠오른 옛 기억들은 차 안을 가득 채웠다. 기억들은 특별한 사건에 대한 구체적인 기억이라기보다 엄마의 일상적이고 평범한 모습이었다. 내 마음속에 생생하게 담긴 추억 목록 중에서 '엄마'라는 폴더 안에 들어 있는 영상이 떠오른 것이다. 엄마는 잔디를 거닐고 있다. 바닷가 파라솔 아래서 책을 읽기도 하고 파티에서 다른 사람과 이야기를 나누기도 한다. 재미있는 이야기를 들었을 때 옆구리를 잡고 웃는 모습도 있다. 잠깐 동안 내 차는 엄마에 대한 애정과 기쁨으로 가득 차올라 구름이 되었고 둥실 떠올랐다. 시간조차 잊게 하는 이 느낌은 아주 보기 드문 감정이었다. 일상생활의 따분함과 혼란은 모두 사라졌고 그 순간 나는 더 이상 정신 없고 서두르고 모나고 부족한 인간도 아니었다. 나는 저 멀리서 내게 다가온 기억과 내 안 깊은 곳에서 떠오른 기억에 완전히 빠져들었다. 마치 나를 둘러싼 세상과 나 자신이 지금까지와는 전혀 다른 방식으로 조화를 이룬 느낌이었다.

엄마와 나는 몇 분 전에 통화할 때처럼 더 이상 연결되어 있지 않다.

하지만 나는 실제로 엄마와 통화를 했을 때보다 지금 더 강하게 연결되어 있다고 느낀다. 그 느낌을 만끽하면서 나는 이를 가능하게 해준 도구에 대해 생각했다. 바로 자동차 컵 받침 안에 잠자코 들어있는 볼품없고 값싼 폴더형 휴대전화다. 어떻게 휴대전화가 이를 가능하게 한 것일까?

내 경험은 21세기 초에 흔히 볼 수 있는 무수한 디지털 커넥션의 작은 예일 뿐이다. 하지만 한발 물러나 곰곰이 생각해보면 모든 커넥션과 그 커넥션을 통한 경험에는 꼭 필요한 기본 요소가 있다는 것을 발견할 수 있다.

첫째, 모든 커넥션은 반드시 실질적인 필요로 촉발된다. 나는 약속 시간에 도착할 수 없었기 때문에 기다리는 사람들에게 이를 알려야 했다. 그 사람이 누군지는 중요하지 않다. 나는 이처럼 간단하고 실질적인 일을 수행하기 위해 휴대전화를 사용했다. 엄마와 한 통화는 우리가 날마다 스크린을 통해 해결하는 모든 유용한 업무를 대변한다. 사적인 일은 물론이고 업무상 필요한 일이나 다른 모든 일까지도 포함한다.

얼마 전까지만 해도 내가 처했던 상황을 해결하기 위해서는 시간과 노력이 많이 필요했다. 우선 주유소나 고속도로 휴게소에 차를 세우고 공중전화를 찾아야 했을 것이다. 적당한 곳에 주차를 하고 차에서 나와야 함은 물론이다. 낙서투성인 더러운 공중전화로 통화를 하려면 동전이나 전화 카드가 있어야 하는데 이 역시 시간을 잡아먹는 귀찮은 일이다. 이 번거로운 과정을 수행하려면 적어도 10분은 필요하고 그러다 보면 약속 시간에는 더 늦을 것이다. 하지만 지금 나는 휴대전화의 버튼 하나만 눌러서 통화하고자 하는 사람의 목소리를 곧 들을 수 있었으며 1분도 지체하지 않고 목적을 완수할 수 있었다.

그렇다고 이 일이 그렇게 대단한 사건은 또 아니다. 내가 아낀 시간과 수고는 오직 엄마와 나 두 사람에게만 의미가 있었다. 10분은 그리 긴 시간도 아니다. 사소한 일이지만 역설적으로 그렇기 때문에 더 의미 있는 것인지도 모른다. 인생은 이처럼 소소한 순간으로 가득하기 때문이다. 친구의 주소가 필요할 때, 피자를 주문할 때, 어제 상사에게 보낸 메모를 동료에게 복사해줄 때, 수학 시험 결과가 궁금할 때, 계산서를 지불해야 할 때, 날씨를 확인하고 싶을 때와 같이 컴퓨터나 휴대전화를 사용해 해결하는 거의 모든 일들이 그 자체만으로는 일상적이며 대수롭지 않은 일이다. 하지만 그 대수롭지 않은 일도 많아지면 중요도가 커진다.

어쨌든 우리는 온종일 끊이지 않는 일상적인 문제, 즉 삶의 실질적인 면을 해결하기 위해 대부분의 시간과 에너지를 소모한다. 게다가 그런 실질적인 문제들은 선택의 폭이 넓지도 않다. 중요한 일에 신경 쓰기 전에 사소한 일들을 반드시 먼저 처리해야 한다는 뜻이다. 대출금을 갚지 않으면 사랑하는 가족의 안식처가 사라질 것이다. 비행기 표를 예약하거나 여권을 갱신하지 않으면 꿈 같은 휴가는 절대 가질 수 없다. 업무용 이메일을 정기적으로 확인하지 않으면 효과적인 일 처리가 불가능하다. 사실 우리가 가장 중요하게 생각하는 목표, 이상, 삶에서 진정 얻고자 하는 모든 것들은 현실적이고 사소한 문제를 얼마나 효과적이고 능률적으로 해결해나가는지에 달려 있다.

고작 10분을 절약했을 뿐이지만 이를 보통 하루에 해결하는 현실적인 문제의 수와 곱해 보면 통틀어 절약할 수 있는 시간과 에너지는 결코 무시할 수 없다. 이것이 바로 지난 20여 년 동안 인류가 디지털 기술을 받아들여 삶을 재조직해 온 중요하고 근본적인 이유다. 그리고 반드시 그렇게 해야 마땅했다. 컴퓨터와 스마트폰은 더 멋진 삶과 꿈을 위해 반드시 해결해야 할 근본적이고 소소한 문제들을 손쉽게 해결해주었다.

문화적으로도 디지털 도구는 그 활용도가 매우 높아지고 있고 그 도구를 활용해 최대한 '접속'하라고 조장하는 분위기가 만연하다. 미국 중산층을 대변하는 잡지 〈퍼레이드〉는 표지 사진에서 "접속하라 Get Connected!"[1] 고 재촉했다. 유명한 코미디언이 자신의 트레이드 마크인 익살스러운 표정을 짓고 있는데 디지털 도구들이 그의 얼굴을 둘러싸고 있고 귀에는 USB가 꽂혀 있다. 기사를 들춰 보면 디지털 기술이 어떻게 '정치를 다시 대중의 손으로' 돌려놓았는지, 얼마나 '기발한 방법으로 사람들을 모이게' 했는지, 어떻게 '삶을 더 쉽게' 만들었는지 자세히 알 수 있다. '당신의 디지털 홈 your digital home' 이라는 책 속의 책 코너도 있다. 기사가 의도하는 내용은 간단하다. 더 이상 고생하지 말고 디지털 네트워크를 통해 성공하라!

물론 어려운 문제는 아니다. 개인이든 기업이나 정부 기관이든 어떤 조직도 마찬가지다. 경쟁에서 살아남기 위해서는 속도와 효율성이 가장 중요하다. 그렇기 때문에 기술을 통해 비용을 절감하고 한계를 극복하고 관리를 간소화해야 (모든 것이 그대로만 된다면) 전체적으로 성과를 높이고 좋은 결과를 얻을 수 있다. 이 경우에도 디지털 도구는 더 큰 목표를 완수하기 전에 사소한 목표들을 먼저 깔끔하게 처리해준다. 또한 디지털 도구는 공동의 이익과 목표를 가진 개인들이 모여 새로운 조직을 만들고 활동하는 것을 무척 쉽게 만들어준다. 클레이 서키Clay Shirky가 언급한 것처럼 '말도 안 될 정도로 쉽게 그룹을 형성'[2]할 수 있는 시대가 도래했으며 이는 국민을 억압하는 정치제도를 무너뜨리고 지역사회가 자연재해나 테러 단체의 공격 등에 대응할 수 있도록 도와주었다. 여러 사람의 힘과 지혜가 모여 문제를 해결하는 놀라운 일들이 가능해진 것이다.

사람들이 스크린에서 눈을 떼지 못하는 이유가 무엇이라고 생각하는가? 내가 저녁 식사에 늦을 것 같다고 엄마에게 전화를 해야 했던 것처럼 직장이나 지역사회 혹은 사생활에서 반드시 해결해야 할 중요한 일들을 몇 가지만 생각해보면 어느 정도 답이 나온다.

물론 그게 전부는 아니다. 스크린은 최종 목표를 달성하는 데 필요한 일상의 업무 해결을 도와줄 뿐 아니라 더 높은 목표를 달성하는 데에도 '직접적인' 역할을 한다. 앞서 언급했던 예에 대해 다시 생각해보자. 실제로 시간을 절약했다는 점만 보면 누구에게 전화를 걸었는지는 중요하지 않다. 하지만 정신이나 감정을 고려하면 그 대상이 무척 중요해진다. 나는 나를 세상에 있게 해준 특별하고 소중한 사람에게 전화를 했다. 휴대전화를 통해 그 사람의 목소리를 들을 수 있었고 전화기에 뜬 사진을 보며 차 안에서도 그 사람의 존재를 느낄 수 있었다. 이 잠깐의 통화를 마치고 나는 오직 엄마에 대한 생각으로 가득한 짧지만 가치 있는 순간을 경험했다. 그 순간 나는 주의를 흐트러뜨리는 일상의 고민에서 벗어나 내 감정에 깊이 몰입할 수 있었다. 그리고 특별한 사람과의 관계에 대해 다시 한 번 감사했다. 머릿속에 떠오른 엄마와 있었던 소소한 일들은 어느새 엄청난 대작이 되어 있었다.

더 이상 무엇을 바라겠는가? 한 사람의 일상이 멋진 삶을 위해 '꼭 필요한 의미 있는' 경험으로만 가득하다면 정말 더 이상 바랄 것이 없을 것이다. 하지만 그러한 경험은 인간관계만으로 가능하지는 않다. 우리가 하는 일, 정확히 말하자면 일하는 모든 순간 역시 의미가 있어야 한다. 이러한 깊이 있는 경험은 일상의 모든 순간에서 가능하다.

이를 가능하게 하는 것이 바로 디지털 도구다. 우리는 디지털 도구를 이용해 인간관계를 풍요롭게 하고 감정적, 사회적, 정신적인 갈등을 해소하며 자신을 창조적으로 표현할 수 있다. 잘 활용하기만 한다면 디지털 도구는 삶의 매 순간을 더 풍요롭고 가치 있게 만들어준다. 이건 결코 과장이 아니다. 진심을 담아 이메일을 쓴 적이 있다면, 머릿속에서 떠나지 않는 동영상을 인터넷으로 본 적이 있다면, 세상을 바라보는 관점을 바꾼 에세이를 온라인상에서 읽은 적이 있다면 누구나 이에 동의할 것이다.

내 경우에는 이 모든 것이 전화 한 통으로 가능했다. 하지만 내 경험은 엄마와 통화를 마친 후, 즉 엄마와 실제 연결되어 있던 순간이 아니라 연결이 끊어진 다음에 일어났다는 것을 기억해야 한다. 실질적인 전화 통화와 그 후에 일어난 깊이 있는 경험 사이에는 시간 차가 존재한다. 만약 그 차이가 없었더라도 동일한 결과를 얻을 수 있었을까? 이처럼 깊이 있는 경험을 할 수 있었을까? 그렇지 않을 것이다. 내가 통화를 끝내고 휴대전화로 다른 일을 계속했다면 생각과 감정이 그처럼 깊어질 시간과 여유가 없었을 것이다. 스크린을 통한 모든 활동도 마찬가지다. 물론 스크린을 통해서도 가치 있는 경험은 할 수 있다. 그러나 여유는 반드시 필요하다. 아마 빛을 받지 못하고 이미 지나가버린 기회도 있었을 것이다. 그리고 일이 잘 풀리지 않고 이건 내가 바라던 삶이 아니라는 생각이 들 때마다 지나가버린 그 기회가 그리워질 것이다. 얻지 못했던 깨달음, 통찰력, 기쁨, 마음이 결코 떠나지 못했던 여행이 그리워질 것이다.

사무실에 앉아 계속해서 이메일과 문자메시지를 확인하고 웹 사이트를 돌아다니고 휴대전화를 들고 종종거리다가 또다시 이메일을 확인하고, 이 모든 과정이 디지털 축제처럼 느껴질 수도 있다. 그러나 그럴수록 깊이 있는 경험의 가능성과 기회는 점점 멀어진다. 물론 제품을 혁신적으로 개선해 달라는 고객의 이메일을 받고 제품 개선에 대한 간략한 밑그림이 떠올라 시장 전체를 뒤흔들 수 있는 새로운 제품을 개발해 자기만의 사업을 시작할 수도 있다. 그러면 당신의 삶 전체가 바뀔 것이다.

하지만 그러한 생각이 꽃피울 만한 시간을 잠시도 허용하지 않고 또 다른 스크린으로 옮겨가기를 반복한다면 새로운 삶은 결코 없다.

　전화 통화와 그 '결과' 사이의 시간은 말할 수 없이 중요하다. 그 시간은 디지털 경험이라는 실질적인 측면과 꼭 필요한 '의미 있는' 측면을 연결하기 위해 반드시 필요했다. 하지만 디지털 기술을 대하는 지금의 사고방식, 즉 네트워크는 절대 끊어지지 말아야 한다는 근거 없는 믿음은 시간의 공백이 가진 중요성을 완전히 간과하고 있다.

　시간의 공백을 간과한다고 해서 디지털 산업이 디지털 도구를 통한 깊이 있는 경험의 가능성 자체를 무시한다는 말은 아니다. 오히려 디지털 산업은 디지털 도구가 깊이 있는 경험을 가능하게 한다고 광고한다. 소비 심리를 유발할 수 있는 중요한 측면이기 때문이다. 만약 사람들이 디지털 도구가 대수롭지 않은 일만 처리한다고 생각한다면 집에 있는 진공청소기와 별반 다르지 않다고 여길 것이다. 하지만 우리는 디지털 도구를 마치 친구나 영감을 주는 뮤즈, 더 멋진 세상으로 가기 위해 꼭 필요한 여권과 같다고 생각하며 기업 또한 이를 마케팅에 적극 활용한다. 몇 년 전 애플에서는 고객의 눈길을 사로잡는 아이폰의 첫 번째 텔레비전 광고를 내보냈다.[3] 멋지고 아름다운 젊은 여자가 까만 배경 막에 홀로 기대 아이폰을 손에 들고 있다. 뉴욕시립발레단의 무용수인 그녀는 공연 도중 무대 뒤에서도 모바일로 블로그를 관리할 수 있다며 발랄하게 말한다.

　"멀티태스킹이죠. 발레리나에게도 정말 중요하답니다."

애플은 총명하고 매력적인 어떤 유명 인사라도 광고의 주인공으로 삼을 수 있었을 것이다. 하지만 발레리나는 아주 특별한 방법으로 메시지를 전달했다. 그녀가 전한 메시지에 따르면 아이폰은 실용적이고 단조로운 일을 처리하기 위한 것이 아니라 우리 안의 예술가, 혹은 영적 성장을 위한 것이었다. 바로 '영혼'을 위한 것이다.

디지털 기술을 창조적 도구로 이용할 가능성은 분명 존재한다. 특히 온라인의 생기 넘치고 독창적인 문화에서는 더욱 그렇다. 구글링이나 트윗과 같은 재미있는 신조어들이 대표적이다. 상상력과 예술적인 영감을 자극하는 스크린은 개인뿐만 아니라 여러 조직에도 의미하는 바가 크다. 소규모 사업장, 대학, 병원, 다국적기업 등 어떤 조직에서도 가장 중요한 것은 의욕적이고 창조적인 직원이다. 기업 경영에 관한 수많은 기사나 책들을 보라. 하나같이 머릿속에 숨은 능력을 발견하고 정신적인 도약을 이루기 위해 '틀에 박힌 생각에서 벗어날 것'을 강조하고 있다. 최고의 환경이 갖추어진다면 디지털 스크린은 이 모든 것을 가능하게 해줄 것이다. 이것이 바로 현대 조직 사회에 디지털 기술이 반드시 필요한 또 다른 이유다. 효율성 추구와 더불어 내면의 잠자는 발레리나를 깨우는 것이다.

하지만 이렇게 생각해보자. 그 발레리나가 블로그 관리를 비롯한 여러 가지 다른 업무를 동시에 처리한다고 해서, 다시 말해 스마트폰으로 멀티태스킹을 구현하고 있다고 해서 텔레비전에서 광고했던 것처럼 정말로 그녀 안의 뮤즈가 깨어나는 것일까? 그녀는 과연 최적의 효과를 얻기 위해 스마트폰을 사용하는 것일까?

내가 엄마와 했던 전화 통화는 디지털 스크린이 제공하는 두 가지 중요한 이점을 보여준다. 첫 번째는 일상적인 업무를 보다 손쉽게 처리할 수 있다는 것이고 두 번째는 마음, 정신, 영혼을 살찌울 수 있다는 것이다. 주머니 안에 쏙 들어가는 이 작은 도구 하나로 말이다. 두 가지 이점을 동시에 경험할 수 있는 기회는 그리 많지 않다. 그러나 이 두 가지 이점이 바로 스크린이 어떻게 전 세계를 사로잡았는지, 어떻게 정치나 종교적 믿음에서나 볼 수 있는 헌신적이고 충성도가 높은 마니아층을 양산해냈는지를 설명해준다. 어떤 이들에게 디지털 기술은 단지 새로운 도구가 아니라 혁명적인 신념이고 삶의 목적이며 이 세상에서의 삶을 완벽하게 해주는 새로운 발견이자 삶의 해답이다.

특히 이러한 관점은 보통 기술이라는 프리즘을 통해 정치, 사회, 문화적 사건을 바라보는 언론 매체에서 더욱 두드러진다. 예를 들어 런던에서 폭탄 테러가 발생하거나 이란에서 민주주의 투쟁이 일어나면 언론 매체는 사건의 핵심이나 주동 인물에 대한 내용이 아니라 그 사건에 영향을 미친 디지털 기술의 역할에 대해 다룬다. 자유를 쟁취하기 위한 행진도 행진이지만 디지털 도구를 활용해 그 행진을 계획하고 실행했다는 점을 부각하는 것이다.

디지털 도구 자체가 뉴스가 되면 사람들 역시 도구 자체에 열광하게 된다. 예를 들어보자. 2008년 여름에 앞에서 말한 발레리나가 들고 있던 아이폰의 새로운 버전인 아이폰 3G가 시장에 모습을 드러냈다. 애플의 CEO는 기자회견에서 이를 최초로 공개했는데 어느 언론인은 그 기자회견장이 마치 정치 집회나 복음을 전파하는 부흥회 같았다고 묘사했다.

지금까지 스티브 잡스의 신제품 시연회에 많이 참여해봤기 때문에 그가 충분히 자신의 뜻대로 대중을 사로잡으리라는 것은 알고 있었다. 이러한 사실을 알면서도 나는 신제품 시연회에 참가할 때마다 그의 충실한 신하가 되었다(항상 그렇지는 않았지만).[4] 가끔은 다음 날 마치 술이 덜 깬 것 같은 상태로 그가 어떤 제품을 선보이든 그것이 내 삶을 완전히 바꿀 것이라고 생각했던 이유가 도대체 무엇이었는지 전혀 기억나지 않을 때도 많았다. 카리스마로 무대를 장악한 스티브 잡스는 능수능란하며 대중은 그에게서 눈을 떼지 못한다. 그리고 어제처럼 그를 지지하는 애플 개발자들이 대중을 완전히 둘러싸고 있으면 기자회견에 참석한 언론도 그 분위기에 휩쓸리지 않을 수 없다.

기자회견에 대한 보도는 대부분 아이폰에 열광하는 애플 마니아들에 관한 것이었다. 아이폰은 지극히 단순한 궁금증 해결("어디서 먹을까? 아이폰에게 물어보세요!" 유력 일간지의 머리기사)에서부터 몹시 영웅적인 일("아이폰, 과연 미국을 구할 수 있을까?" 농담 반 진담 반인 또 다른 신문의 머리기사)까지 해낼 수 있는 도구였다.[5] 기자들 역시 아이폰에 대한 대중의 집착에만 관심을 보였다. 최신 디지털 기술을 체험하면서 사람들은 아마 천국이 머지않다고 생각할지도 모르겠다. 사람들은 새로운 모델을 하루라도 빨리 손에 넣기 위해 가게 밖까지 줄지어 섰고 어떤 사람들은 도로에서 하룻밤을 꼬박 지새우기도 했다. 캘리포니아에서는 아이폰을 사고 싶어서가 아니라 어떤 기자의 말대로 '집단적 체험'[6]에 동참하기 위해 줄을 섰던 사람도 있었다. 그는 이렇게 말했다. "마법에 동참하고 싶어서요."

이 마법이 바로 우리가 삶의 많은 측면을 디지털 세상으로 옮겨 온 이유다. 또한 스크린에 매달려 하루를 보내는 이유이기도 하다. 디지털 도구를 사용하는 인구가 엄청난 속도로 증가하는 것도 바로 이 때문이다. 21세기 초에는 전 세계적으로 5억 명에 불과했던 휴대전화 사용 인구는 오늘날에는 50억 명에 달한다.[7]

하지만 우리가 놓치고 있는 사실이 있다. 앞에서 말한 바로 그 시간의 공백이다. 시간의 공백은 디지털 도구를 실용적인 도구에서 창조성, 깊이, 초월성의 도구로 만드는 촉매제 역할을 한다. 시간의 공백은 사람들을 줄 서게 만든 마법의 핵심이다. 시간의 공백 덕분에 나는 지극히 평범한 경험을 통해 내면을 들여다볼 수 있었다. 디지털 도구를 사용하는 모든 일이 마찬가지다. 시간의 공백이 없다면 가치 있는 경험도 없다. 그러나 불행하게도 우리는 공백을 만들기는커녕 점점 더 없애고 있다.

몇 년 전에 선도적인 첨단 기술 연구 기관이 현재의 디지털 네트워크 정도를 수치화하기 위해 미국, 중국, 인도, 러시아, 독일, 일본 등 17개국 국민을 대상으로 설문 조사를 했다.[8] 조사 대상자들은 얼마나 자주 디지털 네트워크에 접속하는가, 접속 장소는 어디인가, 어떤 도구를 사용하는가 등에 대한 질문을 받았다. 연구 기관은 조사 대상자들의 답변을 바탕으로 디지털 도구 사용 유형을 네 가지로 분류했다. 과도 사용자, 적극적 사용자, 소극적 사용자, 거의 사용하지 않는 사람들로 구분했다.

연구자들은 과도 사용자를 '1인당 한 가지 이상의 디지털 도구를 사용하며 새로운 세상을 적극적으로 받아들이고 (…) 새로운 의사소통 프로그램을 적극적으로 활용하는 사람들'이라고 정의하며 이들에게 초점을 맞추었다.

연구 결과, 2008년에는 전 세계 노동인구의 16퍼센트만 과도 사용자로 분류되었지만 머지않아 40퍼센트가 과도 사용자의 조건을 충족시킬 것이라고 예측했다. 하지만 이 보고서가 거대 첨단 기술 기업의 후원을 받았으며 "하이퍼 커넥티드Hyperconnected! 그들이 몰려온다!"라는 제목으로도 알 수 있듯이 디지털 네트워크를 지지하는 입장이라는 것을 명심해야 한다. 그렇지만 조사 결과가 나름 정확하며 전 세계가 '하이퍼 커넥티드'를 추구하고 있다고 가정해보자. 이렇게 산다는 것은 과연 무슨 뜻일까? 조사 당시 과도 사용자들은 '휴가지, 식당, 침대, 심지어 예배 중에도' 최대한 오랫동안 디지털 네트워크에 접속하기 위해 평균 적어도 7가지 디지털 도구와 9가지 다른 어플리케이션을 사용하고 있었다. 이런 사람이 많아지면 새로운 도구 또한 엄청나게 많아질 것이다.

물론 도구는 많아질 수도 있지만 하나로 모아질 수도 있다. 궁극적으로 디지털 네트워크를 위해 얼마나 많은, 혹은 얼마나 적은 도구를 사용하느냐 하는 문제는 그리 중요하지 않다. 중요한 것은 '하이퍼 커넥티드'된 삶이 과연 우리가 바라던 삶인가 하는 점이다.

그리고 우리는 집단적으로 그렇게 믿고 있다. 가장 좋은 도구를 이용해 가장 빠른 최첨단 네트워크를 구축하는 것은 비단 개인의 목표뿐만 아니라 국가적 야망이기도 하다. 대부분의 국가가 지구상에서 가장 뛰어난 네트워크를 뽐내기 위해 전 세계적으로 경쟁하고 있다.[9] 아이폰을 얻기 위해 도로에서 하룻밤을 지새우는 사람처럼 국가는 이 목표를 완수하기 위해 정책을 입안하고 예산을 책정한다. 미국을 포함한 30여 개 선진국이 가입해 있는 경제협력개발기구OECD는 초고속 인터넷 보급률을 정기적으로 평가해서 디지털 기술 발전 정도의 국가별 순위를 매긴다. 세계적인 기업과 정치 지도자들도 이 순위에 관심을 기울이며 이를 핵심 지표로 삼아 국가 위상을 판단한다. 최근 몇 년 동안에는 소수의 아시아 국가와 북유럽 국가가 OECD 리스트 상위를 차지했으며 미국은 중간 순위에 머물렀다.

미국의 국회의원들은 이러한 상황을 비난하며 '인터넷 양극화 현상'을 끝내기 위해서라도 국가적인 노력을 기울여야 한다고 주장했다. 신문은 근심으로 가득한 사설을 실었고 두뇌 집단들은 앞다퉈 정책 제안서를 발간했다.

이는 1950년대 말 소련이 최초의 인공위성 스푸트니크호를 먼저 쏘아 올렸을 때의 상황과 비슷했다. 당시 미국은 우주개발 경쟁에서 뒤처지고 있다는 것을 깨닫고 극심한 공황 상태에 빠졌다. 다른 점이 있다면 인공위성을 쏘아 올리는 대신 초당 더 많은 정보를 추구하고 있다는 것뿐이다. 2008년 대선에서 버락 오바마는 미국은 인터넷 보급률에서 세계를 선도해야 한다고 말했다.[10] 그리고 당선되면 이를 위한 모든 조치를 취하겠다고 약속했다. 대통령에 당선된 후 오바마는 미국의 인터넷 보급률이 세계 15위라는 사실을 받아들일 수 없으며 미국의 미래 국가 경쟁력이 위험에 처해 있다고 언급하며 반드시 공약을 지키겠다고 다시 한 번 강조했다.

만약 국가 경쟁력이 단지 디지털 기술 발전 정도에 달려 있으며 그것이 국가의 순위를 결정하는 중요한 요인이라면 미국을 포함한 선진국들이 전 국민의 디지털 접근성을 높이기 위해 노력하는 것은 당연한 일이다. 하지만 전 국민에게 인터넷을 보급해야 한다는 이 중요한 목표는 국가 경쟁력에 실질적으로 나쁜 영향을 끼칠 수 있다. 또한 상위권 국가들이 모두 100퍼센트 초고속 통신망을 자랑한다면 이는 곧 어느 나라의 네트워크 속도가 조금 더 빠른지에 대한 쓸모 없는 경쟁이 될 뿐이다. 한국이 전 세계에서 인터넷 보급률이 가장 높은 나라 중 하나로 오랫동안 자리매김한 이유는 다른 나라보다 국민들이 온라인 게임에 더 빠져 있기 때문이다.[11] 물론 온라인 게임은 재미도 있고 개중에는 교육적인 것도 있다. 하지만 게임을 하느라 하루의 대부분을 허비하는 것은 개인의 생산성 향상에 결코 좋지 않다.

한 사회의 경쟁력과 더 나은 미래에 대한 가능성이 과연 기술의 발전에만 뿌리를 두고 있을까? 디지털 도구가 얼마나 빠르냐보다 도구를 어떻게 잘 사용하느냐가 더 중요하지 않을까? 디지털 네트워크를 추구할수록 더 창의적이고 똑똑해질까? 서로를 더 잘 이해할 수 있을까? 모두들 '하이퍼 커넥티드'된다면 가족과 지역사회의 유대감이 더 강해질까? 더 나은 조직을 세우고 더 풍요로운 삶을 살 수 있을까? 무엇보다 위에서 언급한 모든 목표를 달성하는 데 가장 필요한 업무들 사이의 시간적 공백과 마음의 여유를 없애는 데 온 힘을 기울인다면 저 많은 목표 중 과연 하나라도 달성할 수 있을까?

우리는 이러한 철학적인 질문을 그다지 좋아하지 않는다. 구체적이고 수치화할 수 있는 기술과 달리 철학은 추상적이고 감상적이기 때문이다. 그래서 골치 아픈 질문에 대답하는 대신 기술에 몰두하며 새롭게 출시된 도구와 최신 유행을 따라잡기 바쁘다. 하지만 이는 근시안적인 대응일 뿐이다. 결국 모든 것은 철학적인 문제로 귀결되기 때문이다. 훗날 우리는 왜 그렇게 3G 기술에 열광했으며 무선 인터넷을 신기해했는지 기억하지도 못할 것이다. 말 그대로 빛의 속도로 진화한 네트워크는 전 세계 어디에서나 가능해질 것이고 지금 사용하는 기계들은 박물관에서나 볼 수 있게 될 것이다. 그제야 우리는 '디지털 도구가 과연 우리 삶을 어떻게 변화시켰는가?'라는 질문을 던지게 될 것이다. 그리고 그 변화된 삶이 만족스럽지 않다면 어디서부터 잘못되었는지 궁금해할 것이다. 디지털 시대가 도래한 지 얼마 되지 않은 지금 우리가 의식하지도 못한 채 따르고 있는 기술에 관한 철학은 이 한 문장으로 요약할 수 있다.

커넥팅connecting은 좋으며 디스커넥팅disconnecting은 나쁘다.

이 단순한 문장이 담고 있는 의미는 결코 작지 않다. 일단 커넥팅은 좋고 디스커넥팅은 나쁘다는 결론을 내리면 스크린에 얼마나 몰두해야 하는지는 명백해진다. 바로 깨어 있는 모든 시간이다. 말 그대로 우리는 최대한 오랜 시간 연결되어 있어야 하고 절대 끊어지지 말아야 한다. 이는 필연적으로 다음 두 가지 명제를 도출한다.

첫째, 더 오래 커넥팅되면 커넥팅될수록 좋다.
둘째, 더 오래 디스커넥팅되면 디스커넥팅될수록 나쁘다.

이 두 가지 명제가 디지털 네트워크를 어떻게 관리해야 하는지 정확히 규정한다. 네트워크 접속 시간이 과도한 경우는 결코 없기 때문에 스크린 사용 시간은 최대한 늘려야 하고 스크린에서 멀어지는 시간은 최대한 줄여야 한다. 그리고 오늘날 많은 사람들이 바로 이렇게 살고 있다. 우리는 모두 디지털 맥시멀리스트Digital Maximalist들이다.

디지털 도구가 제공하는 실로 광범위하고 실질적인 이득을 살펴보면 우리가 이러한 철학과 그 철학을 바탕으로 한 삶을 받아들인 이유를 쉽게 납득할 수 있다. 또한 어디서나 그 실질적인 이득을 발견할 수 있었기 때문에 지금까지 오랫동안 그 뒤에 숨겨진 철학이 무엇이었는지 궁금해하거나 의문을 제기하지 않았다. 디지털 네트워크는 여러 가지 측면에서 삶의 질을 높여주기 때문에 가능하다면 언제나 연결 상태를 유지해야 한다는 결론이 이제 상식처럼 통용되고 있다. 디지털 맥시멀리즘은 분명 더 나은 삶의 방식이다.

하지만 반드시 그런 것만은 아니다.

Chapter 03

세상과 단절하는 순간 얻게 되는 것들

늦은 봄 화창한 아침 나는 오래된 보트를 타고 있었다. 우리 가족은 몇 년 전 워싱턴에서 케이프코드에 있는 작은 마을로 이사했다. 엄청나게 시간을 잡아먹는 도시의 끔찍한 교통 체증을 더 이상 참을 수 없어서였다. 이는 디지털 시대에 발맞춘 움직임이기도 했다. 기술이 우리에게 선사한 무한한 가능성 덕분에 전통적인 일터의 개념이 변해 시간과 공간의 구애 없이 일할 수 있게 되었다. 이러한 '시간 이동'과 '공간 이동'의 자유는 더 충만한 삶을 누릴 수 있는 기회이자 장밋빛 미래에 대한 가능성이었다. 아내와 나는 모두 작가였기 때문에 스크린이 있고 인터넷만 연결되면 일할 때 필요한 모든 자료는 물론이고 필요한 사람들과도 쉽게 연락할 수 있었다. 뿐만 아니라 손만 뻗으면 닿을 수 있는 디지털 도구처럼 친구들과도 손쉽게 연락할 수 있었다. 그래서 우리는 지금까지와는 다르게 살아 보기로 마음먹고 여름휴가 때 가끔 찾았던 케이프코드 외곽으로 이사했다. 그곳은 당시 일곱 살이었던 아들을 키우며 충만한 삶을 누릴 수 있는 꿈에 그리던 장소였다.

새로 이사한 곳의 사람들은 배 위에서 많은 시간을 보냈으며 우리 역시 그런 생활을 원했다. 지긋지긋한 교통 체증이여 안녕! 바다여 내가 왔다! 우리는 크레이그스리스트 Craigslist(미국의 생활 정보 광고 사이트-옮긴이)에서 중고 모터보트를 찾기 시작했다. 식구들 마음에 들고 가격도 적당한 배를 찾는 데는 몇 달이 걸렸다. 그리고 마침내 20년도 더 되긴 했지만 나름의 매력을 간직한 보트를 찾아냈다. 우리는 어서 빨리 보트를 타고 바다로 나가고 싶었다. 그리고 그 보트의 이름은 찰스 디킨스의 소설 《위대한 유산》의 '이 얼마나 신나는 일인가!'라는 구절을 인용해 '신나는 보트'라고 지었다. 소설에서 주인공 핍의 매부인 친절한 대장장이 조 가저리는 두 사람이 함께할 멋진 미래에 대해 이야기하면서 늘 이렇게 말했다. "이 얼마나 신나는 일인가!" 모름지기 삶은 반드시 신나는 일로 가득해야 하고 우리 역시 배 위에서 그런 시간을 마음껏 누리고 싶었다.

그래서 나는 지금 보트를 손보기 위해 선착장에 나와 있다. 엔진에 시동을 걸었고 수리하느라 며칠 묶여 있던 부두에서 이제 막 빠져나갈 참이었다. 운전이 아직 미숙해서 약간 긴장되었다. 근처에 다른 보트 몇 척이 묶여 있었는데 그 사이에서 아슬아슬하게 방향을 돌려 바깥으로 나가야 했다. 처음에는 별 문제가 없었는데 거의 다 빠져나왔다고 생각할 무렵 다른 보트의 계선줄에 너무 가까이 붙어 지나가고 있는 것을 발견했다. 아니나 다를까 프로펠러가 툴툴거리는 소리를 내더니 곧 멈춰 버렸다.

나는 엔진을 끄고 선미 부분을 살폈다. 옆에 있던 보트의 계선줄이 프로펠러에 몇 바퀴쯤 단단히 감겨 있었다. 하지만 한 손으로 엔진을 잡고 다른 손을 뻗으면 감긴 줄을 풀 수 있을 것 같았다. 그래서 당장 손을 뻗었지만 생각보다 멀어서 몸이 점점 더 기울었다. 너무 숙이면 위험할 수도 있겠다고 생각할 때 그만 나는 머리부터 그대로 물속에 처박히고 말았다.

다시 수면 위로 떠올랐을 때 가장 먼저 한 일은 이 창피한 순간을 목격한 사람이 없는지 주변을 살피는 것이었다. 틀림없이 '세상에서 가장 웃긴 비디오' 프로그램에 나올 만한 장면이었다. 다행히 근처에 아무도 없었다. 그리고 두 번째로 한 일은 신용카드가 든 지갑과 휴대전화가 그대로 있는지 주머니를 확인하는 것이었다. 항상 왼쪽 앞주머니에 같이 넣어 놓는데 다행히 둘 다 그 자리에 그대로 있었다, 휴.

'잠깐, 둘 다 그 안에 있다고? 안 돼!' 지갑은 괜찮지만 휴대전화가 침수되었다. 나는 공황 상태에 빠져들었다. 주머니에서 휴대전화를 꺼낸 다음 보트 위로 던졌고 프로펠러에 엉킨 줄을 재빨리 풀고 보트로 기어

올라 갔다. 그리고 휴대전화를 다시 집어 들었다. 휴대전화는 난생 처음 보는 모습으로 부르르 떨고 있었다. 디지털식 최후의 발악이었다. 허겁 지겁 아무 버튼이나 눌러 보았지만 반응도 없었고 화면도 완전 먹통이었 다. 1분 쯤 지나자 진동도 멈췄다. 고장이 난 것이다.

지금까지 사용한 휴대전화가 한두 개는 아니었지만 이렇게 망가뜨린 건 처음이라 내 자신에게 몹시 화가 났다. 주소록에 저장된 사람들의 전 화번호, 이메일 주소, 영영 사라져버린 수많은 사진들이 떠올랐다. 새로 전화기를 장만하기 위해 모델을 선택하고 약정 기간을 비롯한 무수한 사 항들을 결정하고 (이번에는 반드시 보험을 들 것이다) 연락처를 다시 저장하 는 것이 얼마나 귀찮은 일이며 그것 말고도 성가신 일이 또 얼마나 많겠 는가! 하지만 다른 식으로 생각할 수도 있었다. 가끔 저 멀리 있는 첨단 기술 기업이나 서비스 제공자와 맺은 관계 때문에 디지털 네트워크에서 헤어나지 못할 때 나는 토머스 제퍼슨이 전혀 다른 맥락에서 사용한 '번 거로운 동맹entangling alliance'이라는 문구를 떠올리곤 했다. 지금이 바로 그 번거로운 동맹에서 벗어나 고립주의를 택할 수 있는 절호의 기회였다.

하지만 현실은 그게 아니었다. 사실 나는 그 번거로운 동맹이 절실했 다. 그 동맹 덕분에 돈을 벌 수 있었고 내가 아끼는 모든 사람과 연락을 유지할 수 있다. 물론 스크린으로 인해 내 삶이 전혀 다른 차원으로 복 잡해진 것은 사실이지만 또 한편으로는 분명 더 의미 있는 방법으로 간 소화되고 개선된 것도 사실이었다. 스크린이 없었다면 나는 이렇게 멀리 떨어진 곳에서 살지도 않았을 것이며 내 삶과 나를 둘러싼 모든 것이 이처럼 서로 '연결'되어 있다고 느낄 수도 없었을 것이다. 휴대전화는 감옥을 지키는 간수이기도 했지만 동시에 나를 해방시켜 주기도 했다. 나는 최대한 빨리 새로운 휴대전화를 마련해야 했다. 하지만 앞으로 하루나 이틀은 완전히 휴대전화 없이 보내야 할 판이다. 이건 재앙이다.

몇 분 후에 보트를 타고 파도를 가로지르면서 나는 재미있는 사실을 발견했다. 눈에 보이거나 귀로 들을 수 있는 것은 아니었다. 바로 내 안의 감각 혹은 미묘한 의식의 변화였다. 나는 지금 이 순간 '누구도 나를 찾을 수 없다!'는 사실을 깨달았다. 친구는 물론이고 가족도 나에게 연락할 수 없었다. 업무상 내게 연락을 해야 하는 사람도 마찬가지였다. 이 지구상의 어느 누구도 지금 당장은 나를 찾을 수 없고 나 역시 마찬가지다. 스타워즈의 제다이 기사처럼 텔레파시가 없다면 다른 사람과 거리를 좁힐 수 있는 방법은 요원했다. 분명 나는 몇 분 전까지만 해도 휴대전화를 물에 빠뜨렸다고 쩔쩔매며 화를 냈다. 하지만 지금은 휴대전화와 그로 인해 가능했던 네트워크가 더 이상 제 기능을 발휘하지 못한다는 사실에 기뻐하고 있다.

물에 빠지기 전에 나는 보트 위에 혼자 있었다. 물리적으로 나와 함께 있는 사람이 없었다는 의미에서 '혼자'였다. 하지만 주머니 안에 네트워크를 가능하게 하는 도구가 있었기 때문에 어떤 의미로는 전혀 혼자가 아니었다. 소중한 사람들이 버튼 너머에 함께 있었다. 하지만 지금은 전혀 다른 의미의 '혼자'였다. 물론 과거에는 이런 상태가 아주 익숙했다. 1980년대 초, 태어나서 처음으로 이 세상에 홀로 서 있다는 느낌으로 대학 캠퍼스를 거닐던 때와 느낌이 비슷했다. 그때는 휴대전화의 시대가 아니었기 때문에 밖으로 나가 사람들 틈에 섞이면 누구와도 쉽게 연락을 주고받기 힘들었다. 함께 살며 늘 의지하던 부모님 곁을 떠나 서운했지만 동시에 아주 신 나기도 했다. 마침내 스스로 인생을 통제할 수 있는 성인이 된 것 같았다. 그럴 준비가 과연 다 되었는지 의심스럽기는 했지만 그 의심조차도 나를 흥분시켰다.

그보다 몇 년 전, 내 자신의 존재에 대해 처음으로 깊이 고민하던 시기에《가장 사랑하는 친구How to be your own best friend》라는 자기 계발서를 읽은 적이 있다.[1] 1970년대의 베스트셀러였지만 안타깝게도 지금은 거의 잊혀진 책이다. 정신분석가 부부였던 밀드레드 뉴먼Mildred Newman과 버나드 베르코비츠Bernard Berkowitz가 함께 쓴 불교 스타일의 책으로 간단한 철학적 질문들("수많은 사람이 수많은 일에 대해 불만을 품는 이유는 무엇인가?")과 그에 대한 답으로 이루어져 있었다. 그 책의 주제는 단순했다. 마음의 평화와 만족을 얻기 위해서는 인간이 타인에게서 독립해 홀로 서야 하는 존재임을 받아들여야 한다는 것이었다. 그들은 행복은 자기 자신과 함께 있는 것을 즐기는 것에서부터 시작된다고 주장했다.

혼자 있는 것을 견디지 못하는 사람은 자신이 성인이 되었다는 것을

첫째 걸음, 거대한 방에서 벗어나는 문을 찾다

모르는 사람이다. 어린 시절의 안온함에 대한 환상에서 벗어나기 위해서는 용기가 필요하다. 불확실성으로 가득한 세상에서 홀로 서야 한다는 것을 받아들일 때 우리가 들이마시는 공기는 얼마나 신선한가! 그때가 바로 성인으로서의 삶이 진짜 시작되는 순간이다.

나에게 이 말은 신의 계시와도 같았다. 나는 언제나 혼자 있는 것에 대해 부정적으로 인식했고 다른 사람들과 함께 있을 때 받을 수 있는 긍정적인 느낌이 결여된 상태라고 생각했다. 실제로도 나는 혼자였을 때 별로 좋은 느낌을 받아본 적이 없다. 두꺼운 안경을 쓰고 치아 교정기까지 착용한 삐쩍 마른 13세 소년이 혼자 있다고 생각해보라. 황홀하기는커녕 그것이 생산적인 경험이 될 수도 있다는 사실은 전혀 상상도 못했다. 고독을 받아들이고 즐기는 것이 성숙해지는 길이라는 것도 마찬가지였다.

지혜는 어디에서 구하게 될지 아무도 모른다. 나 역시 고등학교 때 읽었던 이 단순한 책이 그 후에 읽었던 어떤 책보다 위대한 울림을 주었다. 인간이 고독 속에서 자아를 찾는 모습은 소설에서도 끊임없이 되풀이되는 소재다. 그들은 사람들에게서 벗어나 인간의 근본적인 외로움과 자기 자신을 있는 그대로 받아들이기 위해 노력한다. 《오디세이》, 《돈키호테》, 《리어 왕》, 《허클베리 핀》이 그랬으며 《주홍글씨》의 헤스터 프린, 《율리시즈》의 레오폴드 블룸, 《호밀밭의 파수꾼》의 홀든 콜필드도 마찬가지다. 자아를 찾아 떠나는 그들의 끝없는 여정이 바로 독자를 끌어들이는 힘이다. 그들의 이야기는 바로 우리의 이야기이기도 하다.

20세기의 철학자 폴 틸리히Paul Tillich는 '외로움loneliness'은 '홀로 있는 괴로움'을 표현하기 위한 단어인 반면 '고독solitude'은 '홀로 있는 영광'을 표현하기 위한 단어라고 말했다.[2] 나는 대학 시절 두 가지 상태를 모두 경험했지만 기억에 남는 대부분의 기억은 고독에 관한 것이다. 나는 나이가 들수록 마음의 평화를 유지하기 위해 어느 정도 독립성을 유지하는 것이 얼마나 중요한지 깨달았지만 동시에 그것이 얼마나 어려운지도 실감하게 되었다. 사회는 군중이 없는 개인은 무가치하며 모든 것이 군중을 중심으로 돌아간다고 세뇌시킨다. 그리고 개인과 군중 사이의 장애물을 끊임없이 제거하고 있다.

개인의 자유를 최고의 가치로 내세우는 나라의 시민들은 그러한 은밀한 메시지를 대수롭지 않게 여길지도 모른다. 하지만 자유에 따르는 책임은 무거운 법이며 책임이 무거울수록 순응에 대한 매력도 커진다. 이를 알아챈 광고업자들은 군중 속의 개인들이 가진 개인주의적 감성을 일깨워 제품을 파는 방법을 익혀 왔다. 그들은 콜라부터 자동차까지 모든 제품이 자기표현과 자유를 위한 수단이라고 홍보한다. 물론 현실은 그 반대다. 반항하라! 모두가 신고 있는 이 신발을 신고!

나 역시 그러한 메시지를 무시하려고 노력한다. 하지만 혼자 있는 것이 언제나 좋은 것은 아니다. 가장 훌륭한 홀로서기는 그 성격이 관대하고 포용력 또한 크다. 혼자 있는 것을 즐기기 위해서는 자신뿐만 아니라

첫째 걸음, 거대한 방에서 벗어나는 문을 찾다

이 세상의 모든 사람, 모든 사물과도 편안함을 느낄 수 있어야 한다. 스스로에게 만족할 줄 아는 사람은 자신을 지지해줄 사람이 필요하지 않고 그런 사람만이 타인을 너그럽고 자유로운 태도로 대할 수 있다. 역설적이게도 인간은 혼자 있을 때 타인의 입장을 이해할 수 있다. 고독은 자기 자신을 만나게 하고 타인 역시 있는 그대로 받아들일 수 있게 하며 그들에 대해 아는 것이 별로 없다는 것 또한 깨닫게 한다.

내가 학교를 졸업하고 처음으로 대도시에서 혼자 살기 시작했던 1980년대 후반은 디지털 시대의 동이 막 터오를 무렵이었다. 개인용 컴퓨터가 점차 보편화되었고 이메일이 유행하기 시작했다. 하지만 휴대전화는 아직 흔치 않았으며 휴대가 가능한 컴퓨터도 마찬가지였다. 그래서 바깥으로 나가 사람들 틈에 섞이면 근본적으로 모든 네트워크에서 차단되었다. 그 당시 나는 다른 사람에게 둘러싸여 도시를 거닐면서도 완전히 혼자였고 그것이 바로 도시에서의 삶을 마법처럼 만드는 군중 속의 고독이었다. 동화작가 E. B. 화이트 E. B. White가 뉴욕에 대해 다음과 같이 언급했다. "뉴욕은 사생활의 은총과 참여의 흥분이 뒤섞여 (…) 매 순간 일어나는 엄청나고 대단하며 놀라운 사건들에게서 개인을 고립시킨다(원하기만 한다면 말이다. 그리고 거의 모든 사람이 이를 원하거나 필요로 한다)."[3]

1948년에 쓰인 이 말이 요즘에는 고대 무덤에나 새겨진 묘비명처럼 까마득한 옛날이야기로 들린다. 대도시 한복판에서 굳이 힘들이지 않고도 경험할 수 있었던 연락 두절 상태는 더 이상 가능하지 않다. 이상적인 삶의 조건이었던 누구에게도 간섭받지 않을 '사적인 권리'와 '참여의 권리'는 21세기가 시작되면서 '최대 접속상태_{maximum connectedness}'라는 이상으로 대체되고 말았다. "더 오래 커넥팅되면 커넥팅될수록 좋다"는 첫 번째 명제는 앞서 살펴본 여러 가지 이유로 사회 전반을 장악했다. 디지털 네트워크는 인간의 여러 가지 목적과 필요를 충족시켜주는 무시할 수 없는 강력한 힘이다. 그리고 바로 여기에서 자연스럽게 두 번째 명제가 도출된다. "더 오래 디스커넥팅되면 디스커넥팅될수록 나쁘다." 이전에는 많은 사람들이 군중 속의 고독을 원했고 이것이 필요했던 때가 있었지만 지금은 고독을 원하는 사람이 없어 보인다. 디지털 맥시멀리즘이라는 이상 위에 세워진 사회에서 잠시나마 '디스커넥팅'된다는 것은 사회에서 소외된다는 의미이며 이는 곧 불리한 입장에 처해진다는 것을 뜻한다.

누구도 의식적으로 이러한 선택을 하지는 않았다. 토론도 국민투표도 거수투표도 없었다. 그냥 그렇게 되었다. 마치 무언의 동의나 침묵의 맹세처럼 이렇게 말했다. "지금부터 나는 언제나 '연결' 되기 위해 분투할 것이다!" 다른 사람들과 마찬가지로 나 역시 나도 모르게 가슴에 손을 얹고 맹세했을 것이다. 그리고 지난 10년 동안 손만 뻗으면 닿을 수 있는 거리에 컴퓨터나 휴대전화를 두었고 보통은 둘 다 두었다. 인터넷 신호를 찾지 못하는 것을 심각한 문제로 받아들였고 호텔에 초고속 인터넷이 없으면 짜증을 냈다. 휴대전화가 먹통이면 통신사가 나를 골탕 먹이는 거라고 생각했다. 휴가를 맞아 사촌들과 함께 머물던 별장에서 무선 인터넷이 잡히지 않거나 노트북에 연결할 랜선조차 없다면 뒤뜰이나 차 안에 앉아서 이웃집의 신호라도 잡아보려고 애썼다. 하루에 한두 번이 아니라 수십 번도 더 그랬다. 그리고 내 삶에서 무슨 일이 일어나고 있는지조차 몰랐다.

물론 무선 인터넷 기술이 개선되고 더 널리 보급되면서 이런 불만은 줄어들었다. 5년 전쯤부터는 인터넷에 접속할 수 있는 곳도 더 많아졌다. 노트북 컴퓨터는 더 작아졌고 휴대전화로도 인터넷에 접속할 수 있게 되었다. 지갑처럼 주머니 안에 인터넷을 넣고 다닐 수 있게 된 것이다. 비자발적 네트워크 차단은 갈수록 줄어들었다. 그리고 우리는 초고속 인터넷을 전기나 물처럼 당연한 것으로 인식하기 시작했다.

내가 처음으로 과도한 디지털 문화에 대해 생각하기 시작한 것도 바로 이 즈음이었다. 나의 맥시멀리즘적 성향으로 볼 때 나는 분명 디지털 네트워크가 널리 확장되는 것을 환영해야 했다. 내가 원하던 게 바로 이런 것이었으니까. 더 이상은 짜증이 솟구치는 고립의 순간이 없을 테니 말이다.

하지만 이상한 일이 일어났다. 내가 그러한 고립의 순간을 '그리워'하기 시작했다. 짜증과 불평을 그리워한 건 아니다(나는 마조히스트가 아니다). 내가 그리워한 건 도저히 인터넷에 접속할 수 없다고 포기한 '다음에' 얻었던 마음 상태였다. 두 번째 명제에 따르면 인터넷 접속이 불가능한 상황에서 나는 내 삶의 질이 떨어졌다고 느껴야 했다. 디스커넥팅되면 디스커넥팅될수록 나쁘다. 그렇지 않은가? 하지만 일단 인터넷 접속이 불가능하다는 사실을 받아들이고 나자 전반적인 기분과 태도가 조금씩 좋아졌다. 당시에는 이런 효과를 정확히 인식하지 못했지만 내 안의 하드드라이브 어딘가에는 확실히 그런 느낌이 저장되어 있었다. 열어 볼 편지함도 없었고 클릭하거나 댓글을 달 일도 없었다. 다른 사람의 요구나 부탁도 선택해야 할 사항도 없었다. 훑어볼 머리기사나 처리해야 할 주문도 없었고 나를 정신없게 만드는 사람도 없었다. 나는 모든 것으로부터 떨어져 나와 마음을 차분히 가라앉히고 내가 있는 물리적 장소에서 누릴 수 있는 것을 최대한 누렸다.

나는 무인도로 휩쓸려 온 디지털 시대의 로빈슨 크루소였다. 그리고 무인도에서 빠져나온 주인공이 언제나 그렇듯 나 역시 지금은 구출되었기 때문에 그 무인도를 아주 특별한 장소로 회상하고 있다. 네트워크가 차단된 곳에서의 '삶은 달랐다'. 그리고 지금 더 손쉬운 접속이 가능해질수록 나는 그와는 다른 존재 방식에 대해 생각하고 또 그것을 간절히 원하기 시작했다.

이를 처음 깨달은 것은 비행기 안에서였다. 비행기 안에서는 휴대전화와 인터넷 사용이 불가능했다. 모든 네트워크가 차단된 비행기에 탑승하는 것은 마치 다른 차원으로 연결되는 웜홀wormhole(우주 공간에서 블랙홀과 화이트홀을 연결하는 통로. 통로가 벌레처럼 길고 좁다고 해서 웜홀이라 불림-옮긴이)을 지나는 것 같았다. 좌석에 앉아 안전벨트를 매는 순간부터 마음은 편안해졌다. 느낌조차 없던 짐을 벗어던지자 자유로워졌다. 클릭 몇 번으로 누구나와 연결될 수 있는 바쁜 디지털 네트워크라는 짐이었다.

한계가 없어 보이는 디지털 세상의 삶은 흥미진진하지만 두 가지 중요한 측면에서 우리를 뒤흔들고 있다. 첫째, 여러 가지 업무를 동시에 다루다 보면 시간과 집중력을 끝없이 쪼갤 수 있는 대상으로 바라보게 한다. 우리는 자신도 모르는 사이 언제나 새로운 자극과 일거리를 찾아 헤매면서 초초해 하고 결국 매 순간을 분주하게 살아간다. 심지어 스크린에서 떨어져 있을 때조차도 초조해서 제대로 된 휴식을 취하지 못한다.

나 역시 언젠가부터 정신적인 일이든 육체적인 일이든 한 가지에 집중하지 못하고 끊임없이 새로운 일을 만들어내고 있는 것을 깨달았다. 이를 닦다가 욕실에서 나와 동시에 할 수 있는 다른 일을 찾았다. 한 손으로는 이를 닦고 다른 손으로는 양말을 정리하면서도 또 다른 일을 찾아 헤맸다. 초조함에 익숙해진 의식은 한 가지 일에 단 3분도 온전히 집중할 수 없었다.

우리를 뒤흔드는 두 번째 측면은 다소 철학적이다. 디지털 네트워크가 확장될수록 우리의 사고는 외부 지향적이 된다. 자신과 자신을 둘러싼 주변을 돌아보며 '이 안에서' 무슨 일이 일어나는지 살피는 게 아니라 부산한 바깥세상을 내다보며 '저 밖에서' 무슨 일이 일어나는지만 온 신경을 집중한다. 한때 저 멀리 떨어져 있던 세상에 쉽게 다가갈 수 있게 되자 괜한 의무와 책임 의식만 생겨났다. 클릭 몇 번으로 온 세상을 샅샅이 살펴볼 수 있으니 '꼭' 그래야만 할 것 같은 느낌에 사로잡힌다. 누군가 내 소식을 기다릴 것만 같고 빨리 답장해야만 할 것 같다.

외부 지향적인 사고는 괜한 의무감만 심어주는 게 아니다. 괜한 의무감보다 더 심각한 문제는 바로 자신에 대한 인정 욕구다. 자신의 존재와 자신이 세상에 미치는 영향력에 대해 눈에 보이는 증거를 원하는 것이다. 과거에는 스스로 내적 정체성과 가치를 확립해야 했다. 한마디로 자급자족적이었다. 하지만 어느새 디지털 도구를 통한 상호작용이 자기가 이 세상에 존재하고 또 중요하다는 것을 끊임없이 확인하는 수단이 되었다. 문제는 새로운 메시지나 검색어에 언급된 횟수 같은 외부의 확인이 내적인 확신보다 안정적이지도 않고 신뢰할 수도 없다는 점이다. 그럼에도 불구하고 우리는 잠시도 이 확인 작업을 멈추지 않는다. 누가 내 이름을 빠뜨렸는지 최근에 올린 포스트는 누가 읽었는지 내 댓글에는 누가 답을 달았는지 지금 내게 관심을 보이는 사람은 누구인지 등 우리는 끊임없이 확인하고 또 확인한다.

무선 인터넷이 불가능한 비행기 안에서는 이 모든 느낌이 사라졌다. 바쁜 세상이 사라졌고 그와 함께 따라다니는 괜한 의무감에서도 해방되었다. 내가 그토록 피하고 싶었던 비자발적 네트워크 차단 덕분이었다. 그렇다고 비행기 여행이 무조건 좋다는 소리는 아니다. 나는 키가 너무 커서 이코노미클래스 좌석에 장시간 앉아 있는 게 고문과 같다. 그래도 언젠가부터 비행기 타는 순간을 기다리기 시작했다. 내 모든 디지털 네트워크가 일시적으로 중단되는 흔치 않은 순간이기 때문이다. 나와 가까이 앉은 다른 승객, 테이블 위에 놓인 찻잔, 노트북 화면에서 깜빡이는 단어, 이런 것들만 의식하게 된다. 멋진 아이디어를 떠올리거나 가장 좋은 글을 쓴 것도 비행기 안에서였다. 스크린 하단의 툴바가 그 이유를 말해주고 있다. 바로 무선 인터넷을 연결할 수 없다는 붉은 X표시 때문이다.

물에 빠진 생쥐 꼴에 수명을 다한 휴대전화를 앞에 두고 앉아 있자니 비행기에서와 똑같은 느낌이 들었다. 오로지 나 홀로 보트 위에 앉아 있는 그 순간이 무척 상쾌했다. 배를 다시 잡아매는 것 말고는 당장 해야 할 일도 없었다. 아무도 나에게 연락할 수 없었고 나 역시 괜히 버튼 몇 개를 눌러 바쁜 일을 자초할 필요도 없었다. 전화기가 고장 나지 않았더라면 아마 아내에게 전화해 20분이면 집에 도착할 거라고 말했을 것이다. 아내가 꼭 미리 알 필요가 없는 사실인데도 말이다. 그리고 어쩌다가 물에 빠졌는지 이야기하며 함께 웃음을 터뜨렸을 것이다.

지난 몇 년 동안 나는 과도하게 연결된 상태에 익숙해져 모든 생각과 경험을 타인과 곧장 나누는 습관을 들이게 되었다. 모든 사람들이 가까이 있는데 왜 안 그러겠는가? 와인처럼 오랫동안 묵혀 두면 더 좋은 이야기도 있는데 말이다.

나는 한 손으로 키를 잡고 바닷새들이 아침을 해결하기 위해 물 속으로 뛰어드는 모습을 지켜보았다. '아, 얼마나 아름다운 아침인가. 아, 얼마나 아름다운 날인가!' 콧노래가 절로 나왔다. 갑자기 찾아온 이 풍부한 감정은 진정 수명을 다한 휴대전화 때문일까? 아니다. 무엇보다 볕 좋은 봄날 보트를 타러 나왔기 때문이다. 하지만 이 좋은 기분에는 뭔가 특별한 점이 있었다. 생각과 감정이 드나드는 것을 온몸으로 느낄 수 있을 만큼 자유로웠고 디지털 시대가 오기 전에 성인으로 홀로 섰을 때 느꼈던 행복감보다 더 행복했다. 그 대수롭지 않은 자기계발서가 옳았다.

"온전한 인간임을 받아들이고 홀로 설 때 들이마시는 공기는 얼마나 신선한가!"

다른 사람들처럼 나도 역시 디지털 접속이 내 삶을 바꾸도록 내버려두었으며 그 바뀐 삶이 내가 진정으로 원하는 삶인지 살펴보지도 않고 그저 충실히 따랐다. 그리고 더 많이 연결될수록 디지털 도구가 끌어당긴 수많은 사람들, 온갖 정보, 업무를 처리하느라 그만큼 더 바빠졌다. 이는 두 가지 명백한 부정적인 결과를 가져온다. 첫째, 디지털 업무 사이의 공백이 사라지면 깊이의 기회도 사라진다. 갈수록 바빠지고 깊이가 사라지는 스크린 중심의 삶은 정신의 교통 정체와 같다. 둘째, 내 자신도 주변 사람들도 돌보기 힘들어진다.

경험에 깊이를 부여한 도구가 깊이를 앗아가기도 한다. 나는 디지털 도구가 쓸모없게 되고 나서야 비로소 그 균형이 뒤집혔다는 것을 실감했다. 휴대전화가 고장 나자 나와 세상 사이에는 틈이 벌어졌고 그 틈 속에서 나는 조용히 마음을 다스릴 수 있었다. 이는 엄마와의 통화 후에 느꼈던 감정과 비슷했으며 나는 그러한 경험이 얼마나 소중한지 다시 한 번 느낄 수 있었다. 그날 아침 나는 온전한 내 자신일 수 있었고 그보다 더 자유로울 수 없었다. 이 얼마나 신나는 일인가!

하지만 반대의 메시지도 사방에서 들려왔다. 접속하라! 접속하라! 혁명은 진행되었고 사람들은 선봉에서 잠들어 있었다. 맨해튼 미드타운의 건널목에서 신호등이 바뀌길 기다리고 있던 어느 날 나는 내 주위의 사람들 10여 명이 '모두' 스크린을 들여다보고 있는 것을 발견했다. 그들은 문명의 역사상 가장 위대한 도시인 뉴욕의 심장부 맨해튼에서, 엄청난 볼거리와 들을 거리를 차단하고 수많은 사람들을 외면한 채 저 멀리 다른 세상으로 달아나고 있었다.

군중이 일제히 하나의 관점만 받아들이면 비판적 사고의 기능은 사실상 멈추고 만다. 특히 디지털 맥시멀리스트들의 생각은 바뀌기가 어렵다. 그들은 군중과 함께하는 것이 전부이며 스스로 그러한 목표를 강화하기 때문이다. 디지털 세계로 향하는 마차에 올라타지 않고 멍청히 서 있으면 인정사정없이 뒤처질 것이라고 생각하면서 말이다. 앞서 언급했던, 전 인류가 곧 '하이퍼 커넥티드'될 것이라고 예측했던 연구 기관은 전 세계의 모든 기업에게 다음과 같이 엄중하게 경고했다. "디지털 흐름에 동참하지 않는 기업은 곧 짓밟힐 것이다." 누가 짓밟히고 싶겠는가? 경이롭기까지 한 현재의 디지털 기술을 의심하는 것은 곧 다가올 미래에 반기를 들고 기술 비관주의자들과 운명을 함께하는 것이며 시대의 흐름을 거스르는 일인 데 말이다.

우리의 인식이나 느낌이 항상 생각만큼 이상한 것은 아니다. 새벽 3시에 외로움을 타는 사람이 나뿐만은 아닐 것이다. 단지 그 사실을 모를 뿐이다. 일단 내 자신의 디지털 맥시멀리즘적인 경향에 대해 의심하기 시작하자 나만 그런 생각을 하는 것이 아니라는 증거들이 눈에 띄기 시작했다. 우선 늘 살펴보는 언론 매체가 눈에 들어왔다. 디지털 혁명을 선동하고 디지털 도구를 구원자라 부르짖는 매체들은 역설적이게도 과도한 연결에 대한 기사를 자주 실었다. 물론 특집 기사도 아니고 머리기사도 아니다. 페이지를 몇 번씩 넘기고 스크롤을 한참 내려야 찾을 수 있는 기사였다. 텔레비전이나 라디오 뉴스 말미에나 들을 수 있었다. 매번 새로운 조사라고 했지만 스크린 중심의 삶이 우리가 알지 못하는 나쁜 영향을 끼치고 있다는 빤한 내용을 되풀이하는 것뿐이었다. 아주 흥미로운 기사가 있어 그 출처까지 찾아보면 근거도 불충분하고 논리도 빈약했다. 그럼에도 불구하고 중요한 점은 내가 느끼는 것을 다른 사람들도 함께 느끼고 있다는 사실이다.

디지털 중독의 문제는 3가지 측면에서 발생했다. 첫째, 개인의 내적인 삶이다. 전문가들은 내가 경험했던 것보다 훨씬 더 심각한 정신적, 정서적 장애가 확산되고 있다고 판단했다. 둘째, 가족을 비롯한 개인적인 인간관계이다. 스크린을 사용하는 시간이 얼굴을 맞대는 시간을 대신하고 있다. 셋째, 기업을 비롯한 조직적인 측면이다. 어느 하나에 집중하지 못하는 직원들로 인해 생산성이 감소하기 시작했다. 이제 이 세 가지 측면에 대해 하나씩 살펴보자.

디지털 기술이 인간의 마음에 어떤 영향을 끼칠지에 대한 우려는 컴퓨터가 막 활성화되기 시작할 무렵에도 많았다. 1970년대 초에 미래학자 앨빈 토플러는 정보 기술이 세상의 모든 것을 정보화 할 때 인간의 의식은 어떻게 될지에 관심을 기울이며 이러한 현상을 '정보의 홍수'라고 표현했다.[4] 토플러가 만든 이 말은 지난 10년 사이 다시 새로운 주목을 받기 시작했다. 주로 과도한 디지털 기기 사용이 새로운 심리 질환이나 행동 장애를 유발하고 있다고 주장하는 전문가들의 말을 인용한 언론 보도를 통해서였다. 이 새로운 질환은 현대 어린이들에게 주로 나타나는 주의력결핍장애ADT와 비슷하다. 이 증상을 최초로 발견한 정신과 의사 에드워드 할로웰Edward Hallowell은 ADT가 '마음속에 일어난 교통 체증'이라고 말했다. 그는 "이 증상의 특징은 '산만함, 초조함, 재촉, 충동적인 의사 결정' 등인 데 주로 할 일이 너무 많기 때문에 발생한다"고 말했다.[5]

정보의 홍수와 관련된 심리적인 문제들은 이밖에도 많다. 가장 중요한 업무에 주로 신경 쓰지만 혹시 더 중요하거나 흥미로운 일이 생기지 않을까 싶어 다른 일에도 손을 떼지 못하는 마음 상태인 '지속적인 주의력 분산'이 있고 이메일을 확인할 때 나타나는 얕은 호흡의 한 형태로 심한 경우에는 스트레스와 관련된 질병 발병률을 높이기도 하는 '이메일 무호흡증'도 있다.[6] 또한 인터넷 중독 장애[7]가 있고 휴대전화가 없는 상태를 두려워하는 '노모포비아nomophobia'[8]라는 웃지 못할 질병도 있다.

디지털 시대에 새롭게 등장한 심리적 문제들을 대중의 관심을 끌기 위한 매체들의 술수로 치부할 수도 있다. 사실 이 문제들이 개별적인 현상으로 실제 존재하는지 아닌지는 우리에게 중요한 문제가 아니다. 언론은 그저 개인의 희망과 공포의 집합체인 집단의식을 있는 그대로 보여주는 것뿐이다. 사람들이 범죄 발생률에 대해 걱정하면 신문의 머리기사는 연쇄살인범에 대한 뉴스로 넘쳐 난다. 지구의 기후변화에 대한 대중의 인식이 늘어나면 강한 폭풍은 모두 기후변화의 징후가 된다. 마찬가지로 디지털 신경증이라고 할 수 있는 수많은 현상은 스크린으로 거침없이 빨려 들어가는 상황에 대한 대중의 걱정을 반영한 것뿐이다. 다만 그런 현상에 과학적 이름을 붙임으로써 우리가 이를 통제하고 있다고 느끼는 것이다. 물론 범죄 발생률이나 기후변화의 경우처럼 근본적인 문제가 아예 없는 것은 아니다. '노모포비아'라는 말이 우습게 들리겠지만 그러한 현상은 실제 나타나고 있다.

이러한 내적 혼란은 개인의 인간관계나 가족 관계에도 엄청난 영향을 미친다. 우리가 지난 10년 동안 기술과 인간의 상호작용에 대해 조금이라도 깨달은 게 있다면 바로 이것이다. '스크린을 사용할수록 인간 대 인간의 직접적인 상호작용은 그만큼 줄어든다.' 우리는 이러한 현실을, 즉 타인과의 관계가 기술로 인해 삐걱거리거나 방해받는 소소한 순간을 매일 경험한다. 휴대전화가 울리면 대화는 중단되고 눈과 뇌가 스크린으로 빨려 들어가면서 상대방의 목소리는 점차 잦아든다.

상대방의 입장에서는 짜증 나는 일이겠지만 결국 우리 모두 가해자인 셈이다. 소중한 사람과 함께 있는 순간을 떠올려 보라. 친한 친구와 점심을 먹거나 아이들에게 책을 읽어주는 순간 말이다. 언뜻 보기에는 그 순간에 완전히 몰입한 것처럼 보이지만 저 멀리서 당신을 부르는 또 다른 목소리를 기다리면서 아주 잠깐 집중하고 있는 것뿐이다. 휴대전화가 조금이라도 진동하거나 작은 소리만 내면 당신은 바로 그 자리를 뜰 것이다.

우리 가족에게도 이런 현상이 자주 발생하다 보니 나는 이 현상에 '가족이 사라지는 마법'이라는 이름을 붙여주었다. 우리는 보통 저녁을 먹고 나면 모두 거실에 모이는데 세 식구와 고양이 두 마리, 개 한 마리까지 다 같이 둘러앉아 함께 있는 시간을 즐기곤 했다. 오래된 마구간을 개조한 우리 집 거실은 세월의 흔적이 고스란히 묻어나는 나무 기둥들 덕분에 함께 모여 있으면 아늑한 분위기를 연출한다. 겨울이면 벽난로 가까이 모여 앉아 더 따뜻한 느낌을 받을 수 있다. 함께 모여 시간을 보내기에 무척 좋은 장소였다.

하지만 그 다음 상황은 이렇다. 누군가 화장실에 간다거나 물을 마시러 간다고 하더니 다시 돌아오지 않는다. 5분쯤 지나면 또 다른 사람이 "뭘 좀 확인해 봐야겠어"라고 비슷한 변명을 늘어놓으며 퇴장한다. 혼자 남은 한 사람도 동물들만 남겨 놓고 곧 뒤따른다. 동물들에게도 생각이 있다면 이제 막 시작된 이 멋진 만남이 갑자기 왜 이렇게 되었는지 틀림없이 의아해 할 것이다. 이 사람들이 도대체 다 어디로 간 거야?

당연히 스크린이다. 우리는 요즘 매일 스크린에 빠져 산다. 디지털 군중은 어디든 밀치고 들어올 수 있다. 온 식구가 단 30분도 함께 모여 앉아 있을 수 없을 정도로 말이다.

이 과정에서 잃은 것은 너무 소중해서 그 가치를 측정할 수도 없다. 생각해보면 측정할 수도 없고 스크린으로 대신할 수도 없는, 다른 사람과 함께 보내는 이 소중한 순간이야말로 우리가 사는 이유가 아닐까? 한 가지 분명한 사실은 관계라는 것은 문자 그대로 서로 가까이 있다고 해서 저절로 좋아지는 게 아니라는 점이다. 우리는 서로 멀리 떨어져 있어도 다양한 도구를 통해 관계를 유지하고 풍부하게 만들었다. 수 세기 동안 편지는 이러한 기능을 아름답게 수행했다. 편지 덕분에 우리는 상대를 앞에 두고 대화하는 것보다 더 친밀하고 정성스러우며 애정이 듬뿍 담긴 대화를 지속할 수 있었다.

오늘날에는 이메일이 그와 비슷한 역할을 수행하지만 예전 사람들이 편지에 들였던 정성만큼 이메일에 정성을 쏟는 사람은 없다. 새로운 메일을 작성할 때 누르는 'COMPOSE(편지쓰기에 해당-편집자주)' 버튼은 예술적 기교를 함축하는 단어지만 내가 보내는 이메일은 예술적 기교와는 전혀 상관이 없다. 우리는 이메일을 얼마나 잘 썼는지 심지어는 틀린 글자가 없는지 확인하지도 않고 보내기에만 급급하다. 받은 이메일도 그렇

첫째 걸음, 거대한 방에서 벗어나는 문을 찾다

게 대충 훑어본다. 깊이 생각할 시간도 숨을 고를 시간도 없다. 스크린은 그렇게 끊임없이 시간의 공백을 제거한다.

스크린에서 일어나는 성급하고 경솔한 의사소통에 익숙해지면 곁에 있는 사람도 대수롭지 않게 여기게 된다. 누구에게나 쉽게 접근할 수 있기 때문에 인간관계는 더 이상 특별하거나 중요하게 느껴지지 않는다. 오히려 함께 있는 시간 자체가 싸구려 상품처럼 당연시된다. 곁에 있는 한 사람은 그저 또 다른 사람일 뿐이며 엄청나게 많은 사람 중 하나일 뿐이다. 그렇기 때문에 세 사람이 모인 거실에서 수많은 사람이 있는 스크린으로 달아나는 것이다. 모든 관계가 사용자 한 사람을 중심으로 평면화된, 끝없이 클릭하기만 하고 충분한 관심을 기울일 필요도 없는 인간들의 콜라주로 말이다.

사실 우리도 이게 행복으로 가는 길이 아니라는 걸 알고 있다. 지금의 나를 있게 했으며 앞으로도 나를 지탱해줄 어린 시절의 가장 소중한 기억은 바로 엄마와 아빠, 조부모, 혹은 내가 아끼던 사람이 다른 모든 것과 다른 모든 사람을 제쳐놓고 오직 나에게만 온전히 집중했던 순간이었다. 그들이 내 작은 세계로 들어오고 나 역시 그들의 세계로 온전히 들어갔던 바로 그런 순간 말이다. 도어스의 노래 〈Break on Through (to the Other Side)〉의 가사 중에 '네 눈 안의 세상'을 찾는다는 가사가 있다. 하지만 우리는 이제 더 이상 다른 사람들의 세상을 찾지 않는다. 그곳은 너무 어색한 곳이 되어 버렸다. '가족이 사라지는 마법'을 지켜보고 나 역시 그 마법에 일조하면서 나는 사랑이나 애정 같은 마음의 활동이 스크린을 통해 집 밖으로 서서히 빠져나가고 있다고 느꼈다.

아마 많은 사람들이 나와 비슷한 경험을 겪었겠지만 어떻게 그 마법에서 빠져나올지 아는 사람은 없을 것이다. 몇 년 전 〈타임〉은 기술이 바꿔놓은 아이들의 생활 단면을 이렇게 묘사했다.

저녁 9시 30분. 스티븐 콕스와 조지나 콕스는 아이들이 어디에 있을지 정확히 알고 있다. 글쎄, 적어도 아이들의 몸이 어디에 있는지는 알고 있다. 14세의 피어스는 침실에 틀어박혀 있다. 컴퓨터 모니터에서 두 눈을 떼지 않은 채 마이스페이스MySpace 채팅룸과 아메리카온라인AOL 인스턴트 메신저에 접속한 지 벌써 3시간째다. 피어스와 이란성 쌍둥이인 브론테는 아빠의 아이맥을 차지하고 거실에 아예 뿌리를 내린 듯 미동도 없이 앉아 있다. 브론테 역시 인스턴트 메시지를 보내고 휴대전화로 친구들과 수다를 떨면서 틈틈이 숙제를 하고 있다. 전통적인 시간과 공간의 개념으로 본다면 네 사람은 모두 캘리포니아 반 누이스에 있는 침실이 3개인 집에 있지만 심리적으로는 각자 자기만의 작은 우주에 존재한다.[9]

디지털 도구의 종류나 명칭은 시간이 지나면서 바뀌겠지만 이러한 추세는 변하지 않을 것이다. 가까이 있는 소수에게서 멀리 있는 다수로 옮겨 가는 현상 말이다. 〈타임〉이 내린 결론은 '스크린 너머에도 삶이 있다는 것'을 부모가 가르쳐야 한다는 것이었다. 사실 부모들은 이미 몇 년째 이를 가르치기 위해 노력하고 있기 때문에 새삼 그런 말을 들을 필요는 없다. 하지만 성공하지 못했다. 부모들 역시 진짜 '인생'에 대해 전혀 고민해보지 않았기 때문이다. 이는 어떤 세대에도 통하지 않았던 '시금치 좀 먹어라'라는 잔소리와도 같다.

아이들은 어리석지도 않고 이중 잣대를 파악하는 눈치도 빠르다. 주변에서 들을 수 있는 메시지란 모두 스크린 안에는 즐거움이 넘치고 부자가 될 수도 있고 성공하려면 반드시 스크린이 필요하다는 이야기뿐이다. 어쩌다 혀를 내두르게 하는 디지털 중독에 관한 뉴스가 보도되기도 하지만 새로 출시된 '필수 아이템'이나 '모든 사람'이 가입한 소셜 네트워크를 권하는 수만 가지 다른 뉴스에 비하면 그런 뉴스는 새 발의 피다. 물론 부모들이 하루 종일 잔소리를 해댈 수는 있다. 하지만 부모의 도덕적 권위는 자신의 삶에 뿌리를 내리고 있어야 가능하다. 20분에 한 번씩 스마트폰을 들여다보는 부모가 스크린 너머에 있다는 인생에 대해 얼마나 알고 있을까?

정보미디어 기업 닐슨컴퍼니의 분기별 보고서에 따르면 미국의 십 대는 한 달에 대략 2272개의 문자메시지를 주고받는데 이는 1년 전과 비교했을 때 두 배 이상 늘어난 수치였다.[10] 그리고 이것이 바로 학생들의 심각한 주의력 결핍, 성적 하락, 수많은 다른 질병을 유발한다고 밝혔다.

그보다 더 충격적인 사실은 우리가 그 보도에 진짜 충격을 받았다는 사실이다. '물론' 아이들은 미친 듯이 문자메시지를 주고받는다. 스크린 앞에 붙어 앉아 엄청난 시간을 보내며 3차원의 세계가 있다는 사실을 망각한 듯 실제 세계에서 멀어져 간다. (〈문자메시지 보내다가 맨홀에 빠진 십 대 소녀〉 실제 있었던 기사 제목이다.[11]) 이를 자연결핍장애 nature-deficit disorder라고 한다.[12] 성인들은 노골적으로든 드러내지 않고서든 절대로 포기해서는 안 되는 신념을 가지고 살아야 한다고 아이들을 가르치고 있다.

교육학자이자 저술가인 로웰 몽크 Lowell Monke 는 자신의 학생들과 함께 이 골치 아픈 문제에 대해 연구했는데 연구에 따르면 많은 젊은이들이 상대방과 직접 의사소통하는 것보다 기계를 통하는 것을 더 선호한다고 밝혔다.[13] 연구에 참여한 학생 중 한 명은 그에게 이메일을 보내 그럴 수밖에 없는 이유를 다음과 같이 설명했다.

연구를 진행하면서 저는 그럴 수밖에 없다는 걸 느꼈습니다. 작업을 수행하는 동안 은행 직원, 가게 점원, 우체국 직원, 미용사 등 여러 사람들의 도움을 받았는데 그 누구도 저하고 '절대' 눈을 마주치지 않았습니다. 아침을 그렇게 언짢게 보내고 나니 저도 당장 온라인으로만 모든 일을 처리하고 싶어졌습니다.

몽크는 이렇게 기술했다. "기성세대가 서로를 기계적으로 대하는 것이

자연스러운 사회에서 신세대가 기계에 더 끌린다고 해서 그리 놀랄 일은 아닐 것이다." 이미 어른들이 스크린을 삶의 중심에 놓고 있는데 젊은이들이라고 왜 그러지 않겠는가? 어쩌면 우리가 보여준 모습을 그대로 답습하려는 아이들의 모습은 칭찬받아 마땅할지도 모른다.

우리는 그동안 소위 디지털 원주민digital natives이라고 불리는 신세대가 미래의 디지털 세상을 선도하고 기성세대는 그 뒤를 따를 뿐이라고 생각했다. 확실히 신세대는 새로운 기술을 쉽게 받아들인다. 그들에게 새로운 도구는 결코 '새롭지' 않기 때문이다. 이를 새롭다고 느끼는 사람은 그 도구가 존재하지 않던 시절을 기억할 수 있는 기성세대들이다. 아이들은 수십 년 전 부모들이 텔레비전을 자연스럽게 받아들였던 것처럼 디지털 스크린을 당연하게 받아들인다. 근처에 디지털 도구가 널려 있고 그 안에서 재미있는 일이 벌어지는데 누가 마다하겠는가? 50년 전에 텔레비전이 그랬던 것처럼 요즘 아이들 역시 처음 만나게 되는 스크린을 스스로 직접 구입하지 않는다. 걸음마를 배울 때부터 그저 함께 있었을 뿐이다. 디지털 혁명은 기성세대에 의해 시작되었고 처음에는 디지털 생활에 익숙하지 않던 사람들도 곧 신나게 따라잡았다. 2009년 통계자료를 보면 35세 이상의 사람들이 트위터와 같은 당시의 최첨단 디지털 네트워크의 발전을 주도했으며 신세대 중심이라는 패러다임이 거짓임을 증명했다.[14]

결국 이 문제는 어느 한 세대만의 문제가 아니다. 한 달에 30만 개의 문자메시지를 보낸 소녀가 화젯거리가 된 이유는 그 소녀가 아직 어리거나 괴짜라서가 아니었다. 이유는 그 소녀가 나이를 불문하고 모든 사람이 그렇게 살고 있다는 것을 대변하기 때문이었다. 중년의 누군가가 '요즘 아이들'은 스크린 없이는 아무것도 못하고 일대일 만남을 어떻게 해야 하는지도 모른다고 투덜대는 것은 사실 자신의 이야기다. 우리는 모두 디지털 네트워크를 통한 의사소통에만 과도하게 집착해왔고 다른 모든 의사소통 방법을 멀리했다. 왜 그랬을까? 시간과 공간을 타인과 온전히 공유하기 위해서는 전 세계의 군중과 연결된 접속을 끊어야 하기 때문이다. 이제 우리는 사고, 감정, 관계가 뿌리내릴 수 있는 시간의 공백을 만들어야 한다. 하지만 훌륭한 디지털 맥시멀리스트들에게 그것만큼 나쁜 것은 없다.

디지털 맥시멀리스트들에게 가장 완벽한 장소가 있다면 바로 삶의 가장 외적 차원인 일과 비즈니스의 세계일 것이다. 자유시장 경제는 그 자체로 최적의 네트워크 조건을 충족시킨다. 자유시장 경제의 목표가 제품, 서비스, 아이디어를 최대한 많은 사람들에게 팔아 최고의 이익을 달성하는 것이기 때문이다. 시장에서 살아남기 위해 기업과 조직은 끊임없이 경쟁 우위를 선점해야 한다. 특히 기술적인 면에서 그렇다. 디지털 시대의 개막과 함께 업무 공간에서는 디지털 연결 상태를 최대한 구현해야 한다는 것이 경영 신조가 되었다. 조직과 조직, 조직과 직원, 혹은 조직과

첫째 걸음, 거대한 방에서 벗어나는 문을 찾다

외부 조직이 서로 더 촘촘히 연결될수록 경쟁에서 유리하고 성공 가능성 또한 높았다. 다시 말해 뛰어난 성과를 달성하려면 가장 먼저 디지털 네트워크를 구축해야 했다.

하지만 시간이 갈수록 그것이 그리 간단한 문제가 아니라는 게 드러났다. 개인의 삶이나 가족 관계에서 문제시되었던 디지털 문제는 일터에서도 마찬가지였다. 디지털 도구는 일터에서도 양날의 칼이었다. 그리고 이번에도 역시 디지털 세상의 분주함이 우리 마음에 어떤 영향을 끼치는가 하는 문제로 귀결되었다. 디지털 도구는 다양한 업무를 동시에 처리하거나 업무와 업무 사이의 전환을 빠르게 해낼 수 있도록 도와준다. 예를 들어 노트북 컴퓨터로 이 문장을 쓰고 있는 나 역시 워드 문서뿐만 아니라 다른 7가지 응용 프로그램을 비롯한 수많은 창을 열어 놓고 있다. 문서 작업을 하다가도 클릭 한 번으로 지체 없이 이메일을 확인할 수 있고 다시 문서로 돌아올 수도 있다. 이 과정에는 한순간의 지체도 없다.

인간의 마음도 한 번에 여러 가지 업무를 동시에 처리할 수 있다. 그렇기 때문에 당신은 카페에 앉아서 커피를 마시면서 책도 읽고 카페에서 흘러나오는 멋진 음악도 즐길 수 있는 것이다.[15] 하지만 사실 우리는 한 번에 한 가지밖에 집중하지 못한다. 책이 마음을 사로잡으면 음악은 의식 바깥으로 희미하게 사라져버리고 커피를 마시는 것도 잊고 있다가 30분쯤 후에야 다 식어버린 커피를 발견하게 된다. 그리고 컴퓨터와 달리 인간의 마음은 (그것이 당신의 선택에 의한 것이든 외부의 방해에 의한 것이든)

이러한 의식의 전환에 시간이 오래 걸린다.

심리학자들은 인간이 방해 요소에 반응하기 위해 집중력을 분산시키면 원래 하던 일에 대한 정서적, 인지적 관심은 그 즉시 감소하기 시작하며 방해 요소에 반응하는 시간이 길어질수록 원래 하던 업무에 다시 집중하기가 힘들어진다고 말한다. 집중력을 다시 회복하는 데에는 방해받았던 시간의 10배 내지 20배 정도의 시간이 걸릴 수 있다.[16] 즉 1분 동안 딴짓을 했다면 다시 집중력을 회복하기 위해서는 적어도 15분가량의 시간이 필요하다는 말이다. 이것도 원래 하던 일로 곧바로 돌아올 때에만 그렇다. 그 사이에 다른 일을 또 쑤셔 넣었다면 집중력을 회복하는 데 걸리는 시간은 훨씬 더 길어진다.

다시 카페로 돌아가서, 정말 재미있는 책을 읽고 있는데 친구가 인사를 하러 잠깐 들렀다고 하자. 친구와 막 대화를 나누려는데 휴대전화가 울린다. 친구에게 잠깐만 기다리라고 부탁하고 전화를 받는데 웨이트리스가 와서 리필을 원하느냐고 묻는다. 커피가 담긴 주전자를 들고 당신의 대답을 기다리고 있는데 카페의 화재경보기가 울리기 시작한다. 이 상황의 경우 잠재적 관심의 대상은 3가지(책, 음악, 커피)였고 그중 한 가지에 집중하고 있었는데 몇 분 만에 잠재적 관심의 대상이 7가지(책, 음악, 커피, 친구, 전화, 웨이트리스, 화재경보)로 늘었으며 그중 '어떤 것에도' 집중하지 못하는 상태가 되었다. 만족스러웠던 몰입이 불만족스러운 혼란으로 대체된 것이다. 다시 마음을 가라앉힌다 해도 몰입의 상태는 사라져

버렸고 어쩌면 무슨 책을 읽고 있었는지조차 기억나지 않을지도 모른다.

이러한 상황이 업무나 기술과 무슨 관계가 있을까? 위에서 언급한 카페 시나리오는 지난 몇 십 년 동안 미국의 일터에서 실제 일어나고 있는 모습을 그대로 보여주는 것이다. 스크린으로 인해 늘어난 엄청난 업무량만큼 방해 요소들도 사무실 구석구석을 파고들고 있다. 1970년대 사무직 근로자들도 처리해야 할 일이 많았고 다뤄야 할 도구도 많았다. 음성 녹음이 아직 불가능한 시절이었기 때문에 걸려 오는 전화도 반드시 직접 받아야 했다. 그래도 그때는 지금과 비교하면 훨씬 느슨했고 우선순위를 다투는 일들도 오늘날에 비해 현저히 적었다. 그렇기 때문에 한 가지 업무에 오랫동안 집중하기가 더 수월했고 다른 업무는 조용히 제 차례를 기다릴 수 있었다. 반면 오늘날에는 스크린 덕분에 실제 다룰 수 있는 양보다 훨씬 많은 업무를 한꺼번에 처리하기 위해 조금도 쉬지 않고 분투해야 한다. 그리고 그중 어떤 일에도 몇 분 이상 집중하기 어렵다. 불필요한 방해 요소와 그에 따른 집중력 회복 시간은 전체 업무 시간의 28퍼센트 정도를 차지한다고 추정된다.[17] 어느 사무실에서나 책-음악-커피-친구-전화-웨이트리스-화재경보의 맹습은 그대로 재현되고 있다.

실제로 이런 일이 매일 일어나고 있지만 마우스 좀 클릭해댄다고 별 문제가 있을까 싶은 생각도 들 것이다. 업무 도중 5분에 한 번씩 받은편지함을 확인하며 한눈을 판다. 그래서 어쨌다고? 그게 왜 문제인지 이해하기 위해서는 클릭을 하면서 무엇을 하고 있는지가 아니라 무엇을 놓치고 있는지를 생각해야 한다. 가장 먼저 효율성을 최대한 발휘하고 있지 않다. 집중력이 계속 흐트러지고 이를 다시 회복하는 데에는 시간이 걸리기 때문이다. 디지털 도구는 번개 같은 속도로 일을 처리하는 것처럼 보이지만 디지털 도구의 속도와 우리 사고의 속도를 혼동해서는 안 된다. 스크린은 빠른 속도로 업무 간 전환을 가능하게 하지만 한 가지에 집중하지 못하게 하기 때문에 업무 자체에 대한 우리의 수행 능력은 그만큼 둔화되고 있다. 이는 가짜 효율성이며 엄청난 환상이다.

그리고 그보다 더 심각한 문제가 있다. 우리는 스크린의 쏜살 같은 업무 처리 속도를 따라가기 위해 재빨리 생각하는 버릇에 길들여지면서 이보다 훨씬 더 가치 있는 무언가를 놓치고 있다. 바로 창조적으로 사고하는 능력이다. 인간이 가진 여러 능력 중에서 가장 뛰어난 것은 바로 사물들 간의 연관 관계를 파악하는 능력이다. 인간의 뇌는 이 세상에서 가장 뛰어난 연상장치로 약 1천 억 개의 뉴런이 그만큼 다양한 방법으로 서로 연결되어 있다.[18] 이는 이미 알려진 우주의 별들보다 더 많은 수이다. 어떤 면에서 디지털 장치는 관련 있는 수많은 정보를 제공함으로써 더 쉽게 연관 관계를 파악할 수 있도록 도와준다고 볼 수도 있다. 창조적 사고와 종합적 사고를 가능하게 하는 디지털 장치의 잠재력은 말로 다 표현할 수 없을 정도다. 그러나 인간의 가장 뛰어난 창조성은 오직 시간과 정신적인 여유가 있을 때에만 발휘된다. 윌리엄 제임스는 '한 가지 대상에 몇 시간이고 빠져 있는 천재들의 집중력'[19]과 '일반인들의 정신 상태'를 비교한 적이 있다. 물론 그런 천재도 흔치 않지만 지금처럼 스크린을 쉴 새 없이 떠돌아다닌다면 독창적이고 기발한 사고는 물론이고 어떤 일에도 창조성을 발휘하기 힘들 것이다.

효율성을 극대화하고 생산성을 높이기 위해 개발된 디지털 도구가 그 반대의 결과를 초래하고 있는데도 불구하고 여러 기업들은 맥시멀리즘적인 접근법을 버리지 못하고 있다. 오히려 계속해서 이를 강화하고 있다. 만화가 젠 소렌슨Jen Sorensen은 자신의 연재만화 《굼벵이》에서 〈가상 소용돌이에 빠진 중소기업〉이라는 제목으로 그 어리석은 악순환에 대해 신랄하게 비판했다.[20] 만화는 다음과 같이 전개된다. 첫 번째 칸, 여성 사업가 한 명이 신이 나서 전화 주문을 받는다. "점심시간까지 12개요? 네, 알겠습니다!" 그리고 다음과 같은 설명이 붙어 있다. '처음에는 물론 일을 잘했죠.' 다음 칸의 설명은 이렇다. '그리고 홈페이지가 필요했어요.' 그녀는 새로 개설한 홈페이지를 자랑스럽게 들여다보고 있다. 세 번째 칸, 블로그도 개설한다. 그 다음에는 소셜 네트워크에 가입한다. 그것으로도 부족한지 하루 종일 현재의 상황을 간단하게 업데이트한다. 이를테면 이런 식이다. "오늘 아침 11시 27분 제 트윗을 놓치지 마세요!" 그 다음 칸에서 그녀는 혼란스러운 표정으로 스크린을 들여다보고 있다. 그리고 생각한다. "잠깐! 내 직업이 뭐였더라?" 마지막 장면은 이렇다. 외계인 2명이 우주선에서 지구를 내려다보며 말한다. "하하하! 인간들은 곧 모든 생산적인 활동을 멈추게 될 거야. 지구를 침공할 날이 멀지 않았군!"

몇 년 동안 기업들은 이러한 문제를 파악하지도 못했고 파악하고도 모른 척했다. 그리고 마침내 생산성이 떨어지는 것을 눈으로 확인하고 나서야 관심을 기울이기 시작했다. 주로 업무 환경의 기술적인 문제를 다루는 리서치 기업 바섹Basex의 한 연구는 직원들이 업무에 방해되는 요소를 처리하느라 하루의 4분의 1 이상을 허비한다고 밝히고 있다. 그 결과 기업들은 '생산성이 낮아지고 혁신이 감소'하는 상황에 처하게 됐다.[21] 2009년에 바섹은 정보의 홍수로 인한 연간 경제적 손실이 9천 억 달러에 이를 것이라고 추정했다.

이처럼 충격적인 통계 자료가 제시되면서 성공의 가장 중요한 엔진으로 인식되어 왔던 기술산업 분야가 일반적인 통념과 달리 경제적 악당 역할을 해왔음이 밝혀졌다. 스스로 개발한 도구가 직원을 곤경에 빠뜨리고 네트워크에 가두어 허우적거리게 하는 것을 보면서 첨단 기술 분야의 기업들은 이에 대한 대책이 절실하다는 것을 깨달았다. 몇 년 전에는 마이크로소프트, 구글, 제록스, 인텔을 포함한 이 분야의 몇몇 거대 기업 경영진과 학자, 컨설턴트, 관심 있는 단체가 함께 모여 '정보과잉 연구그룹Information Overload Research Group'이라는 비영리단체를 구성했다. 단체의 임무는 '세계적인 생산성 위기'에 대한 인식을 높이고 해결책을 도출하는 것이었다.[22] 〈뉴욕타임스〉는 그 단체의 설립에 관한 소식으로 첫 페이지를 장식하면서 다음과 같은 머리기사를 달았다.

"이메일의 홍수에 빠진 IT기업, 스스로 창조한 괴물과 마주하다."

첫째 걸음, 거대한 방에서 벗어나는 문을 찾다

일상생활의 대부분이 돈을 벌고 살아남기 위한 노력으로 점철되어 있기 때문에 가끔은 삶 전체가 비즈니스인 것처럼 느껴지기도 한다. 그러나 여기에서 우리가 이야기하는 문제는 경제적인 문제도 아니고 조직적인 문제도 아니다. 현대사회 인간의 모든 활동에 영향을 끼치고 있는 인류의 도전에 관한 문제다. 이 문제의 심각성을 가장 잘 보여주는 척도는 생산성 지표나 달러의 가치가 아니라 인류가 만들어낸 모든 산업의 시작점, 즉 인간의 머릿속에서 들려오는 크고 분명한 신호다. 지금 이 순간에도 개인적인 일이든 직업적인 일이든 모든 상황에서 빈번하게 느껴지는 충동이 있을 것이다. 바로 휴식에 대한 열망이자 디지털 군중에게서 벗어나고 싶은 욕구다.

그러한 욕구는 넘쳐 나는 받은편지함으로 피곤하다는 친구, 이웃, 동료의 불평에서 드러날 수도 있고 스크린에서 떨어질 줄 모르는 아이들에 대한 불만에서 드러날 수도 있다. 요가나 명상 프로그램이 인기를 끄는 것도 그러한 욕구의 발현이다. 이들은 일시적이기는 하지만 디지털 세상의 분주함에서 벗어나 잠시 숨을 고를 수 있게 해주는 유용한 수단으로 각광받고 있다. 단순히 빨라지고만 있는 세상에 가치 있는 메시지를 전달하고자 하는 느리게 살아가기 운동Slow Life movement의 일환으로 슬로우푸드, 느긋하게 양육하기, 느린 여행 등도 있다.

기차의 '조용한 객실'이나 상점 계산대 앞의 "손님의 휴대전화 통화를 마치신 다음 친절하게 모시겠습니다"라고 쓰인 표지판도 비슷한 의

도다.[23]

한편 장난치기 좋아하는 핀란드 사람 몇 명이서 생각해낸 휴대전화 던지기 경기는 지금은 국제적인 스포츠가 되었다. 이 경기는 끊임없이 누군가와 연락을 주고받아야 하는 상황으로 우리를 몰아넣는 멍에를 벗어던지고 정신적 자유를 쟁취하고자 하는 욕구를 상징적으로 드러낸다.[24] 해마다 열리는 세계 선수권 대회는 황당한 기삿거리를 원하는 언론의 주목을 받는다. 그러나 핀란드가 지구상에서 초고속 인터넷 보급률이 가장 높은 나라 중 하나라는 사실은 밝히지 않는다. 세상이 촘촘하게 연결될수록 우리의 멍에는 더 무거워질 것이다.

그렇다고 디지털 도구를 쉽게 던져 버릴 수도 없다. 우리가 할 수 있는 최선은 디지털 세상에서 도망치는 일이다. 그래서 '전기 없는 휴가'나 오지 여행에 대한 관심이 급증하고 있다. 〈비즈니스-트래블〉이라는 잡지는 "카리브 해의 섬나라 세인트빈센트그레나딘에 속해 있는 작은 섬 쁘티세인트빈센트의 목가적인 리조트 오두막 22채에는 텔레비전도 전화도 무선 랜도 없다"고 소개한다.[25] 그리고 다음과 같은 설명이 덧붙어 있다. "당신이 그곳에서 발견할 수 있는 건 길게 뻗은 자연 그대로의 백사장과 야자나무 그늘에 한가로이 걸려 있는 그물 침대, 좋은 책 한 권을 들고 자리 잡기 좋은 아늑한 곳뿐이다." 하지만 이 섬에서도 스마트폰은 사용할 수 있었다. 무선 랜이 없는 세상도 생각만큼 은밀하지 않았다. 리조트 사장은 이를 '치명적인 실수'라고 인정했다. 이 문제를 창조적으로 해결한 또 다른 리조트가 있다. 999달러에 '7일 밤의 휴식'을 제공하는 '격리된 휴가' 패키지는 일주일 동안 섬에 온전히 갇힐 수 있도록 체크인을 할 때 모바일 기기를 모두 맡겨야 한다.

어디에서나 연결 가능한 유비쿼터스 환경으로 인해 물리적으로 완벽한 고립을 보장할 수 있는 장소는 사라졌다. 이는 아주 중요한 변화지만 지금까지는 아무도 이런 식으로 생각해보지 않았다. 나는 북적거리는 대도시에 사는 친구가 한적한 곳에서 '끊어진' 삶을 사는 우리 가족이 부럽다고 말했을 때 이 사실을 발견했다. 여름마다 우리를 방문하는 뉴욕에 사는 친구가 있는데 한 번은 도시에 사는 자기 아이들이 메시지를 보내거나 게임을 하느라 스크린 앞에서 몇 시간씩 떠날 줄 모른다며 이렇게 투덜거렸다. "넌 운이 좋은 거야. 케이프코드에는 그런 문제가 없을 거 아냐." 과연 없을까? 바쁘게 돌아가는 도시 한가운데 있는 아파트나 외딴 절벽의 오래된 오두막이나 어디에 사는지는 중요하지 않다. 스크린이 있고 신호만 잡힌다면 어디에 있든지 마음은 정처 없이 떠돌 수 있다. 그와 동시에 복잡한 일상을 뒤로 하고 훌쩍 떠나는 것에 대한 로망 또한 사라지지 않을 것이다. 마치 예전으로 다시 돌아가기를 간절히 바라는 것처럼 말이다.

그러나 바람만으로는 충분하지 않다. 어느 날 아침 눈을 떴는데 가장 아끼는 물건 하나가, 예를 들면 볼 때마다 늘 기분 좋게 만들어주던 그림 하나를 도둑맞았다고 하자. 당연히 그림을 되찾고 싶을 것이다. 이를 위해 그림이 다시 제자리에 걸려 있는 모습을 상상만 하고 있을 것인가? 마법처럼 다시 나타나기를 바라면서? 아니면 적극적으로 행동을 취하겠는가? 우리는 다양한 디지털 장치들을 서로 비교하면서 어떤 기계가 더 좋고 빠른지, 가장 사용하기 쉬운 기계는 무엇인지에 대해 끊임없이 떠들어대면서 그 도구가 우리에게서 무엇을 빼앗아 갔으며 또 어떻게 되찾아야 하는지에 대해서는 침묵한다. 사실 우리는 무엇을 잃어버렸는지도 잘 모른다. 우리가 잃어버린 것은 눈에 보이는 확실한 형태가 있는 것도 아니기 때문이다. 우리가 그리워하는 것은 불필요한 요구나 정신을 산만하게 하는 것들이 없는 상태, 즉 존재가 아닌 부재의 상태다. 설명하기조차 힘든 그 부재의 상태를 어떻게 되찾을 것인가?

우리는 모두 한 배를 탔고 지금 우리에게 필요한 것은 내가 물에 빠진 다음 우연히 발견했던 마음 상태다. 하지만 문제는 우리가 디지털 도구를 원하고 또 필요로 한다는 것이다. '신나는 보트'에서의 작은 사고 후 나는 곧 새 휴대전화를 장만했다. 당연하다. 소외되는 것에는 별 관심이 없으니까. 솔직히 말하자면 결코 그렇게 되고 싶지 않았다. 그리고 휴대전화는 내 행복의 원천이다.

굉장한 혜택과 엄청난 대가가 한 가지 도구에 같이 들어 있다. 전자를 최대한 지향하고 후자를 최대한 지양한다면 디지털 세상에서의 삶은 한계가 없을 것이다. 스크린은 자유, 성장, 최상의 친밀함을 가능하게 하는 도구이며 반드시 그래야 한다. 문제는 그 방법이다.

첫째 걸음, 거대한 방에서 벗어나는 문을 찾다

Chapter 04
당신은 지금 영원히 접속되었습니다

첨단 기술 기업의 경영진이 과도한 디지털 문화를 개선하겠다는 원대한 목표로 비영리단체 '정보과잉 연구그룹'을 설립한 직후 마이크로소프트는 새로운 광고를 선보였다. 회장 빌 게이츠가 코미디언 제리 세인필드와 함께 자사의 기술을 뽐내는 유머러스한 촌극 시리즈였다.[1]

그중 한 편에서 세인필드는 이렇게 말했다. "빌, 당신은 1억 명의 사람들을 연결해주었죠. 다음은 뭔지 미치도록 궁금한데 혹시 이메일을 보낼 수 있는 개구리? 인터넷이 되는 금붕어? 블로깅할 수 있는 아메바?"

게이츠는 세인필드의 비아냥거림이 틀리지 않을 것임을 시사했다. 그리고 화면이 갑자기 어두워지면서 다음의 말이 나타났다. '영원히 접속되었습니다PERPETUALLY CONNECTED'. 바로 24시간 끊이지 않는 완벽한 연결 상태다. 적당하거나 상당한 상태도 아니고 특별한 이유가 있어서도 아니고 꼭 필요한 것도 아닌데 잠시도 멈추지 않는 완벽한 접속 상태를 가능하게 하는 기술을 선보이겠다는 것이다. 쉴 틈 없는 스크린 활동이 끔찍한 생각이었다는 것을 첨단 기술 기업이 마침내 깨달았다고 주요 언론이 갈채를 보내던 바로 그 순간 마이크로소프트는 등 뒤에서 그 끔찍한 생각이 여전히 자신의 목표이자 우리 모두의 목표라고 말하고 있는 것이다.

이는 주로 중독성이 있거나 해로운 제품을 다루는 산업에서 흔히 하는 짓이다. 주류 기업은 알코올 중독에 대한 확고한 반대 입장을 표명하며 이에 관한 캠페인을 벌이기도 하지만 그와 동시에 사람들에게 음주를 권하며 수십 억 달러를 쓰기도 한다. 적어도 이들은 술을 권하기는 하지만 알코올 중독을 드러내 조장하지는 않는다. 하지만 첨단 기술 기업은 (마이크로소프트뿐만이 아니다) 정신적인 면에서 알코올 중독과 맞먹는 과도한 디지털리즘을 당당히 밀어붙인다. 영원한 접속 상태는 영원한 의식불명 상태와 같은 뜻이다. 누구보다 이들이 더 잘 알고 있다. 직장에서의 정보 과잉, 너무 산만해서 창조적인 생각이라고는 할 수도 없는 직원에 대한 이야기와 충격적인 통계는 첨단 기술 분야에서 가장 두드러진다.

중요한 공공의 이슈에 대해 혼란을 없애고 사실을 폭로할 의무가 있는 언론조차 이러한 이중적인 태도를 보이고 있다. 지금까지 몇 년 동안 언론은 '정보 과잉 시대'의 다양한 현상에 대해 충실히 보도해 왔다. 비록 커다란 변화를 몰고 오지는 못했지만 가장 기술 친화적인 매체에서도 그러한 보도는 빠트리지 않았다. 첨단 기술에 관한 온라인 뉴스 채널 〈위어드닷컴 Wired.com〉 역시 "디지털 홍수가 우리의 뇌를 태우고 있다"고 경고하기도 했다.[2]

그리고 그와 동시에 여느 실리콘밸리의 대기업처럼 열렬하게 끊이지 않는 연결 상태를 지지했다. 이유는 다르지 않다. 언론도 기업과 마찬가지로 디지털 세상에서 살아남기 위해 대중의 접속이 반드시 필요했기 때문이다. 그들이 생산하는 제품, 즉 기사를 읽어줄 대중은 많으면 많을수록 좋다. 200만 명이 하루에 10분씩 당신의 웹 사이트를 방문한다면 그건 아주 좋다. 그 200만 명이 밥을 먹을 때나 화장실에 다녀올 때만 잠깐 자리를 비우면서 최근 자료나 광고를 하루 종일 클릭한다면 최고다! 아마 당신은 곧 돈방석에 앉게 될 것이다! 같은 이유로 언론도 정보의 범람을 조장한다. 가끔씩 경고를 보내기도 하면서 말이다.

〈월스트리트저널〉의 시사평론가 고든 크로비츠 Gordon Crovitz의 칼럼은 이렇게 시작한다. "경고! 정보의 시대에 지식 노동자들은 평균적으로 3분에 한 번씩 다른 활동을 한다. 이메일이나 전화가 집중을 방해하기 때문이다. 집중력이 일단 흐트러지면 다시 업무에 복귀하는데 대략 30분이 걸린다. (…) 이 기사의 나머지를 당신의 집중력 유지 능력을 시험하는 단어 테스트라고 생각해보라."[3] 비영리단체를 꾸린 기술 기업 경영진의 노력을 칭찬하면서도 그들이 가진 문제를 논리 정연하게 지적한 훌륭한 칼럼이었다. "가장 정보 집약적인 기업이 정보의 홍수를 헤쳐 나가기 위해 노력하는 것은 고무적인 현상이다." 나는 온라인으로 이 칼럼을 읽으면서 단어 테스트를 무사히 통과하려고 노력했지만 스크린 오른쪽에 있는 화려한 상자로 자꾸 눈이 향했다. "이메일 뉴스레터를 통해 온라인 〈월스트리트저널〉의 새로운 소식을 언제나 손쉽게 받아볼 수 있습니다! 무료 등록! 지금 바로 가입하세요!"라는 자체 광고가 쉬지 않고 깜빡이고 있었다. 다시 말하면 '정보의 홍수에 완전히 잠기고 싶다면 바로 클릭하라'는 뜻이다. 칼럼니스트가 광고 문구까지 조절할 수는 없으니 독자가 이러한 불협화음을 피하기는 어렵다. 이는 또한 자기 안에서 들려오는 갈등의 메아리기도 하다.

아침 라디오 프로그램 〈테이크어웨이the takeaway〉의 진행자 존 호큰베리 John Hockenberry가 한 번은 디지털 도구의 방해 공작을 피하는 자기만의 방법을 나누어 달라고 말한 적이 있다.[6] "집중력에 관한 당신의 이야기를 들려주세요!" 인터넷을 이용할 수도 있다며 웹 사이트 주소도 알려주었다. 만약 나처럼 꽤나 집중해서 그 방송을 듣고 있었다면 (아침 식사를 준비하면서 라디오를 듣는 것은 정말 찰떡궁합이다) 곧 가장 가까이 있는 스크린을 찾았을 것이고 라디오를 듣는 집중력은 흐려졌을 것이다. 어떻게 집중력을 유지하는지에 대한 자신의 생각을 세상과 나누기 위해서 말이다. 몇 발짝만 움직이면 스크린이 있었으니 나도 한 번 참여해볼까 하는 생각도 들었다. 스크린을 켠 김에 재빨리 메일도 한 번 확인할 것이다. 그때 어느 청취자가 말했다. "모든 사람들이 휴대전화라는 사슬에 묶여 있는 것 같아요." 그 역시 자신의 휴대전화를 사용해 말했을 것이다.

결국 제 꼬리를 물려고 빙빙 도는 강아지 꼴이었다. 이렇게 된 이유 또한 명확했다. 그렇다면 거대 첨단 기술 기업들이 해야 할 일은 무엇일까? 디지털 도구를 사용하는 습관을 다시 한 번 살펴보라는 광고를 실을 것인가? "웹 사이트를 방문하세요. 너무 자주 오지는 마시구요." 정상적인 기업이라면 이런 식의 광고는 결코 하지 않을 것이다. 라디오 프로그램에서 집중력에 관한 토론을 벌이는 것도 좋다. 이 문제에 대한 논의는 활발할수록 좋다. 그런데 이보다 더 좋은 방법은 없을까? 오늘날 스크린이 자신의 생각을 알리는 가장 좋은 수단이라는 것은 의심할 여지가 없다. 사람들이 점점 더 스크린으로 빠져들고 있다는 의견을 전하고 싶다면 그역시 스크린으로 뛰어들어야 한다. 스크린으로 인해 가장 괴로워하는 사람들이 있는 곳 역시 스크린이다.

우리는 모두 이 문제에 대해 이중적인 잣대를 들이댄다. 몇 년 전 '크랙베리crackberry'라는 말이 유행했을 때 그 단어를 가장 자주 사용하거나 매섭게 비판하던 사람들은 바로 블랙베리 중독자들이었다(crack은 코카인의 일종으로 중독성이 그만큼 강하다는 의미에서 블랙베리의 별칭임-옮긴이). 문제는 이중적 잣대 중 하나인 '우리는 스크린을 지나치게 사용하고 있다'는 말에 아무도 관심을 기울이지 않는다는 점이다.

물론 이 문제를 해결하기 위해 노력하는 사람도 있다. 진퇴양난에 빠져 있다는 인식이 증가하면서 이를 해결하고자 하는 고민 또한 늘고 있다. 비즈니스 세계의 금언처럼 여기에서도 "이 문제에 대한 해결 방법을 알아냄으로써 경쟁 우위를 점할 수 있다"고 IBM의 연구원은 밝히고 있다.[5] 그러한 이유로 비즈니스 세계가 이를 해결하기 위해 앞장서고 있다. 지금까지는 기본적으로 두 가지 종류의 해결책을 선보였다. 첫 번째는 다소 낡은 방법이긴 하지만 시간을 한정하는 것이다. 디지털 관련 업무에 대해 하루 중 특정한 시간, 혹은 한 주 중 특정한 날을 할애함으로써 디지털 혼란에 질서를 부여하는 것이다. 예를 들어 오전 9시, 오후 1시, 오후 5시에만 이메일을 확인하는 것으로 제한한다. 어떤 기업은 이러한 시간 관리 접근법을 폭넓게 적용해 '이메일 없는 금요일'을 도입하는 등 대대적으로 스크린 사용 중단 시간을 확보했다. 이는 과도한 스크린 사용 시간을 줄이는 것뿐만 아니라 사람들끼리 얼굴을 맞대는 상호작용을 장려하는 것이기도 했다. 일대일 상호작용은 여기저기서 끈질기게 조여드는 이메일의 사슬보다 더 효율적이고 생산적일 수 있다. 만약 모든 사람이 동시에 디지털 네트워크에서 벗어난다면 자기만의 공간에서 빠져나와 다른 사람하고 이야기를 나누기도 훨씬 쉬워질 것이다.

그럼에도 불구하고 시간 관리 접근법은 크게 유행하지 못했다. 남몰래 규칙을 어기면 그만이었다. 이 방법이 효과를 발휘하기 힘든 근본적인 이유는 바로 '다이어트'였기 때문이다. 칼로리 대신 스크린 사용 시간

첫째 걸음, 거대한 방에서 벗어나는 문을 찾다

을 계산하는 것만 다를 뿐 기본 개념은 다이어트와 똑같았다. 그리고 모든 다이어트가 그렇듯이 머리로는 쉬울 것 같지만 실제로는 결코 그렇지 않다. 모든 사람이 디지털 네트워크에 게걸스레 달려들고 있는 상황에서 "저는 됐어요. 오늘은 그만 할래요"라고 말하기 위해서는 만만치 않은 의지력이 필요했던 것이다. 게다가 스크린은 이미 많은 사람들의 직업과 일상생활의 중심을 차지하고 있어서 반나절이라도 스크린을 쳐다보지 않으면 모든 일에서 뒤처지는 것 같았다.

두 번째 접근법은 기술 자체를 해결책으로 생각하는 것이다. 이 방법은 메일함을 차단하거나 접속을 불가능하게 만드는 소프트웨어를 설치하거나 수신 메시지의 상대적 중요도를 판단해 쓸데없는 메시지를 차단하는 필터를 만드는 것까지 다양하다. 이러한 방법도 몇 년째 사용되고 있으며 무료로 다운로드 받을 수도 있다. 하지만 그런 프로그램을 사용하는 사람이 과연 얼마나 될까?

여기에는 몇 가지 약점이 있다. 첫째, 원인은 건드리지 않고 스크린 상에서 처리해야 할 일이 엄청나게 많다는 증상에만 초점을 맞춘다는 점이다. 물론 필터로 처리된 메시지만 확인하는 것은 좋지만 그렇다고 중요하지 않은 메시지가 더 이상 존재하지 않는 것도 아니고 결국에는 보지 않으리라는 법도 없다. 그리고 여기저기서 쏟아지는 메시지를 제대로 걸러내는 것도 힘들다. 물론 처리해야 할 일의 양을 확실히 줄여주기는 하지만 우리가 스스로 만들어낸 일에는 속수무책이다. 이메일 필터를 설치한다고 가정해보자. 중요하지 않은 메시지를 성공적으로 차단해 하루 평균 30분의 시간을 확보했다 해도 그 30분 동안 쓸데없는 이메일을 보내고 아무 생각 없이 신문 머리기사를 클릭하며 주가를 살펴보고 뻔질나게 드나드는 스포츠 블로그에 들어가지 않으리라는 법은 없지 않은가? 먼저 손을 내미는 것은 바로 우리 자신이다. 인정하자. 가장 최대의 적은 바로 우리 자신이라는 것을.

기술적 접근법의 두 번째 약점은 디지털 도구로 노동력을 줄이겠다는 가정 자체가 잘못되었다는 점이다. 지금까지 디지털 세상을 살면서 배운 점이 있다면 바로 새로운 기술은 노동력을 더 늘리기만 한다는 점이다. 이메일을 관리하는 필터를 설치하면 그 필터는 누가 모니터 할 것인가? 환경을 설정하고 차단된 파일을 삭제하며 정기적으로 소프트웨어를 업데이트해야 하는 잡다한 일들 말이다. 부르기만 하면 냉큼 달려오는 조수가 없다면 그 많은 일을 결국 누가 해야 할지는 당신도 잘 알 것이다.

상황을 더 악화시키는 방법도 있다. 사용자의 키보드와 마우스 작동 시간을 감시해 정신이 딴 데 팔린 건 아닌지 판단하는 소프트웨어가 있는데 이는 키보드를 두드리지 않거나 마우스를 클릭하지 않으면 쓸데없는 일을 하고 있다는 가정을 전제로 한다. 하지만 특정한 목적 없이 가만히 앉아서 몽상에 빠져 있는 상태가 바로 가장 좋은 아이디어가 번뜩이는 '유레카'의 순간이 될 수도 있다. 널리 알려진 또 다른 방법은 디지털 정보처리 속도를 증가시켜 짧은 시간에 처리하는 정보의 양을 늘리는 것

첫째 걸음, 거대한 방에서 벗어나는 문을 찾다

이다. 예를 들면 이메일의 내용을 한 번에 한 글자씩 보여주는 장치가 있는데 이렇게 하면 "읽는 속도가 빨라져서 1분에 950단어까지 읽을 수 있다".[6] 문제는 빨리 읽는다고 생각까지 빨라지지는 않는다는 점이다.

어떤 사람들은 기술로는 해결할 수 없으니 디지털 업무를 다른 사람에게 넘기라고 제안한다. 이메일 확인을 비롯한 단조로운 일을 개발도상국의 근로자들에게 넘기고 보수를 지급하라는 것이다. 이러한 생각을 제안한 작가 티모시 페리스Timothy Ferriss는 인도인 몇 명을 고용해 잡다한 디지털 관련 업무를 맡긴다고 한다.[7] 그는 이렇게 말했다. "훨씬 여유로워진 새로운 인생의 네 번째 아침이다. 컴퓨터를 켜서 메일을 확인하면 바다 건너의 조수들이 이미 가지런히 정리해놓은 메일함이 나를 기다리고 있다." 어쩌면 이건 새로운 형태의 제국주의일지도 모른다. "다운로드가 완료되었습니다. 사입Sahib (제국 시대에 인도에서 유럽인을 부르던 호칭-옮긴이)." 기술만으로는 결코 자유를 쟁취할 수 없다.

위에서 언급한 모든 해결책의 공통적인 목표는 바로 분별 있는 일과 생활이며 이들이 지닌 공통적인 한계는 내적인 문제의 해결 방안을 외적인 부분에서 찾고 있다는 점이다. 분주함은 마음속에서 갑자기 생겨난 것이 아니다. 분주한 상황을 초래하고 분주함이 판을 치도록 내버려 둔 것은 바로 우리의 마음이다. 사람들은 보통 마음에 대해 이야기하면 곧바로 뇌를 떠올리지만 마음과 뇌는 다르다. 친구들에게 과도하게 연결된 삶의 고충에 대해 토로하면 열에 아홉은 신경과학에 대한 이야기를 꺼낸다. 신경과학은 영상 기술을 통해 뇌의 활동을 관찰하는 의학 분야로 최근 몇 년 동안 급격히 성장했다. 요즘에는 "신경과학 분야의 새로운 연구에 의하면……"이라는 말보다 사람들의 관심을 끄는 말머리도 없다. 그리고 어쩌면 거기서 해답을 찾을 수 있을지도 모른다.

뇌 연구에 관한 최근의 엄청난 성과는 대부분 그전에 이루어진 수십 년 간의 연구 덕분이었다. 하지만 디지털 기술이 뇌에 어떤 영향을 미치는지에 대해서는 아직 체계적으로 정리된 지식이 없다. 디지털 도구 자체가 너무 최근에 개발되었기 때문이다. 이런 이유로 디지털 도구와 뇌의 관련성에 대한 연구는 여전히 기초적인 수준에 머물러 있으며 그 연구 결과도 불확실하다.

우리가 스크린에 빠져드는 것은 어쩌면 어느 정도 프로그래밍된 것인지도 모른다. 인간의 뇌는 진화 과정을 거치면서 새로운 자극에 반응하도록 프로그램화 되어 왔다.[8] 주변에서 새로운 사건이나 사물을 인식하면 뇌에서는 '보상체계'가 활성화되고 도파민이라는 신경전달물질이 분비된다. 뇌의 이런 활동은 위험한 세상에서 살아남기 위해 주변의 위협(포식자와 같은)과 기회(먹을 수 있는 음식을 찾는)를 재빨리 포착하고 이에 반응해야 했던 선사시대의 유산이라는 이론도 있다. 오늘날 우리가 받는 자극과 종류만 다를 뿐이다. 이제 우리를 위협하는 것은 수풀에 도사리고 있는 사나운 동물이 아니라 휴대전화 신호음과 새로운 메시지다. 하지만 과거에나 지금이나 상관없이 위협에 대한 사람의 생화학적인 반응은 똑같다고 할 수 있다. 어느 과학자의 말처럼 휴대전화가 반짝이며 소리를 내면 당신은 '도파민 세례'[9]를 받는다.

물론 10만 년 전과 지금은 아주 중요한 차이가 있다. 삶의 속도가 지금보다 훨씬 느렸던 원시사회에서는 주변의 모든 대상에 주의를 기울이는 것이 당연했다. 하지만 오늘날에는 생존의 목적 때문에 스크린을 통해 밤낮으로 들어오는 온갖 새로운 정보에 전부 주의를 기울일 필요는 없다. 바이러스에 감염된 동영상이 사자처럼 당신을 먹어 치우지도 않을 것이고 3초 전에 도착한 이메일을 무시한다고 내일 살아남지 못하는 것도 아니다. 모두 알고 있듯이 스크린으로 달려들고 싶은 욕구를 참기가 힘든 것뿐이다. 실제로 집중을 방해받거나 새로운 자극에 끊임없이 노출되는 일이 잦아지면 현대인의 뇌가 선사시대의 구조처럼 바뀔지도 모른다는 이론이 제기되었다. 계속해서 스크린에 집착하는 욕구는 이성적인 것이 아니라 전의식과 단순 반사로 인한 것이기 때문이다.

물론 뇌가 결국 디지털 세상에 적응해 우리의 관심을 끌어당기는 모든 자극을 더 잘 처리하게 될 가능성도 있다. 인간의 신체 기관은 주위 환경에 적응하기 위해 스스로 성질을 바꾸는 성질이 있기 때문이다. 하지만 이것도 만병통치약은 아니다. 작업 기억이라고 불리는 뇌의 용량에는 한계가 있기 때문에 인간의 집중력도 근본적인 한계가 있다. 이 한계를 넘어서기 위해서는 신경 회로를 바꾸는 것보다 훨씬 힘든 '구조적인' 변화가 필요하다. 집중력 문제에 대한 해결책으로 상품화된 '뇌 훈련' 프로그램이 도움을 줄 수도 있겠지만 쉽게 해결될 것 같지는 않다.

게다가 정보의 홍수에 빠져 허우적거리고 있는 것은 사실 뇌가 아니라 뇌의 회백질 안에서 일어나는 사고와 감정, 즉 우리의 의식과 마음이다.

뇌와 마음은 서로 밀접하게 연관되어 있지만 우리는 어떻게 연관되어 있는지조차 잘 모른다. 심리학자 스티븐 핑거 Steven Pinker 는 "뇌가 어떻게 사고와 감정의 내용을 대변하는지는 아직도 수수께끼다"라고 말했다.[10] 인간의 삶을 규정하는 것은 인간의 마음이며 마음이 어떻게 작용하는지에 대해서는 상당히 잘 알려져 있다. 인간의 의식을 묘사하기 위해 '뇌 안의 영상'이라는 표현을 처음 사용한 신경과학자 안토니오 다마시오 Antonio Damasio 는 뇌의 작동 원리에 대한 우리의 지식은 아직 미완성이며 '수 세기에 걸쳐 이루어진 인지과학의 결과와 자기 성찰로 얻어진 마음에 대한 충분한 이해' 사이에는 여전히 '커다란 간극'이 존재한다고 밝혔다.[11]

문제는 생각, 즉 하드웨어가 아니라 소프트웨어다. 인간은 생각을 바꿔야 행동을 바꾼다. 독서, 심리 치료, 12단계에 걸친 프로그램을 비롯해 그 방법이 무엇이 되었든지 철학적인 접근법은 끝없는 욕구를 단순히 억누르기만 하는 기계적인 방법은 아니다. 이 방법은 잘만 사용하면 문제를 일으키는 삶의 중요한 측면에 대해 다시 생각하고 이를 바꿀 수 있도록 도와주는 근본적이고 창조적인 힘이다.

지금 문제를 일으키고 있는 것은 바로 스크린이다. 우리는 습관을 바꿀 필요가 있다고 입버릇처럼 말하지만 하는 행동을 보면 '별로 그럴 생

첫째 걸음, 거대한 방에서 벗어나는 문을 찾다

각이 없어 보인다'. 그럴 생각이 있었다면 지금쯤 다르게 살고 있을 것이다. 행동을 바꾸기 위해서는 믿어야 하고 믿기 위해서는 일련의 신념이 필요하다. 물론 신념이 뇌의 물리적 구조는 바꾸지 못하겠지만 사실 꼭 그럴 필요도 없다. 우리 마음을 바꿀 수 있다면 그걸로 충분하다. 행동은 자연스럽게 마음을 따르기 때문이다. 기업이 생산성을 높이기 위해 스크린 사용을 제한하는 정책을 고안하거나 소프트웨어 프로그램이 받은메일함을 차단해준다고 해서 사람들이 깊이 밴 습관을 바꾸지는 않을 것이다. 하지만 스크린 앞에 찰떡처럼 붙어 있는 것보다 훨씬 가치 있는 것을 얻을 수 있다면 바꿀지도 모른다. 디지털 홍수 문제를 해결하는 데 별다른 효과가 없었던 수많은 해결책들도 확실한 원칙과 목표에 기반을 두고 있었다면 그중 몇 가지는 분명 효과를 발휘했을지도 모른다.

20세기 사상가 미셸 푸코는 삶을 개선하고 변화시킬 수 있도록 도와주는 철학적 도구를 '자기의 기술'[12]이라는 멋진 말로 표현했다. 디지털 세상에서 자기를 지키는 새로운 기술, 그것이 바로 지금 우리에게 필요하다.

이렇게 시작하면 된다.

컴퓨터를 끈다. 휴대전화도 꺼라. 그러면 주위에 사람들이 있다는 것을 발견하게 될 것이다. 첫발을 뗄 때는 손자, 손녀의 손을 잡아주는 것보다 더 소중한 순간은 없다.[13]

이 말은 진보를 반대하는 러다이트 Luddite (19세기 영국의 직물공업지대에서 일어났던 기계파괴운동으로 최근에는 신기술을 반대하는 사람을 지칭하기도 함-옮긴이)가 한 말이 아니다. 바로 구글의 회장이자 최고 경영자인 에릭 슈미트가 2009년 봄 펜실베이니아 대학 졸업 축사에서 한 말이다. 요즘처럼 고도로 연결된 사회에서는 그 누가 저런 말을 해도 흥미로울 것이다. 그러니 누구보다 새로운 디지털 세상을 앞장서서 이끌어온 기업의 수장이 저런 말을 했으니 엄청난 화젯거리인 셈이다. 구글은 단순한 검색엔진이 아니라 거대 미디어 그룹이자 광고 회사로 그 수익은 전 세계 인구의 스크린 사용 습관과 직접적으로 연결되어 있다. 자신의 연설을 듣고 있는 젊은 졸업생들에게, 더 나아가 다른 모든 사람에게 컴퓨터를 끄라고 강력히 권하는 것은 자사의 이익에 명백히 반하는 행동을 촉구하는 것이나 마찬가지다.

어떤 사람들은 슈미트가 자신의 이상적인 조언에 사람들이 신경도 쓰지 않을 거라는 사실을 빤히 알고 그런 말을 했다고 빈정거렸다. 겉으로 디지털 홍수를 해결하기 위해 노력하는 척하는 기술 업계의 다른 인사들처럼 말만 번지르르하다고 말이다. 정말 그렇다면 애초에 그런 말은 왜 했을까? (슈미트는 강연 주제를 자유롭게 선택할 수 있었다.) 왜 그렇게 진지하고도 직접적으로 말했을까? "컴퓨터를 꺼라. 그러면 주위에 사람들이 있다는 것을 발견하게 될 것이다." 이 말은 "정보의 홍수에 대한 산업적인 해결책을 마련하자"는 발언과는 차원이 다른 발언이다. 슈미트 정도의

첫째 걸음, 거대한 방에서 벗어나는 문을 찾다

지위에 있는 사람들은 그렇게 직접적으로 말하지도 않는다. 언론은 슈미트의 발언을 온종일 보도했지만 그걸로 끝이었다. (첨단 기술 기업의 수장이 스크린을 멀리하라고 했다니? 나 참!)

우리가 관심을 기울여야 하는 것은 슈미트가 전하는 구체적인 충고가 아니라 ("네트워크를 차단하라"는 말은 그의 진짜 의도가 아닐 것이다) 그 충고를 뒷받침하는 사상이다. 슈미트는 스크린이 유용한 것은 사실이지만 스크린을 통해서는 결코 얻을 수 없는 경험이 있으며 그런 경험이 가장 소중하다고 말했다. 비록 '깊이'라는 단어를 사용하지는 않았지만 슈미트는 스크린만 바라보며 살 때 놓치게 되는 것이 바로 깊이라고 말하고 있다. 스크린을 멀리하라는 그의 단순한 충고는 사람들이 이 문제를 인식할 수 있는 능력과 디지털 도구 사용법을 변화시킬 수 있는 능력이 있다는 것을 전제로 한다. 그리고 그 능력을 사용할 수 있는 '개인'이 바로 문제 해결의 주체다. 하지만 지금은 군중이 모든 권력을 쥐고 있으며 삶의 의미를 규정하고 있기 때문에 (이럴 경우 자신이 중요한 인물인지 알아보려면 구글로 자신을 검색하면 된다) 슈미트의 생각은 공감을 얻지 못했다.

간단히 말하자면 슈미트는 모든 사람이 자신과 스크린 사이에 공백을 창조해야 한다고 조언한다. 그리고 그 공백은 스크린을 꺼야만 얻을 수 있다. 스크린에서 벗어나면 기적이 일어난다. 자신의 가장 뛰어난 면을 되찾을 수 있으며 주변 사람 또한 되찾을 수 있다. 다이어트든 뭐든 이 난제를 해결하기 위해 앞서 소개했던 방법들이 효과를 보기 위해서도 공백이 필요하다. 그러나 우리는 슈미트가 지적했던 신념에 대한 내적인 동기와 이유를 잃어버린 지 오래다.

공백이 필요한 상황은 누구에게나 반복적으로 일어나지만 아무도 그렇게 생각하지 않는다. 엄마와 전화 통화를 끝낸 뒤 나는 슈미트가 언급했던 공백을 창조했다. 내 경우에는 디지털 경험 자체가 '주변 사람'과 나를 연결시켜주었다. 하지만 그 경험은 내가 스크린에서 벗어나지 않았다면 얻지 못했을 것이다. 나는 정기적으로 이런 깊이 있는 경험을 할 수 있도록 도와주는 아이디어를 찾아 이를 잘 활용하면 우리 삶이 더 풍요로워질 수 있다고 생각한다. 그렇게 되면 디지털 세상에서의 삶도 인간적인 측면을 반드시 되찾을 수 있을 것이다. 이것이 바로 우리의 목표가 아닌가?

내가 말하는 아이디어, 즉 디지털 세상에 필요한 새로운 철학은 바로 디지털 세상과 전혀 어울리지 않는 곳에 있다. 바로 과거다. 수많은 현자들이 인간의 마음에 대해 고민했던 '내부 성찰의 시간들'이 기술과 마음의 관계에 대해 많은 것을 알려줄 것이다. 디지털 세상은 과거와 전혀 다른 새로운 세상 같지만 지금과 같은 혼란과 격변의 순간은 과거의 어느 순간에도 존재했다. 사람들을 더 쉽고 빠르게 연결해주는 새로운 도구는 역사의 어느 순간에나 있었다. 그리고 당시의 사람들에게도 그러한 급격한 변화는 신나지만 혼란스러운 경험이었을 것이다.

새로운 네트워크 도구의 등장으로 인간은 창조성을 발휘하고 번영할 수 있었으며 인류 전체가 진보할 수 있었다. 하지만 내적인 삶이 갈피를 잡지 못하고 있다는 자각 또한 언제나 존재했다. 인쇄술이 발명된 직후인 16세기가 그랬으며 철도와 전보가 등장했던 19세기 중반에도 마찬가지였다. 그밖에도 예는 많다. 인간의 마음은 오랜 여행 중이며 그 여행길에는 언제나 무사히 여행을 마칠 수 있도록 도와주는 현명한 사람들이 존재했다.

2부에서 소개할 7명의 철학자들이 살았던 시대는 지금의 디지털 시대와 꼭 닮아있으며 그들은 우리가 가진 문제의 해결책을 명확하게 알려줄 것이다. 비록 그 일곱 철학자 중 대부분이 오늘날 스크린과 비슷한 것조차 없었던 오래전에 세상을 떠났지만 그들은 네트워크를 확장하고자 하는 인간의 기본 욕구를 이해했으며 각자의 시대에 존재했던 '스크린에 필적할 만한' 도구에 대해 범상치 않은 통찰력을 보였다.

일곱 철학자의 삶과 그들이 처했던 환경은 무척 다양하다. 사업에 온몸을 바친 사람도 있고 한동안 지구상에서 가장 막강한 권력을 행사했던 사람도 있다. 그들은 다양한 방법으로 자신의 사상을 표현했다. 역사상 가장 위대한 저술가의 자리를 차지하고 있는 사람도 있지만 자신에 대한 기록을 전혀 남기지 않은 사람도 있다. 하지만 그들이 공유했던 한 가지는 인간의 네트워크에 관한 근본적인 문제에 깊은 관심을 보였다는 것이다. 네트워크란 도대체 무엇인가? 네트워크를 가능하게 하는 도구가 인간을 위해 무엇을 할 수 있는가? 그 도구의 장점과 단점은 무엇인가? 더 만족스럽고 나은 삶을 위해서는 도구를 어떻게 사용해야 하는가?

물론 새로운 네트워크 도구에 대한 통찰력을 과거에서 구한다는 생각에 쉽게 동의하기 힘들 수도 있다. 오늘날과 같은 미래지향적인 사회에서 과거 혹은 역사란 15년 전에 썼던 쓸모없는 구식 컴퓨터와 같은 느낌이니까 말이다. 이미 저세상에 있는 서양의 일곱 철학자가 급속도로 변화하는 글로벌 사회의 삶에 대해 도대체 무엇을 가르쳐 줄 수 있단 말인가? 하지만 틀림없이 당신이 상상하는 것 이상일 것이다. 기술과 철학은 훌륭한 삶을 위한 도구로 오랜 시간 동안 유용하게 쓰여 왔다. 의식하지 못하지만 우리는 매일 수천 년 전에 발명된 네트워크 도구를 사용하고 있다. 그와 마찬가지로 위대한 사상에도 유통기한은 없다.

이 일곱 철학자에 대해 더 놀라운 점은 그들이 얼마나 현대적이었는가 하는 점이다. 당시의 '스크린'을 사용하던 사람들로서 일곱 철학자는 오늘날 우리와 비슷한 정도의 정신적 압박을 느꼈을 것이다. 그리고 지금 우리가 갈망하는 모든 것을 그들 역시 갈망했다. 시간, 공간, 고요함, 그리고 무엇보다도 깊이다. 그들은 어쩌면 다가오는 미래를 예견하고 그 미래를 미리 살았는지도 모른다. 수 세기 동안 세상은 엄청나게 변했지만 인간의 행복을 규정하는 가장 근본적인 요소는 변하지 않았다.

Chapter 05
가끔은 세상과 거리를 두라
플라톤이 발견한 거리의 아름다움

"도시의 거리를 걷는 것보다 시골길을 걷는 것이 훨씬 더 상쾌하다."

플라톤이 기록한 대화편 중 하나는 어느 아름다운 여름날 아테네를 배경으로 한다. 때는 기원전 5세기 후반으로 당시는 천재적인 예술가, 시인, 극작가, 철학자, 정치가들이 앞다투어 업적을 남기던 그리스의 황금시대였다. 그중 가장 유명한 인물이자 플라톤의 스승이었던 소크라테스가 어느 날 알고 지내던 젊은이[1]가 걸어가는 것을 발견하고 그를 부른다.

"파이드로스, 내 친구여! 어디에 다녀오는 길인가? 그리고 어디로 가는 길인가?"[2]

이 다정한 인사는 친구를 소중히 여기고 그들의 삶에 대해 진지하게 궁금해하는 소크라테스의 사람됨을 잘 보여준다. 소크라테스는 일대일 만남을 좋아하는 열렬한 네트워크 추종자로서 일대일 만남은 그가 동시대 아테네인과 나누던 철학적 대화의 두드러진 특징이었으며 플라톤 저술의 근간을 이룬다.

〈파이드로스Phaedrus〉라고 알려진 이 대화는 극적인 기술적 변화의 시대를 사는 인간들의 네트워크에 대해 탐구하고 있다. 오랫동안 구두 사회였던 그리스에 혁신적인 의사소통 방법이 처음으로 도입되었다. 바로 문자였다. 문자언어가 인기를 얻기 시작하자 당시의 사상가들은 문자언어가 삶의 다양한 측면, 특히 정신적 측면에 미칠 영향에 대해 걱정하기 시작했다. 다시 말하자면 대략 2400년 전에도 지금 이 시대와 유사한 점이 분명 존재했다는 것이다. 그 기술적 격변의 시대를 살아가며 저술 작업을 하던 플라톤은 오늘날에도 여전히 해결되지 못한 문제에 대해 탐구했다.

파이드로스는 소크라테스에게 오전 내내 유명한 연설가 리시아스Lysias의 연설을 들었다고 말했다. 현대의 독자는 젊은이가 그런 식으로 시간을 보내는 것을 의아하게 생각할지도 모르지만 구어를 중심으로 돌아가는 사회에서 이는 매우 자연스러운 일이었다. 오늘날 재미있는 동영상이 인터넷에서 돌고 돌거나 소셜 네트워크가 유행하는 것처럼 수사학을 중시했던 그리스에서는 유명한 연설가의 발밑에 앉아 그가 하는 모든 말을 그대로 흡수하는 것 만큼 멋진 일도 없었다.

연설의 주제는 언제나 관심이 끊이지 않는 주제인 섹스였다. 구체적으로 말하자면 사랑하는 사람과 섹스를 하는 것이 좋은지 사랑하지 않는 사람과 섹스를 하는 것이 좋은지에 관한 문제였다. 리시아스는 후자에 찬성했다. 복잡한 감정적 문제가 없이 순수한 성욕으로 섹스를 하는 것이 훨씬 좋다는 것이다.

파이드로스는 리시아스의 연설이 무척 훌륭해서 이를 암기하려고 속으로 계속 되뇌면서 걷는 중이라고 했다. 그리고 그 목표를 완수하기 위해 "도시의 거리를 걷는 것보다 시골길을 걷는 것이 훨씬 더 상쾌하다"[3] 는 유명한 의사 아쿠메노스Acumenus의 충고를 따라 성벽 바깥으로 나가려던 참이었다. 파이드로스는 소크라테스에게 함께 가주신다면 연설에 대해 더 많은 이야기를 들려드리겠다고 말했고 소크라테스도 흔쾌히 응했다. 걷기 시작한 두 사람은 결국 길을 벗어나 맨발로 개울을 따라 걸었다. 한참을 걷다 보니 플라타너스 그늘 아래 앉아서 대화를 나눌 수 있는 멋진 장소가 나타났다.

소크라테스가 그렇게 멋지고 고요한 곳을 보고 깜짝 놀라자 파이드로스는 소크라테스가 이런 자연경관을 좀처럼 본 적이 없다는 사실을 알아챘다. "제가 판단하기로 선생님은 성벽 바깥으로 처음 나오신 것 같습니다."[4]

소크라테스는 그렇다고 인정했다. "용서하게, 나의 친구여. 배움에 헌신하느라 그랬다네. 풍경과 나무는 내게 아무것도 가르쳐주지 않지. 성벽 안에 있는 사람들에게서만 가르침을 얻을 수 있다네."[5] 소크라테스가 여기까지 온 것은 자신이 아테네에서 가장 즐겨하던 일, 즉 철학적 문제에 대한 대화를 함께하자는 파이드로스의 권유 때문이었다. 풀밭에 누운 소크라테스는 파이드로스에게 아무 감정이 없는 섹스를 찬성하는 리시아스의 연설을 암송해달라고 부탁했다.

당신이 마지막으로 친구와 함께하기 위해 세상만사를 제쳐 놓고 떠난 적은 언제인가? 소크라테스와 파이드로스는 일종의 인간적인 네트워크를 즐기고 있었다. 직접적이고 헌신적이며 완벽하게 사적인, 오늘날에는 좀처럼 보기 힘든 네트워크였다. 물리적으로 다른 사람과 함께 있다고 해도 서로 얼마 동안 온전히 집중하기 힘들다. 디지털 도구가 근처에 있다면 둘 중 한 사람이나 두 사람 모두 금방 정신이 산만해지거나 방해를 받을 가능성이 크기 때문이다.

흥미로운 점은 한적한 곳에서의 이러한 대화가 소크라테스에게도 흔치 않은 경험이었다는 것이다. 소크라테스는 사람들로 북적이는 도시를 떠나는 것이 싫다고 인정했다. 도시에서는 학생이나 다른 지식인이나 보통은 많은 사람과 함께 철학자로서의 자신의 업적에 대해 대화를 나눌 수 있기 때문이다. 사실 플라톤이 기록한 많은 대화편 중에서 둘만의 사적인 대화를 위해 소크라테스가 아테네를 떠난 경우는 오직 파이드로스

와 함께한 이 대화가 유일했다.[6]

당시에는 입에서 입으로 전해지는 구두 네트워크가 지배적이었고 소크라테스는 이에 대한 깊은 열망을 갖고 있었다. 어찌 보면 소크라테스는 고대의 맥시멀리스트이며 아테네가 바로 이를 가능하게 해준 '스크린'일지도 모른다. 스마트폰을 들고 있는 현대의 비즈니스 여행자처럼 소크라테스 역시 네트워크 확장이라는 희망을 품고 아테네의 심장부를 탐험했던 것이다. 그리고 파이드로스가 낭송하는 리시아스의 그 호색적인 강연을 들으며 둘만의 네트워크를 만끽하고 싶었던 것이다. 고대 그리스에서의 삶은 분명 21세기의 삶과 여러 가지 면에서 달랐겠지만 네트워크를 확장하고자 하는 인간의 기본 욕구는 다르지 않았을 것이다. 소크라테스 역시 현대인들이 디지털 스크린을 통해 얻고자 하는 것을 추구했다. 바로 타인과의 교류, 우정, 자극, 참신한 생각, 직업적이고 개인적인 성장이었다.

이러한 외부 지향적인 욕구는 기원전 5세기 훨씬 이전으로 거슬러 올라간다. 수천만 년 전 선사시대 선조들은 자신을 둘러싼 주변 환경을 제외한 더 넓은 세상에 대해 아무것도 몰랐고 고립에서 벗어날 수 있게 해주는 어떤 네트워크 도구도 없었다. 사실 아주 먼 옛날에는 바로 옆에 있는 사람과 대화하는 방법조차 모르던 때가 있었다.

그러다가 어느 순간, 정확히 언제인지 아는 사람은 아무도 없지만 놀랄 만한 일이 일어났다. 아니 놀라운 일들이라고 해야 옳겠다. 선사시대

인간들이 지금까지 발명된 도구 중 가장 강력한 네트워크 수단 두 가지를 생각해낸 것이다. 곰브리치는 자신의 저서 《곰브리치 세계사》에서 이렇게 말했다.

> 그들은 '대화'를 발명했다. 단어를 사용해 진짜 대화를 나누기 시작한 것이다. 물론 동물도 소리는 낸다. 고통스러우면 울부짖고 위험이 닥치면 경고하는 소리를 내기도 하지만 인간처럼 사물에 이름을 붙이지 않는다. 선사시대 사람들은 사물에 이름을 붙이기 시작한 첫 번째 창조물이었다.
> 엄청난 발명은 또 있었다. 바로 '그림'이다. 동굴 벽에 그려지거나 새겨진 선사시대 그림은 현재까지 많이 남아 있다. 현재 살아 있는 어떤 화가도 그보다 더 잘 그릴 수는 없을 것이다.[7]

나는 위 단락을 지난겨울 아들에게 잠자리 동화를 읽어주면서 우연히 발견했다. 곰브리치는 아이들을 위해서 이 책을 집필했는데 나는 성인을 위한 대부분의 역사책에서보다 그 책에서 더 많은 것을 배웠다. 곰브리치는 기술을 비롯한 과거의 여러 가지 측면을 실제 있었던 인간들의 시선으로 바라보며 전문용어를 사용하거나 쓸데없이 복잡하게 설명하지도 않았다. 그는 선사시대 선조들을 '지금껏 가장 뛰어난 발명가들'[8]이라고 불렀다. 정말 맞는 말이다. 선사시대 사람들은 자신의 한계를 뛰어넘어 더 넓은 세상을 탐험하고 싶어 했으며 또 그래야 했다. 그리고 이를 위한 몇 가지 뛰어난 도구를 발견했다. 바로 언어와 그림이었다.

역사는 이러한 발견의 끊임없는 반복이다. 사람들은 타인과의 거리를 좁혀주는 새로운 네트워크 도구를 발명하고 개선하기 위해 줄기차게 노력해왔다. 인간은 한 가지 도구를 다양한 용도로 사용하는 유일한 동물이며 특히 네트워크 도구의 새로운 용도를 발견하는 데 뛰어난 재주를 가지고 있다. 냉혹한 환경에서 살아남기 위해 분투했던 사람들이 실질적인 필요로 처음 발명한 대화라는 '기술'이 기원전 5세기경에 이르자 진리와 깨달음을 얻기 위한 수단으로 사용될 만큼 풍부하고 다채롭게 진화한 것만 봐도 알 수 있다.

철학을 연마하기 위해 대화를 사용했던 소크라테스 이전에는 누구도 철학을 연마의 대상으로 여기지 않았다. 소크라테스 이전의 철학자들은 자신이 진리에 도달할 수 있는 몇 안 되는 그야말로 현명한 사람이라고 생각했지만 소크라테스는 그렇지 않았다. 현대의 역사가 존 쿠퍼 John M. Cooper 는 소크라테스가 "완전히 새로운 유형의 그리스 철학자였다"며 이렇게 말했다. "소크라테스는 자신이 새로운 지혜를 발견했다는 사실을 부정했다. 사실 그는 어떤 지혜도 애당초 갖고 있지 않다고 주장했다."[9] 그 대신 그는 다른 사람과의 토론을 통해 지혜를 얻을 수 있다고 믿었으며 아테네에 머물면서 오늘날 소크라테스의 방법이라고 알려진 문답법을 통해 그 토론을 주재했다. 소크라테스에게 구두 의사소통은 훌륭한 삶을 위한 핵심 요소였던 셈이다.

하지만 구두 네트워크에는 약점이 존재한다. 대화는 그리스와 같은 고대 문명의 출현을 가져왔으며 고대 문명의 신경중추인 대도시는 사람들이 자신의 생각을 서로 나누지 못했다면 결코 건설되지 못했을 것이다. 고대의 주요 도시들은 시민들에게 수많은 이점을 제공했으며 그중에는 소크라테스가 소중히 여겼던 지적 자극도 포함되어 있었다. 하지만 그와 동시에 대도시는 시민들의 어깨에 커다란 짐을 올려놓았다. 오늘날의 대도시만큼 바빴을 리는 없겠지만 고대의 대도시 역시 당시 기준으로 본다면 실로 무척 바쁜 곳이었다. 아테네에 산다는 것은 수천 명의 사람들로 밤낮 구분 없이 둘러싸여 있는 것을 의미하며 그들이 만들어내는 온갖 활동, 소음, 냄새, 타인의 관심을 요구하는 수많은 주장과 함께한다는 뜻이었다. 이 지칠 줄 모르는 군중 틈에서의 삶은 결코 쉽지 않은 경험이었을 것이다.

플라톤은 파이드로스가 왜 성벽 밖을 거닐고자 했는지 설명하면서 아테네에서의 삶은 마음에 세금을 부여하는 것일지도 모른다고 명확히 밝혔다. 의사의 충고에 따라 요가나 명상을 수행하는 현대인들처럼 파이드로스 역시 머리를 맑게 하기 위해 아쿠메노스의 처방을 따른 것이다. 이는 리시아스의 연설에 대해 더 깊이 생각해볼 수 있는 특별한 방법이기도 했다. 바로 자신과 군중 사이에 거리를 두는 것이다.

'거리'. 선사시대부터 인간은 자신과 타인 사이의 공간, 바로 그 거리를 좁히기 위해 애써 왔다. 구두 의사소통으로 인해 사람들은 타인과의 거리를 좁힐 수 있었다. 하지만 이 구두 네트워크가 최고 정점에 달한 현대 사회에서 개인의 안녕과 행복을 찾기 위해서는 그 거리를 되찾아야 한다는 깨달음이 다시 늘고 있다.

파이드로스와 소크라테스가 나눈 대화는 거리 자체에 관한 대화는 아니었다. 하지만 플라톤은 주의 깊고 실속 있는 저술가였기 때문에 시골길 산책에서 나눈 두 사람의 대화에 관심을 기울인 이유가 분명히 있었을 것이다. 파이드로스 역시 플라톤과 마찬가지로 수사학과 철학에 몹시 관심이 많았다. 소크라테스가 파이드로스를 발견했을 때 파이드로스는 한가롭게 도시를 거닐며 공상에 빠져 있었던 것이 아니라 자신에게 중요한 일을 하고 있었다. 이는 바로 리시아스의 연설을 암기하는 것이었으며 파이드로스는 이를 더 잘하기 위해 거리가 필요하다는 것을 알고 있었다.

파이드로스가 처한 상황은 21세기에도 그대로 재현된다. 오전 내내 사무실 구석 자리를 떠나지 않으며 디지털 군중에게 둘러싸여 있는 사람들, 이메일을 확인하고 웹 사이트를 떠돌고 문자메시지를 보내며 스크린 앞에서 떠날 줄 모르는 사람들이다. 아마 그들도 스크린에서 한발 물러나 한 가지 일에 집중하고 싶을 것이다. 어쩌면 충분한 사고와 창의력이 요구되는 중요한 프로젝트가 있을지도 모르니 말이다. 비록 진리를 추구하기 위해 정진하는 철학자는 아니지만 우리 역시 파이드로스와 비슷한 상황에 처해 있다. 새로운 정보를 이해하고 받아들여 내 것으로 만들기 위해 분투하고 있는 것이다. 하지만 잡다한 생각들이 머릿속에 가득 차 있기 때문에 결코 쉽지 않다. 그렇다면 정신없이 분주한 마음을 어떻게 환기시킬 것인가?

다시 아테네로 돌아가 보자. 플라톤이 제안한 한 가지 방법은 물리적 거리를 두는 것이다. 파이드로스는 군중에서 벗어나 성벽 밖에서 몇 시간을 보내는 것으로 그 거리를 확보할 수 있었다. 하지만 소크라테스는 그렇게 생각하지 않았다. 소크라테스는 당시 60세쯤 되었는데 수년간의 경험을 통해 대화만이 지혜와 행복에 닿을 수 있는 유일한 방법이라고 확신하고 있었다. 그리고 대화를 나눌 사람은 많을수록 좋다고 생각했다. 이 논리에 따르면 ('지혜를 사랑하는 사람'이라는 뜻의) 철학자는 자신과 군중 사이에 조금의 거리도 두지 말아야 할 것이다. 이는 오늘날 디지털 네트워크 중심의 삶을 뒷받침하는 기본 원칙, 즉 스크린을 통해 네트워크를 확장할수록 더 이롭다는 생각과 정확히 일치한다.

그렇다면 과연 누가 옳을까? 시대를 통틀어 가장 위대한 사상가인가 아니면 그 사상가에 대한 저작에서 조연으로 잠깐 등장한 젊은 남자인가? 우리에게는 거리가 필요한가 아니면 그렇지 않은가? 이에 대한 대답은 대화의 뒷부분에서 드러난다.

파이드로스는 개울물에 발을 담그고 놀랄 만한 도구의 도움으로 리시아스의 연설을 암송하기 시작했다. 개울물에 발을 담그기 직전 소크라테스는 리시아스의 연설을 요약해서 듣는 것으로는 만족하지 못할 것 같으니 한 자도 빼놓지 말고 그대로 들려 달라고 했다. 이에 파이드로스는 아직 암기하지 못했으니 불가능하다고 말했다. 그때 소크라테스는 파이드로스가 망토 안에 감추고 있는 무언가를 발견했고 그것이 리시아스의 연설을 그대로 받아 적은 것이라고 확신했다. 파이드로스는 부끄러워하며 그것을 꺼냈는데 소크라테스의 짐작이 맞았다. 파이드로스는 리시아스의 연설을 그대로 받아 적은 종이를 들고 있었다.

그것을 '책'이라고 부르는 사람도 있을 것이고 '두루마리 종이'라고 부르는 사람도 있을 것이다.[10] (나는 두루마리 종이라고 부를 것이다.) 명칭이 무엇이든 여기서 중요한 점은 깊은 사색을 위한 산책에 나서면서 파이드로스가 가장 최신의 의사소통 기술인 문자언어를 활용한 도구를 가져갔다는 사실이다. 사실 문자언어가 그렇게 새로운 기술은 아니었다. 이집트를 비롯한 다른 고대 문명은 알파벳 이전의 문자 체계를 갖고 있었다. 그리스 문자 역시 폭넓게 쓰이지는 않았지만 이미 몇 백 년 동안 사용되고 있었다. 다만 소크라테스와 플라톤이 살았던 시대에 이르러서야 그 영향력을 발휘하기 시작한 것이다. 현대적인 용어로 말하자면 파이드로스의 두루마리 종이는 대략 1985년쯤의 휴대전화처럼 많은 사람들이 아직 그 중요성을 인식하지 못해 널리 받아들여지지 않았던 새로운 기술이었다.

파이드로스가 두루마리 종이를 가져간 이유는 명확하다. 유용했기 때문이다. 두루마리 종이가 있었기 때문에 시골길을 거닐면서도 리시아스의 연설에 대해 계속 생각하고 또 암기할 수 있었다. 또한 리시아스가 연설을 했던 곳에서 멀리 떨어진 곳에서도, 또 연설이 끝나고 한참이 지난 후에도 그의 사상에 대해 계속 생각할 수 있었고 사람들로 분주한 도시를 벗어나서도 여전히 하고자 하는 일에 몰두할 수 있었다. 파이드로스가 그 두루마리 종이를 꺼내면서 부끄러워했던 이유는 아마 역사상 가장 존경받는 사상가이자 구두 의사소통의 대가이며 곧 널리 쓰이게 될 문자 언어를 철학의 수단으로는 조금도 생각하지 않았던 사람과 함께 있었기 때문일 것이다.

낭송이 끝나자 소크라테스는 파이드로스의 솜씨에 열렬히 환호하며 자신이 연설을 듣고 '황홀경'에 빠졌다고 익살스럽게 말했다. 그리고 두 사람은 연설의 쟁점에 대해 토론을 했는데 그 와중에 소크라테스는 철학사에서 가장 유명한 은유를 만들었다. 사랑이 사람을 미치게 만든다는 리시아스의 연설을 듣고 소크라테스는 미친다는 것이 정확히 무엇인지 인간의 마음이 왜 가끔 미칠 지경이 되는지에 대해 탐구했다.

소크라테스는 인간의 영혼을 날개 달린 말 두 마리가 끄는 하늘을 나는 마차에 빗대어 설명했다. 두 마리 중 한 마리는 인간의 선한 측면, 즉 선을 상징하고 또 한 마리는 부정한 측면, 즉 악을 상징한다. 인간의 목표는 그 마차를 타고 깨달음과 행복이라는 '순수한 지식'이 존재하는 '천국 너머의 공간'[11]으로 가는 것이다. 하지만 말을 다루기가 쉽지 않고 특히 사악한 말은 도통 말을 듣지 않아서 가끔 두 마리가 각기 다른 방향으로 달리기도 한다. 그렇게 되면 마차는 길을 잃고 인간 세상으로 떨어지는 것이다.

소크라테스의 이 은유는 여전히 우리에게 큰 반향을 불러일으킨다. 인간이라는 존재가 풀어야 할 난제의 핵심을 잘 포착하고 있기 때문이다. 소크라테스는 현실과 괴리되지 않는 철학자가 되고자 했으며 그가 묘사한 것은 바로 우리 내적 자아가 매일 겪고 있는 여정이라고 할 수 있다. 인간은 모두 혼란 속에서 자기만의 마차를 몰고 있으며 사방에서 우리를 끌어당기는 힘을 조화시키기 위해 노력하고 있다. 이게 어떤 느낌인지 알 것이다. 우리는 세상이 행복의 열쇠라고 말하는 것을 향해 돌진한다. 돈, 성공, 지위, 쾌락으로 대변되는 것들이다. 하지만 그것들이 영원한 행복을 보장하지는 않는다. 한편으로는 시간과 재주를 투자한다면 누구나 조금 더 안정되고 진실한 존재가 될 수 있다는 사실을 어렴풋이나마 알고 있을 것이다. 하지만 그 방법은 모른다. 소크라테스가 말한 것처럼 마차를 모는 일은 '필연적으로 고통스럽고 어려운 일'[12]이다.

소크라테스는 또한 어리석은 자는 '다른 사람을 앞지르기 위해 서로 짓밟고 밀치면서'[13] 마차를 모는 것 자체에 휩쓸려 버린다고 말했다. 물론 흥분하지 않고 연쇄 충돌을 피하면서 노련하게 마차를 몰고 가는 사람도 있다. 이 운 좋은 영혼은 신만이 범접할 수 있는 '순수한 지식'[14]을 얻지는 못하겠지만 엄청나게 높이 올라가 진실한 만족을 찾을 수는 있을 것이다.

삶을 능숙하게 관리하면 지혜와 행복을 얻을 수 있다. 하지만 그 원대한 꿈도 일상이 바빠지고 다른 사람이 마차의 고삐를 채 갈수록 꿈꾸기 어려워진다. 최근에는 디지털 도구의 지칠 줄 모르는 요구 때문에 이런 상황을 극복하기가 더 힘들어졌다. 하루 종일 스크린을 통해 타인과 상호작용을 하는 충실한 네트워크 추종자라면 마차가 끔찍한 곳에 틀어박혀 있는 느낌이 어떤 것이지 알 것이다. 나 역시 잘 알고 있다. 소크라테스는 '그러한 삶은 엄청나게 소란스럽고 몹시 힘들며 질서라고는 없을 것'이며 이렇게 사는 사람은 결국 '불만족스러운' 삶을 살게 될 것이라고 말했다.[15]

그렇다면 우리가 할 수 있는 일은 무엇일까? 물론 지금은 고대 그리스 시대도 아니고 소크라테스와 파이드로스는 넘쳐 나는 편지함을 관리할 일도 없었을 것이다. 하지만 플라톤의 업적과 그의 저서가 오늘날까지 널리 읽히는 이유는 바로 그가 시공을 초월한 삶의 근본적인 문제에 대해 다루었기 때문이다. 마차의 비유 또한 (직장 생활과 인간관계 등 이 세상과의 상호작용에 얼마나 많은 시간을 소비할 것인가에 관한) 외부 지향적인 자아와 내부 지향적인 자아의 관계를 파악하는데 유용한 도움을 줄 것이다. 고대 아테네에서 분주한 외부 지향적인 삶을 다소 진정시키고 마차를 자신의 통제 아래 두는 효과적인 방법이 있었다면 바로 시골길을 걷는 것이었다.

물론 이 이야기의 주인공은 소크라테스이고 처음에 그는 자신과 자신이 사랑하는 도시 사이에 거리를 둬야 한다는 생각에 콧방귀를 뀌었다. 하지만 〈파이드로스〉는 소크라테스에 관한 이야기만은 아니다. 플라톤은 소크라테스 사후에 이 이야기 말고도 다른 대화편을 집필했는데 실제 있었던 대화를 기본으로 집필하긴 했지만 시간이 지나고 플라톤 자신도 철학자의 반열에 올라섰으므로 자신의 사상을 전하기 위해 역사적 자료를 자유롭게 변형했을 가능성도 충분히 존재한다. 플라톤은 자신의 개인적 견해를 직접 언급한 적은 없지만 가끔 소크라테스의 발언을 은연중에 비판하기도 했다.

거리두기에 대한 소크라테스의 의견에 플라톤이 동의하지 않았다는 증거는 〈파이드로스〉에서도 심심치 않게 찾아볼 수 있다. 첫째, 시골길을 걷는 것에 대한 문제다. 소크라테스는 내키지 않았음에도 파이드로스를 따라 아테네를 떠났고 개울가에서 대화를 나누었는데 이는 소크라테스의 기준으로 보자면 몹시 드문 일이었다. 파이드로스의 낭송에 몰입해 '황홀경'을 느낀 다음 소크라테스 역시 훌륭한 연설을 했는데 이는 소크라테스가 그 상황에 완벽하게 몰입해 있었으며 시골길 산책 덕분에 기분이 좋았기 때문이라고 할 수 있다. 소크라테스는 "이 장소에 정말 신성한 기운이 있는 것 같다"고 말했다.[16] 그는 '신성한'이라는 단어를 사용함으로써 신이 자신에게 영감을 주고 있음을 시사했다. 하지만 그가 신성함을 그 '장소'와 연관시켰다는 것에 주목해야 한다. 이는 곧 플라톤이 그

고립된 장소에 특별한 주의를 기울였다는 것을 뜻한다. 플라톤의 의도는 명확했다. 소크라테스가 무의미하다고 무시해버렸던 그 거리가 마음이 비상하는 것을 돕는데 중요한 역할을 했다는 것이다.

둘째, 파이드로스가 망토 아래 숨겨 온 도구 덕분에 그 거리를 최대한 활용할 수 있었다는 점에 대해서도 두 사람의 의견은 일치하지 않는다. 두루마리 종이를 갖고 있었기 때문에 집중을 방해하고 쓸데없는 짐으로 가득 찬 도시에서 멀리 떨어져서도 도시에 머물 때 얻을 수 있는 이점, 즉 영혼을 자극하는 위대한 수사학을 온전히 누릴 수 있었다. 그 두루마리 종이는 두 사람의 대화를 가능하게 했던 핵심 도구였다. 소크라테스는 이 문제에 대해서도 플라톤과 약간 다른 입장을 보였다.

대화가 막바지로 향하면서 소크라테스가 제기한 새로운 문제는 문자언어가 과연 유용한 목적이 있는가 하는 문제였다. 그리고 그는 이집트의 신 테우트에 관한 이야기를 들려준다. 테우트는 연산법, 기하학, 천문학 등의 '기술'을 발명했지만 그의 가장 위대한 발명은 바로 문자언어였다.[17] 테우트는 이집트 왕에게 이를 보여주면서 문자언어가 '이집트인들을 더 현명하게' 만들고 '기억력을 향상시킬 것'이라고 장담했다.

하지만 이집트 왕은 전혀 그렇게 생각하지 않았다. 그리고 테우트에게 문자를 사용하면 사람들은 오히려 더 쉽게 잊을 거라고 말했다. 문자를 이용해 외적으로 일단 기록된 것에 대해서는 '자기 내부에서 스스로 기억해야 할'[18] 즉, 마음속에 새겨 놓을 필요를 전혀 느끼지 못한다는 것이다. 또한 책에서 읽은 것을 그대로 읊기만 하면서 많이 아는 체할 수도 있다고 말했다. 왕은 또 이렇게 말했다. "사람들은 실제 있지도 않은 지식에 대한 평판 때문에 더 피곤해질 것이다."[19]

소크라테스는 문자언어에 대한 이집트 왕의 부정적인 의견에 동의했을 뿐 아니라 그 의견을 더욱 확장시켰다. 그는 파이드로스에게 문자언어는 위험한 발명품이라고 말했는데 그 이유는 구두 의사소통을 할 때처럼 정신이나 사상이 자유롭게 흐르며 실시간으로 변하는 것을 가로막기 때문이라는 것이다. 대화는 쌍방향이지만 문자언어는 일방통행이다. 일단 적히고 나면 그 사상은 그대로 얼어붙어 새로운 의견을 제시하거나 입장을 바꾸기가 어렵다. 문자언어는 새로운 사상을 창조하는 방법이라기보다 이미 존재하는 사상에 대한 기록이다. 소크라테스는 문자언어를 그림에 비유하면서 그림은 '마치 살아있는 것처럼 서 있지만 누가 무엇을 물어도 엄숙히 침묵을 지킬 뿐'[20]이라고 말했다. 문자로 쓰인 것은 "영원히 바로 그것밖에 의미하지 못한다".[21] 다시 말하면 죽은 것이다.

문자언어에 대한 소크라테스의 심각한 오해에 대해 많은 사상가가 수세기 동안 분석하고 토론해왔다. 문자언어에 대한 소크라테스의 반응은 새로운 기술의 등장과 함께 나타나는 혼란과 불안의 전형적인 모습이다. 디지털 기술이 오래된 도구보다 더 못하며 심지어 위험하다고까지 생각하는 오늘날의 러다이트처럼 소크라테스는 새로운 기술을 오래된 도구라는 렌즈를 통해 배타적으로 판단했다. 그는 문자언어가 대화만큼의 역할을 하지 못하기 때문에 가치 있을 리 없으며 사람을 어리석게 만들기만 할 거라고 생각했다. 소크라테스에게 문자언어가 유용할 때는 오직 구두 대화에 도움이 될 때 뿐이었다. 파이드로스가 들고 있던 두루마리 종이처럼 말이다.

소크라테스가 문자언어에 대해 이처럼 편협하고 비관적인 관점을 갖게 된 이유는 무엇일까? 소크라테스는 새로운 네트워크 기술이 근본적인 문제를 해결하기 위해 등장했으며 그 근본적인 문제는 대부분 거리와 관련 있다는 것을 이해하지 못했다. 원시사회에서의 문제는 '정신적' 거리였다. 즉 생각을 표현할 효과적인 수단이 없었기 때문에 자신의 생각에만 갇혀 있었다. 하지만 대화가 발명되어 서로 공유하고 이해할 수 있는 언어로 생각을 나눌 수 있게 되면서부터 이 문제는 해결되었다.

구두 의사소통은 큰 공을 세우긴 했지만 '물리적' 거리 앞에서는 무용지물이었다. 즉 아주 가까이에서만 대화가 가능했다. 하지만 문명이 확대되면서 거리에 구애받지 않는 의사소통 수단이 절실히 필요하게 됐다. 기원전 5세기까지 무역상이나 상인들은 산맥, 사막, 바다를 넘나들며 활약했다. 도시국가가 생겨났고 제국이 출현했으며 정치적, 군사적 지도자들은 멀리 떨어진 곳까지 빈번히 연락을 취해야 했다. 오랫동안 사람이 음성을 통해 직접 정보를 전달하면서 이 요구를 충족시켜 왔다. 하지만 이 방법에는 기억력의 한계를 포함한 몇 가지 문제가 있었다. 이 문제를 해결한 것이 바로 문자언어다. 언어와 사상이 처음 기록된 바로 그 상태로 어디로든 전해질 수 있게 된 것이다. 문자언어는 '단기적' 기억 능력의 문제 또한 해결했다. 인간의 마음속에 저장하는 것보다 더 확실하고도 오랫동안 많은 정보를 저장할 수 있게 된 것이다.

플라톤이 〈파이드로스〉에서 보여준 몹시 유용했던 문자언어라는 혁신에는 잘 드러나지 않지만 궁극적으로 훨씬 중요한 이점이 있다. 문자언어를 통해 개인은 다른 사람과 그들의 사상에 대해 '멀리 떨어진 곳에서도' 혼자서 깊이 숙고할 수 있게 된 것이다. 분주한 도시에서 쓰인 문서는 물이 졸졸 흐르는 개울가를 비롯한 어느 곳에서도 '재생'되었다. 망토 아래서 두루마리 종이를 꺼낸 다음 파이드로스와 소크라테스는 파이드로스가 '사랑스럽고 순수하고 깨끗하다'[22]고 묘사했던 개울에 발을 담갔다. 그 '사랑스럽고 순수하고 깨끗한' 것은 어쩌면 두 사람의 머릿속에서 이제 곧 일어날 일에 대한 은유일지도 모른다. 문자언어는 물리적 거리의 한계를 없애고 정신적 거리를 보장하며 인간에게 새로운 자유를 선사했다. 그 새로운 자유, 즉 자유로운 사고의 결과로 문자언어는 결국옛 사상의 고정된 기록 이상임이 밝혀졌다. 시간이 흐르면서 문자언어는 생각을 교환하고 새로운 사고를 가능하게 하는 훌륭한 수단으로 자리잡았다.

소크라테스가 음성언어라는 오래된 도구를 통해서만 일생의 업적을 쌓았던 철학자라는 것을 생각해보면 문자언어라는 새로운 도구의 가치를 파악하지 못한 것도 충분히 이해할 만하다. 음성언어 문화에 흠뻑 젖어 있던 그는 문자언어가 쓰인 종이를 들고 조용한 곳에 홀로 앉아 그것을 읽으면서 새로운 통찰력을 얻을 수 있으리라고는 결코 상상하지 못했을 것이다. 그러한 가능성을 상상하지 못한 또 다른 이유는 문자언어의 물리적 특성과도 관계가 있을 것이다. 소크라테스는 마음이 모든 의미의 원천이라는 것을 확고하게 믿었기 때문에 육체를 비롯한 물질세계 전체를 믿지 않았다. 파이드로스와 나눈 대화 도중에 그는 육체를 '우리가 들고 다니는'[23] 지식의 단순한 껍데기로 폄하하기도 했다. 소크라테스에게 문자언어는 또 다른 '사물' 즉 마음이 하는 일을 따라하는 척하지만 결코 하지 못하는 우둔한 대상일 뿐이었다.

플라톤은 거리의 중요성에 대해 스승 소크라테스보다 더 많은 통찰력을 보였다. 소크라테스와 파이드로스의 대화에서 드러나듯이 플라톤은 군중과 물리적 거리를 둠으로써 많은 것을 얻을 수 있다는 사실을 잘 알고 있었다. 소크라테스가 세상을 떠난 후 몇 년이 지난 다음 학교를 세우기로 결심한 플라톤은 아테네에서 벗어나 소크라테스와 파이드로스가 대화를 나누었던 장소와 비슷한 시골에 학교를 세웠다. 플라톤의 아카데미The Platonic Academy는 가장 위대한 그리스 사상과 동의어가 되었으며 '거리'와 '신성함' 사이에 연관성이 있다는 또 한 가지 증거이기도 하다.

문자언어에 대한 플라톤의 개인적 견해에 대한 기록은 남아 있지 않지만 스승 소크라테스의 의견에 동의하지 않았다는 증거는 많이 남아 있다. 플라톤 역시 물리적 사물이 지혜의 원천이라는 데에는 부정적인 관점을 보였지만 그렇다고 해서 펜을 놓고 저술가가 되는 것 까지 포기하지는 않았다. 오늘날 우리가 이 대화를 읽을 수 있는 이유 역시 소크라테스가 비난했던 바로 그 도구를 사용해 플라톤이 이를 기록했기 때문이다. 플라톤은 소크라테스보다 대략 40세쯤 젊었기 때문에 새로운 도구의 가능성에 대해 틀림없이 더 열린 태도를 보였을 것이다. 문자언어에 대한 소크라테스의 짙은 두려움을 기록하면서 플라톤은 아마 이렇게 말했을 것이다. "죄송해요, 선생님. 문자언어에도 좋은 점은 분명 있답니다."

〈파이드로스〉가 오늘날에도 유의미한 이유는 디지털 문화에 대한 새로운 사고방식을 정립하는데 도움이 될 기본 원칙을 제시하고 있기 때문이다. 그 기본 원칙은 바로 분주한 사회에서 깊이와 충만함을 얻기 위해서는 가장 먼저 거리를 확보해야 한다는 것이다. 오늘날의 기술적 환경은 과거보다 훨씬 복잡하며 '거리'는 시간이 흐르면서 여러 가지 다른 뜻을 내포해 왔다. 하지만 기본적인 역학 관계는 변하지 않았다. 천국을 향해 마차를 몰기 위해서는 이 복잡한 세상에서 좌충우돌하는 다른 모든 마차와 자신의 마차 사이에 반드시 거리를 두어야 한다.

기술은 예측 불가능하며 가끔은 예상치 못한 곳에서 거리를 발견할 수도 있다. 지금까지 디지털 도구는 주로 우리를 더 분주하게 만들었으며 거리에 대한 새로운 욕구를 창출했다. 이 문제를 해결하려면 약 2400년 전의 사람들이 당시의 가장 새로운 기술을 정반대 목적으로 사용하기 시작했다는 것에 주목하자. 그 정반대의 목적은 바로 분주함을 줄이고 가라앉히는 것이다. 디지털 시대를 사는 우리도 그와 같은 솜씨를 부릴 수 있지 않을까?

이를 위해서는 오늘날 디지털 도구가 군중과 개인의 관계를 어떻게 변화시켰는지 결과적으로 개인의 마음 상태와 분주함에 어떤 영향을 끼쳤는지 잘 살펴보아야 한다. 인간의 네트워크는 유동적이며 끊임없이 변한다. 도시 한가운데서 처음 만났을 때 소크라테스와 파이드로스는 매우 분주하고 연결된 상태였다. 하지만 시골길을 거닐며 이야기를 나누는 동안 두 사람과 군중과의 연결은 약화되었고 서로에 대한 연결은 강화되었다. 그리고 이 모든 것을 가능하게 한 것은 바로 파이드로스의 두루마리 종이였다.

이미 존재하는 여러 가지 기술에 새로운 기술이 추가되면 연결 정도는 조그만 변화에도 쉽게 바뀔 수 있다. 아테네에서는 도시가 곧 군중이었다. 하지만 오늘날에는 분주한 도시를 걷는 것이 군중에서 벗어나는 방법이 될 수 있다. 특히 스크린으로 가득한 사무실에서 막 빠져나온 상태라면 말이다. 하지만 걷는 동안 휴대전화가 울린다면 군중과의 관계는 다시 한 번 바뀐다.

이를 이해하기 위해서는 네트워크가 언제나 손쉽게 이동할 수 있는 연속선이라고 생각하는 것이 도움이 된다. 이는 다음 그림처럼 일직선으로 나타낼 수 있다.

둘째 걸음, 시간의 숲으로 들어가다

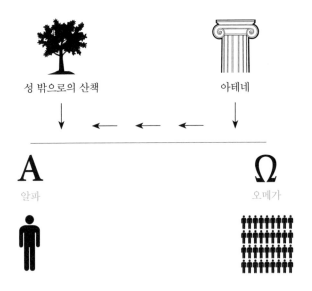

성 밖으로의 산책 　　　　아테네

A
알파

Ω
오메가

직선의 양 끝은 각각 그리스 문자 알파와 오메가로 표시한다. 알파는 연결 정도가 가장 약한 상태로 혼자 있는 것을 뜻하고 오메가는 연결 정도가 가장 강한 상태로 군중 속에 있음을 뜻한다.

또한 직선의 양 끝은 알파와 오메가 상태에서 얻을 수 있는 경험의 종류를 뜻한다. 혼자 있을 때 우리의 사고와 감정은 내면을 향하며 이 경험은 다소 조용하고 느리다. 반대로 실제 군중이든 가상의 군중이든 군중과 함께 있을 때 우리는 외부 지향적이 된다. 주변에서 일어나는 사건도 많고 관심을 기울일 대상도 많기 때문이다. 군중 안에서의 삶은 보통 더 바쁘고 더 빠르다.

연속선의 나머지 부분은 양 끝 사이의 다양한 상황과 경험을 나타낸다. 왼쪽에서 오른쪽으로 갈수록 고독은 줄어들고 타인과의 상호작용은 증가하며 경험은 외부로 향하고 더 분주해진다. 오른쪽에서 왼쪽으로 갈수록 군중은 줄어들고 경험은 내부로 향하며 분주함 또한 줄어든다. 성벽 밖으로 나간 소크라테스와 파이드로스는 강력했던 연결 상태를 극적으로 줄이고 오메가에서 알파로 이동했다. 거리가 모든 차이를 가져온 것이다.

이는 아주 단순한 도표일 뿐이며 인간의 모든 경험을 나타낼 수도 없다. 사람들의 기질은 모두 다르고 고독과 군중에 대한 반응도 각기 다르다. 내향적으로 태어난 사람도 있고 외향적으로 태어난 사람도 있으며 그 둘 사이에 무수히 다양한 모습이 존재한다. 누군가가 숨 막힐 정도로 바쁘고 복잡하다고 느끼는 상황을 다른 사람들은 전혀 그렇게 느끼지 않을 수도 있다. 또한 얼마나 군중 속에 있는가와 사고가 얼마나 분주한가(혹은 분주하지 않은가)의 관계가 그리 밀접한 것도 아니다. 인간이 경험하는 모든 네트워크의 작용을 이해하기 위해서는 반드시 이를 이해해야 한다.

플라톤의 시대에서부터 현재에 이르기까지 위대한 사상가들에 대해 다룰 다음 장에서도 이해를 돕기 위해 종종 이 연속선을 사용할 것이다. 나머지 6명의 철학자는 다양한 시대와 기술적 환경에서 살았지만 그들이 해결하고자 했던 근본적인 문제는 다르지 않다. 바로 증가하는 군중과 분주한 사회에서 삶을 최대한 즐기려는 개인의 노력에 관한 문제다. 인간의 다양한 내적, 외적 욕구를 실현하는데 도움을 줄 수 있는 기술과 그에 대한 유용한 사고방식을 탐구하고자 하는 철학적 목표 역시 바뀌지 않았다. 중요한 것은 군중에서 달아나 은둔하는 것이 아니다. 순수한 알파의 삶은 순수한 오메가의 삶만큼 즐겁지 않을 것이다. 문제는 행복한 균형을 찾는 것이다.

플라톤은 소크라테스와 파이드로스가 나눈 대화의 말미에서 이를 시사한다. 시골길 산책으로 기분을 전환하며 후대를 위한 대화를 나눈 두 사람은 다시 도시로 돌아가기로 결정한다. 돌아가기 전에 소크라테스는 파이드로스에게 다음과 같은 기도를 제안한다. "친애하는 목신이시여. 그리고 여기 머무는 다른 모든 신이시여. 제 내적 영혼에 아름다움을 주시고 내적 자아와 외적 자아가 하나가 되게 하여 주시옵소서."[24]

Chapter 06
마음의 거리를 확보하라
세네카가 발견한 내적 거리

"나는 내 마음이 내 자신에게만 몰두하게 하고 외부의 것이 이를 방해하지 못하게 해왔네. 그러면 바깥은 아수라장이라 하여도 내면은 고요할수 있다네."

얼마 전부터 컴퓨터로 새로운 일을 하기 시작했다. 늦은 밤 설거지를 마치고 아들에게 책을 읽어주고 난 다음 30분쯤 서재에서 뮤직비디오를 감상하는 것이다. 나는 1950년대 후반부터 1960년대 초반까지의 재즈를 좋아한다. 그 시기의 뮤직비디오는 온라인에서 찾기 어려울 거라고 생각

둘째 걸음, 시간의 숲으로 들어가다

하는 사람도 있겠지만 옛날에 텔레비전에서 방영되었거나 영화에 등장했거나 또 다른 자료에서 편집한 당시 최고의 동영상이 얼마나 많은지 모른다. 재즈에 열광하는 친절한 팬들이 수고를 마다하지 않고 찾아 올려놓은 소중한 자료다. 유튜브 사이트에 가서 '콜트레인'이나 '니나 시몬'을 입력하기만 하면 DavidB87523이나 NinaFreek라고만 알려진 사람들의 열정과 부지런함 덕분에 그때까지 존재하는지조차 몰랐던, 넋을 쏙 빼놓을 정도로 멋진 공연 동영상을 금세 찾을 수 있다.

나 혼자만을 위한 이 콘서트는 엄밀히 따지자면 여가 선용일 뿐이지만 그 콘서트 관람에는 재미와 기분 전환을 넘어선 더 큰 목적이 존재했다. 파이드로스가 아테네 성벽 바깥을 거닐었던 것처럼 정신없이 분주한 하루를 보낸 후에 머리를 식히는 나만의 방법이었다. 어떤 일을 하던 한발 물러나 재충전하고 일상의 균형을 되찾을 시간이 정기적으로 필요하다. 디지털 세상에서 이러한 공백의 필요성은 어느 때보다 더 중요해졌다. 하지만 공백을 창조하기는 쉽지 않다.

어디서든 무선 인터넷이 가능한 상황에서 그 옛날 그리스에서처럼 물리적으로 거리를 두는 것은 더 이상 아무런 의미가 없다. 그렇기 때문에 각자의 디지털 세상 '안에서' 공백을 창조하는 것이 필요하다. 이것이 바로 여러 기업과 조직에서 주말에는 회사 이메일을 확인하지 말라고 당부하기 시작한 이유다. 일만 하고 놀지 않으면 우둔한 직원이 되기 때문이다.

개인 사업을 하고 있다면 자신의 마음 상태는 스스로 점검해야 한다.

내 경우에는 내면의 자유를 일깨우거나 소크라테스가 묘사했던 '신성한' 느낌과 비슷한 상태에 도달하는 데 멋진 재즈 공연만큼 좋은 것이 없었다. 그리고 그 재즈 공연 역시 일을 포함한 삶의 여러 가지 문제를 해결해주는 스크린을 통해 즐기고 있다. 이는 디지털 딜레마에 대한 디지털 해답이자 챗바퀴 같은 일상에서 잠시 벗어날 수 있는 이상적인 방법이 될 수도 있다. 하지만 한 가지 문제가 있다. 재즈 공연을 감상하는 스크린이 바로 디지털 군중이 장악한 세상이자 수많은 일이 끊임없이 일어나는 '바로 그 스크린'이라는 점이다. 스크린 안에는 뮤직비디오를 볼 수 있게 해준 고마운 군중이 있는 반면 나를 방해하기 위해 호시탐탐 기회를 노리는 군중 또한 존재한다. 그들을 막아내는 것은 결코 쉬운 일이 아니다.

나는 클럽이나 콘서트장, 야외 축제의 라이브 공연 등 다양한 방법으로 재즈를 즐겨 왔다. 집에서나 차 안에서 아이팟으로 재즈 앨범을 듣기도 했고 텔레비전이나 극장에서 공연을 보기도 했다. 그런 의미에서 컴퓨터 스크린을 통해 재즈를 감상하는 경험과 비교할 만한 상당한 데이터베이스를 갖고 있다고 할 수 있다. 재즈 공연을 감상하는 일은 분명 내게 즐거움을 선사하고 정말 멋진 공연은 가끔 내 혼을 쏙 빼놓기도 한다. 마일스 데이비스의 공연을 감상하는 것은 그의 목소리만 듣는 것과는 본질적으로 다른 경험이다. 그렇게 아름다운 목소리가 신의 목소리가 아니라 나와 같은 인간의 목소리라는 사실을 내 두 눈으로 확인할 수 있으니 말이다.

하지만 스크린으로 재즈 공연을 감상하는 것은 성벽 밖 시골길 산책에는 크게 못 미친다. 그 재즈 공연이 바로 끊임없이 집중을 방해하는 디지털 군중과 실시간으로 연결되어 있는 스크린에서 재생되고 있기 때문이다. 그렇기 때문에 내 자신과 디지털 군중 사이에 진짜 거리를 확보하기가 훨씬 어렵다. 개울에 발을 담그고 한가로이 걷기는커녕 나는 지금까지 존재했던 어떤 도시보다 더 분주한 디지털 도시에 발이 묶여 있다.

예를 들어 보자. 어느 날 밤 나는 1958년 뉴포트 재즈 페스티벌 동영상을 보고 있었다. 〈올 오브 미〉를 부르는 디나 워싱턴의 열정적인 공연을 보면서 나는 온몸에 전율을 느꼈다. 올 오브 미. 와이 낫 테이크 오오오오올 오브 미? 하지만 그 공연 동영상 감상은 사용자의 참여를 중요시하는 유튜브와 같은 사이트 경험의 일부일 뿐이다. 그 사이트를 이용하는 것은 곧 수백만의 디지털 군중 한가운데 있다는 뜻이다. 그 디지털 군중은 개인이 보고 듣는 모든 것에 영향을 끼친다.

동영상이 재생되고 있는 페이지는 이 동영상이 10만 번 이상 재생되었으며 203명이 별점을 매겼는데 별의 개수가 평균 5개라는 인상적인 결과도 알려주고 있다. 댓글이 수십 개 달려 있었고 대부분의 댓글마다 그에 따른 엄청난 답글이 달려 있었다. 한 사람은 그 가수가 "내 육촌인데 한 번도 만나 보지 못했지만 그녀의 음악은 아무리 들어도 질리지 않는다"고 댓글을 달았다. 스크린 주위를 서성이며 재잘거리는 수많은 사람이 내게 손을 내밀고 있는 느낌이었다. 그 손을 잡기 쉽도록 '이 동영상을 공유하거나 즐겨찾기에 추가하기', '차단하기', '내 재생 목록에 추가하기' 버튼 등이 있었다. '좋아요!' 버튼과 '싫어요!' 버튼, 화상 댓글 작성 버튼도 있었으며 가장 유명한 소셜 네트워크로 곧바로 연결되는 버튼도 있어서 친구들과 손쉽게 동영상을 공유할 수 있었다.

화면 오른쪽에는 광고가 있었는데 실수로 마우스를 갖다 대니 갑자기 광고창이 커져버렸다. 화면 상단에는 유튜브가 내가 사용하는 브라우저에 대한 '서비스를 곧 중단'할 예정이니 '최신' 버전으로 업그레이드해야 한다는 경고가 깜빡이고 있었다.

디지털 기술 자체가 분주함을 조장하긴 하지만 우리 역시 마찬가지다. 디나의 공연을 감상하는 동안 마우스 위에 가볍게 얹힌 내 오른쪽 검지는 수년간 단련된 기술로 이 모든 정보를 꼼꼼히 훑어보며 매 순간 새로운 자극을 찾아 수많은 창을 들락거리고 있었다. 어느새 다른 웹 페이지나 프로그램이 수도 없이 열려 있었다. 물론 그 순간 내 목적은 그런 잡다한 일을 하는 것이 결코 아니었다. 그곳은 하루 일과를 마친 후에 찾는 나만의 재즈 클럽이어야 했고 등을 기대고 편히 앉아 한 가지 멋진 일에 집중할 수 있는 공간이어야 했다. 하지만 내 마음은 정처 없이 떠도는 내 눈길을 능숙하게 합리화하고 있었다. 호기심은 인간의 당연한 덕목이 아니었던가? 메일을 좀 확인해보면 어때? 소셜 네트워크 친구들은 지금 뭘 하고 있을까? 마지막으로 뉴스 사이트를 훑어본 게 언제였더라? 그 사이 세상에 무슨 큰일이라도 일어나지 않았을까?

결국 나는 그 모든 욕구에 굴복하고 말았다. '거대한 해파리로 인해 일본 어선 침몰'이라는 머리기사와 괴물 같은 해파리의 컬러 사진이 떠 있었다. 세상에! '오리건 주 상업 지구 총격 사건으로 한 명 사망, 부상자 속출' 그리고 '인공위성 충돌 위험 증가'라는 기사가 있었다. 불안한 뉴스 같았지만 가장 많이 읽은 기사 목록에 올라 있지는 않았다. 나는 그 기사를 클릭해 처음부터 끝까지 꼼꼼히 읽었다.

이쯤 되니 집중력이 완전히 흐트러져 다시 돌이킬 수 없을 지경에 이르렀다. 이메일도 열어 보았는데 거기에도 새로운 소식 몇 개가 전송되어 있었다. 그나마 긍정적인 뉴스도 있었다. "전 메이저리그 투수의 엄마, 납치에서 풀려나다"는 소식이었다. 그 사람이 납치되었다는 소식도 몰랐는데 말이다.

호기심 충족을 위한 이 잠깐의 외도 중에서 내게 조금이라도 유익했던 것은 하나도 없었다. 하루 일과를 마친 후의 복잡한 머릿속에 태평양의 거대한 해파리 떼에 대한 뉴스까지 집어넣어야 할 이유는 하나도 없었고 지금 이 순간은 더더욱 아니었다. 나는 스스로 초래한 분주함의 가속도에 항복하고 그렇게 함으로써 애초에 분주함에서 '벗어나기' 위해, 바깥 세상과 모든 사람에게서 벗어나기 위해 시작했던 일을 망쳐버렸다.

나는 사람들을 몹시 좋아한다. 가족과 친구를 사랑한다. 그리고 중심가를 걷다 보면 아는 사람을 대여섯 명씩 마주칠 수 있는 이 작은 마을에 사는 것도 좋아한다. 또한 지금은 모르지만 언젠가 알게 될 수도 있는 사람 수십 억 명이 저 밖에 존재한다고 생각해도 기분이 좋아진다. 직접 만나지 못하는 사람과도 생각과 관심사를 쉽게 공유할 수 있다고 생각하면 인류가 인간성에 크게 한 걸음 더 다가간 것만 같다. 몇 단어만 입력하면 내가 태어나지도 않았던 시절의 엄청나게 멋진 음악의 향연으로 곧바로 이동할 수 있으며 이를 가능하게 해주는 이름도 모르는 친절한 사람들이 존재하는 이 세상은 그야말로 황홀하기 그지없다.

그리고 그 순간으로 이동하고 난 다음에는 그 순간을 최대한 누리고 싶다. 재즈를 사랑하는 익명의 타인에게 보답이라도 하듯 그 경험을 최대한 누리고 싶다. 음악과 영상이 창조하는 순간에 몰입해 그 풍부함을 온전히 만끽하고 싶다. 이를 위해서는 디지털 군중과 그들의 요구에서 벗어날 필요가 있다. 하지만 완전히 벗어날 수는 없다. 그렇게 되면 디나의 공연 역시 감상할 수 없기 때문이다. 물론 카페인에 중독된 것처럼 마우스를 클릭해대고 싶은 마음을 느끼지 못할 정도로만 벗어나면 된다. 하지만 스크린 중심의 삶에서는 그만큼 벗어나는 것도 결코 쉽지 않다.

수없이 열린 창 중 하나에서 디나는 여전히 열창 중이었다. 컴 온 베이비, 컴 온 대디, 앤 겟 올 오브 미이이이이! 그녀의 공연은 어느 때보다도 환상적이었지만 '내' 정신은 이미 딴 데 가 있었다. 나는 마법을 깨고 강렬한 즐거움과 해방감의 원천에서 달아나고 있었다. 심지어 내가 달아나고 있다는 것조차 깨닫지 못했고 왜 달아나는지 역시 알지 못했다. 그것은 내가 원하던 그리고 경험을 통해 잘 알고 있던 재즈 감상이 아니었다.

둘째 걸음, 시간의 숲으로 들어가다

그것은 최상의 경험을 흉내 내기만 하는 거짓 경험으로 더 이상 진짜 재즈 경험이 아니었다. 나는 힘든 하루를 보낸 후 뒤죽박죽 엉켜 있는 의식 상태를 떨쳐버리는 대신 더 증폭시키고 있었다. 내적 자아의 짐을 벗어버리려던 노력이 결국 군중 틈에서 조급해하는 스크린 의존 상태라는 창살 없는 감옥으로 나를 이끈 것이다. 이 스크린 의존 상태는 스크린에서 멀어진 후에도 오랫동안 기분 나쁘게 우리 안에 머무른다. 맹세컨대 어떤 날은 침대는 물론 꿈속까지 나를 따라오기도 한다.

물론 내가 동영상 하나에 너무 많은 기대를 하고 있는 건지도 모른다. 유튜브가 마음을 정화시킬 수 있는 고요한 숲인 척 나를 유혹한 것도 아니었다. 방해받지 않고 오직 음악에만 몰입하고 싶었다면 나는 정확히 여섯 발자국만 걸어 나가 거실에 있는 오래된 오디오를 틀 수도 있었다. 하지만 나는 그렇게 하지 않았고 그렇게 하지 않은 이유는 내 분주함의 핵심 원천이자 동시에 그 해독제가 될 수 있는 '새로운' 기술이 선사하는 멋진 경험을 최대한 누리고 싶었기 때문이었다.

이는 디지털 세상이 우리가 하는 '모든 일'의 목적지가 될수록 더 중요한 문제가 될 것이다. 일, 가족, 우정, 사고, 독서 등 삶의 많은 부분이 온갖 정보와 해야 할 일로 가득하며 끝없이 팽창하고 있는 디지털 우주로 옮겨가고 있다. 첨단 기술 기업은 디지털 도구의 무한한 가능성을 최대 장점으로 홍보한다. 더 많은 사람과 더 많은 정보에 더 빨리 더 깊이 접근할수록 더 이롭다는 것이다. 하지만 시간이 조금만 지나면 스쳐 지나가는 그 모든 것이 개인의 내적인 삶을 심각하게 망쳐 놓을 것이다. 그리고 스크린에 다가가면서 갈구했던 바로 그것을 빼앗길 것이다. 바로 행복이다.

　나의 실패했던 재즈 경험은 내 자신에 대한 가벼운 실망일 뿐 타인에게 중요한 문제는 결코 아니었으며 위에서 이야기한 역설의 아주 작은 예일 뿐이다. 하지만 그만큼 사소한 문제이기 때문에 오히려 시사하는 바가 더 크다. 이 새로운 디지털 도구를 내 자신과 군중 사이의 아주 짧은 거리를 만드는 데 사용할 수 없다면, 하루 일과가 끝난 후에도 잠시 쉴 수 있는 시간을 마련하지 못한다면, 급한 일을 처리하고 타인과 관계를 맺고 삶의 중요한 측면을 돌보면서 이 디지털 세상에서의 삶을 잘 꾸려 나갈 수 있는 사람이 과연 몇이나 될까? 복잡한 머리를 환기하기 위해 내가 기울였던 노력은 삶에서 훨씬 중요한 측면을 지키기 위한 투쟁을 상징적으로 드러내는 것이다. 과도한 네트워크에서 허우적거리는 내적 자아에 대한 소식은 전 세계 어디에나 만연하다. 그 기진맥진한 내적 자아가 기업과 대학을 운영하고 국가를 다스린다. 아이를 기르고 학교에서 학생을 가르치며 교향곡을 작곡하고 소설을 쓰기 위해 노력한다. 굶주림을 물리치고 가난과 싸우며 전쟁을 종식시키고 질병 치료제를 찾아낸다. 그 기진맥진한 내적 자아는 여기저기서 출몰하는 디지털 군중 사이를 헤쳐 나가며 이 모든 일을 해내기 위해 노력하고 있다.

　그렇다면 플라톤이 중요하다고 언급했던 그 거리는 도대체 어디서 찾

　　　　　　　　둘째 걸음, 시간의 숲으로 들어가다

아야 할까?

이는 최신 기술이 초래한 유감스러운 부작용이자 완전히 새로운 딜레마처럼 보일지도 모른다. 분명 최근에 발생한 현상인 것만 같다. 하지만 전혀 새로운 현상이 아니다. 소크라테스와 파이드로스가 누렸던 물리적 거리는 전 세계가 촘촘히 연결됨에 따라 디지털 군중에게 짓밟히고 있는 자아를 구할 수 있는 힘을 잃어버렸다. 고대 선조들 역시 스스로 초래한 분주함에서 벗어나기 힘들다고 생각했다. 도시의 분주함과 정신적 혼란은 어디든 그들을 따라다녔다. 2000년 전의 선조들 역시 쫓기고 궁지에 몰리고 숨을 곳이 전혀 없다고 느꼈으며 그때도 지금처럼 창조적인 해결책이 필요했다.

이 문제를 가장 처음 인식한 사상가는 로마 시대 철학자 루키우스 안나이우스 세네카Lucius Annaeus Seneca였다. 그는 예수와 비슷한 시기에 에스파냐 남부 도시 코르도바에서 태어났다. 코르도바는 로마제국의 중요한 식민지였으며 세네카의 아버지는 그곳에 파견된 로마제국의 관리였다.[1] 세네카는 아주 어린 나이에 로마로 보내져 교육을 받았으며 후에 정치에 입문해 경력을 쌓기 시작했다. 30대 중반에 원로원 의원이 되었고 십 대의 나이에 황제가 된 네로의 스승이기도 했다. 네로가 황제가 된 직후 8년 동안 제국을 다스리며 권력을 행사했던 사람은 사실상 세네카였다. 이를 두고 20세기의 어느 역사가는 세네카를 '로마제국의 진정한 주인'[2]이라고 부르기도 했다. 학자들은 이 기간을 로마제국의 황금기로 평가하며 세네카의 치세를 널리 칭송했다(네로의 타락과 부패, 몰락은 세네카가 권력에서 물러난 이후의 일이었다).

하지만 세네카의 가장 위대한 업적은 정치적인 업적이 아니라 철학자로서의 업적이었다. 세네카는 훌륭하고 행복한 삶을 구성하는 것은 무엇이고 어떻게 그것을 찾아낼 수 있는지 고심했으며 그에 관한 자신의 생각들을 위대한 저작으로 남겼다. 인생의 황금기를 저작 활동으로 바쁘게 보낸 세네카는 문제의 핵심을 잘 전달하고 이를 사람들이 쉽게 기억하게 하는 방법도 잘 알고 있었다. 예를 들어 부와 가난에 대해서 그는 "가난한 자는 적게 가진 사람이 아니라 더 많이 원하는 사람이다"[3]라고 이해하기 쉽게 설명했다. 세네카는 사람들이 더 나은 삶을 살 수 있도록 실질적인 조언을 하는 것이 철학의 주요 임무라고 생각했다. 그래서 그가 쓴 에세이나 편지는 2000년 전에 쓰인 것이 아니라 바로 지난주에 쓰인 것처럼 느껴지기도 한다. 특히 바쁘게 돌아가는 세상에서 겪는 일상적인 문제나 마음의 평화를 위해 한적한 공간을 찾는데 어려움을 겪을 때는 더욱 그렇게 느껴진다. '외부' 세계에 통달하는 것과 '내부' 세계에 통달하는 것은 다른 문제이며 후자가 훨씬 어렵다는 것을 그는 알고 있었다. 특히 두 세계가 서로 상충하는 시대에 살고 있을 때는 더욱 그렇다. 우리가 바로 그런 시대에 살고 있으며 세네카 역시 마찬가지였다.

로마제국은 당시 아테네를 중심으로 발전했던 그리스 문명을 받아들여 이를 제국의 광대한 영토로 널리 전파했다. 당시 로마제국은 북아프리카에서 브리튼 섬까지, 동쪽으로는 유럽을 거쳐 저 멀리 중동까지 그 세력을 확장하고 있었다. 또한 이 거대한 영토를 효율적으로 다스리기 위해 독창적인 방법들을 고안했다. 길을 포장했고 잘 훈련된 군대를 파견했으며 행정제도를 마련하고 우편제도를 정착시켰다. 이 모든 것은 제국을 더 잘 통치할 수 있는 수단이 되었으며 멀리 떨어진 장소와 사람들 사이의 거리를 좁히는 결과를 가져왔다.

로마 사회는 새로운 종류의 네트워크를 대변했는데 그 새로운 네트워크는 특히 상류층에 엄청난 이익을 가져다주었다. 그러나 동시에 그만큼의 대가도 치러야 했고 그중 일부는 꽤 까다로웠다. 세상을 더 가깝게 만들면서 제국의 일상은 매우 분주해졌고 개인의 의무 또한 무거워졌다. 로마라는 도시에서 산다는 것은 스스로를 바쁘고 붐비고 시끄러운 상황에 두는 것을 의미했다. 물론 도시의 삶에 지친 영혼들이 탈출할 수 있는 방법은 있었다. 이를테면 부자들은 도시에서 떨어진 시골에 호화로운 별장을 짓고 종종 그곳에서 은둔하곤 했다. 그러나 도시에서 벗어났다 해도 진정한 의미에서 그들은 로마를 벗어났다고 말할 수 없었다. 어디를 가든 그곳이 제국의 영토라면 쭉쭉 뻗은 도로, 수로, 요새, 용병, 우편배달부와 같은 다양한 수단이 여전히 로마라는 정치적, 사회적, 문화적 제도 '안에' 있음을 은밀하게 혹은 노골적으로 일깨워주었고 개인에게 막대한 시간과 에너지, 자율성을 요구했다.

로마인들의 삶이 더 분주해진 것은 플라톤 이후 약 400여 년의 기간 동안 급속히 퍼진 문자언어를 통한 의사소통 때문이었다. 문자언어는 지중해 세계의 삶을 완전히 뒤바꿔 놓았으며 로마제국의 번영에 꼭 필요한 요소이기도 했다. 로마제국을 하나로 만드는 법률적, 행정적 제도는 성문법, 칙령, 기록, 공식 발표 등에 의존했다. 바야흐로 문서 업무의 시대가 도래한 것이다(그때까지는 여전히 파피루스 종이가 쓰였다). 또한 문자언어는 세네카와 같이 읽고 쓸 줄 아는 로마 시민의 일상에서 아주 중요한 부분을 차지했다. 우편물은 오늘날의 이메일처럼 급히 확인해야 할 대상이었다. 세네카는 이집트에서 막 도착한 우편선을 맞이하기 위해 '사방으로'⁴ 뛰어다니는 이웃에 대해 묘사한 적이 있다. 책이 교육의 주요 수단으로 자리 잡았고 로마 사회에서의 신분 상승을 위해서는 반드시 그리스어와 라틴어를 읽고 쓸 줄 알아야 했다. 세계는 점차 문자언어로 정의되고 움직였으며 받아들이고 처리해야 할 정보 또한 엄청나게 많아졌다.

요컨대 분주한 로마 시민은 끊임없이 군중 사이를 헤쳐 나가야 했다. 거리와 원형극장을 가득 채운 물리적 군중뿐만 아니라 거대한 제국을 가득 채운 가상의 군중과 그들이 쏟아내는 정보의 홍수를 헤쳐 나가야 했다. 세네카는 일생의 대부분을 그 세찬 물결의 중심에서 보냈다. 그리고 군중의 요구를 충족시키기 위해 노력했으며 군중 안에서 성공을 거두었지만 신중하지 않으면 목숨을 빼앗길 수도 있다는 사실도 정확히 간파하고 있었다. 이 주제에 대한 세네카의 사상이 가장 잘 드러나는 기록은 루킬리우스Lucilius와 주고받은 124통의 편지로, 루킬리우스는 철학에 큰 관심을 갖고 세네카를 스승이자 롤 모델로 삼았던 로마의 직업 공무원이자 세네카의 오랜 친구였다.

젊은 시절 세네카는 자기 성찰과 단순한 삶을 강조하는 그리스철학의 한 학파인 스토아주의를 받아들였다. 오늘날 '스토아적'이란 말은 재미와 기쁨이 없다는 것을 뜻하지만 언제나 긍정적이었던 세네카에게 그 철학은 삶을 받아들이는 긍정적인 자세일 뿐이었다. '도덕에 관한 서한Epistulae Morales' 혹은 '도덕적 편지moral letters'라고 알려진 이 편지는 아주 일상적인 문제에서부터 (세네카를 괴롭히던 바이러스 질환) 아주 초월적인 문제까지 (죽음이 우리를 두렵게 하지 못하는 이유) 무척 광범위한 주제를 종종 한 문장에서 다루기도 했다. 세네카가 가장 자주 언급했던 주제는 친구나 동료를 비롯한 군중 혹은 타인이 개인의 생각에 너무 많은 영향을 끼치는 것에 대한 위험이었다. 네트워크가 촘촘해질수록 그 사회는 네트워크의 노예가 되기 쉽다. 이러한 사회에서 개인의 내적 삶은 점차 타인의 말과 행동으로 정의되거나 영향을 받게 된다. 세네카가 루킬리우스에게 보낸 편지 한 통은 이렇게 시작한다. "자네는 내게 반드시 피해야 할 대상이 무엇인지 말해달라고 했지. 내 대답은 이렇다네. 바로 군중이네. 군중에게 자네 자신을 맡기는 모험은 하지 말게. (…) 집으로 돌아올 때의 나는 밖으로 나갈 때와 같은 성품을 가진 인간이 아니라네. 무언가가 나의 내적 평화를 방해했기 때문이네."[5]

스토아학파는 군중의 공격을 물리치기 위해 스스로 만족할 수 있는 내적 능력을 키우는 것이 중요하다고 믿었으며 세네카 역시 이 주제에 대해 여러 번 언급했다. 세네카는 자기 자신에게 만족하고 자신의 본능과 생각을 믿는 법을 배워야 한다고 말했으며 이 자율성을 성취한 사람들은 외적인 삶 역시 최대한 즐기고 누릴 수 있다고 말했다. 군중에게 의지하지 않기 때문에 군중 안에서 성공할 수 있는 것이다.

하지만 로마와 같이 개인에게 많은 것을 요구하는 사회에서는 이를 이루기가 쉽지 않다. 당시 로마 사회의 유력자들은 세네카가 언급했던 '언제나 쫓기는 듯한 분주한 마음'[6]을 떨쳐내기 힘들었다. 세네카는 특히 이 분주한 마음의 두 가지 측면에 주의를 기울였다. 첫 번째는 행복이 멀리 떨어진 도시나 휴양지에 있다고 믿는 여행에 대한 끝없는 욕구였다. 하지만 멀리 떠나는 것은 자기 자신과 자신의 근심에서 달아나는 것뿐이라고 세네카는 말했다. 그리고 스트레스로 지친 마음은 어디로 가든 그 짐을 벗어버리기 힘들기 때문에 행복을 찾기는 힘들다고 말했다. "그렇게 허둥지둥 돌아다녀서는 결코 마음을 가라앉힐 수 없다. 어디로 가든 골칫거리로 가득한 자기감정과 함께 여행하는 것이기 때문이다."[7]

세네카는 산만하고 불안정하게 생활하는 사람은 휴가지에서도 그런 삶을 그대로 '유지'하기 위해 최선을 다한다고 말했다. "평화와 고요를 찾아 여기저기 떠돌며 시간을 낭비하는 사람들은 어디로 가든 마음을 편히 쉴 수 없게 만드는 것을 찾아낼 것이다."[8] 다시 말하면 기원후 1세기쯤부터 군중을 쫓는 분주한 마음이 어디로든 이동할 수 있게 되었고 그때도 역시 이를 떨쳐버리기 힘들었다는 뜻이다. 오늘날 우리는 이렇게 묻는다. "이 호텔에서는 무선 인터넷이 가능한가요?"

세네카가 관심을 기울였던 분주한 마음의 두 번째 측면은 바로 사람들이 '정보'를 받아들이는 방식이었다. 문자언어의 폭발적인 증가로 로마제국은 읽어야 할 자료로 넘쳐 났다. 수십만 권을 넘어선 알렉산드리아 도서관 장서를 읽기 위해 이집트까지 갈 필요도 없었다. 로마의 서적상은 숙련된 필사자를 고용해 로마 시민이 원하는 책을 짧은 시간 안에 대량으로 공급할 수 있었다.[9] 또한 광범위한 우편제도는 정부나 무역에 필요한 문서를 실어 날랐다. 문자를 통한 다양한 의사소통은 더욱 활발해졌다. 하지만 읽고 쓸 수 있는 로마의 지식인들은 넘쳐 나는 정보가 불러온 크나 큰 폐해를 발견했다. 읽을거리가 많아질수록 진정으로 지식을 쌓기가 어려워진 것이다. 수많은 책을 정독하는 것은 시간상 불가능했다. 그래서 가볍게 훑어보거나 피상적으로 접근하는 손쉬운 방법을 찾는 경향이 생겼다.

세네카는 사람들이 쫓기듯 여행하는 것처럼 많은 책을 대충 훑어보기 바쁘다는 것을 발견했다. 그는 위대한 저술가 한 사람의 사상에 대해 시간을 들여 깊이 있게 탐구하는 것이 마음을 돌보고 신념을 쌓기 위한 노력에 도움이 된다고 생각했지만 사람들은 결코 그만큼의 시간을 투자하지 않았다. 세네카는 여러 명의 사상가에 대해 피상적으로 아는 것보다 한 사람의 사상가에 대해 깊이 있게 아는 것을 통해 더 많이 배울 수 있지만 사람들은 '이 책에서 저 책으로 건너뛰며 대충 훑어볼 뿐'[10]이라고 기록했다. 이런 식의 독서는 허겁지겁 처리하는 일과 비슷하다. "먹자마자 바로 토해버리는 음식은 몸 안으로 흡수되지 않아 어떤 좋은 영향도 끼치지 못한다. (…) 자주 옮겨 심는 식물은 결코 튼튼하게 자라지 못한다. 대충 훑어보기만 하는 책은 아무런 도움이 되지 않는다. 수많은 책은 방해가 될 뿐이다."[11]

세네카가 대충 하지 '않는' 일들을 좀처럼 찾아볼 수 없고 삶의 많은 부분이 결코 뿌리내리지 못하는 식물을 닮아가기 시작하는 금세기의 저술가라면 어땠을까.

이 문제를 해결할 수 있는 방법은 두 가지가 있다. 첫째, 광기와도 같은 분주함에 굴복하고 군중이 자신을 쥐고 흔들도록 내버려 두며 피상적인 경험만으로 삶을 채우는 것이다. 세네카는 많이 읽지도 않으면서 학식이 많은 것처럼 '보이고자 했던' 사비누스라는 부자에 대해 이야기했다.[12] 그는 엄청난 돈을 들여 12명의 노예를 산 다음 그들에게 유명한 저술가의 작품을 암송하라고 시켰다. 한 노예에게는 호메로스Homeros를 다른 노예에게는 헤시오도스Hesiods를 맡기는 식이었다. 저녁 만찬에서 그는 노예를 "바로 옆에 두고 시의 한 구절을 인용하고 싶을 때마다 노예에게 물었다". 그리고 마치 자신이 암송하고 있는 것처럼 손님들 앞에서 시 구절을 읊었다. 오늘날에는 그와 같은 거짓 지혜를 얻기가 훨씬 쉽다. 인터넷 덕분에 손가락만 움직이면 세상 모든 지식을 불러올 수 있다. 지식이 우리 머릿속이 아니라 손끝에 있다면 우리가 사비누스와 다른 점이 무엇이겠는가?

두 번째 방법은 한발 물러나 자신의 분주함을 인식하고 점차 그 속도를 늦추는 것이다. "자네의 삶을 돌이켜 보게. 너무 여유가 없지 않은가."[13] 세네카는 루킬리우스에게 이렇게 충고했다. 물론 우리를 분주하게 만드는 일 중에는 불가피한 것도 많다. 직장에서 요구하는 일이나 도덕적인 의무가 그렇다. 하지만 상당수는 순전히 우리 스스로 초래한 분주함이다. 왜 토요일에도 이메일을 한 시간에 열 번씩 확인한단 말인가? 한 번이면 족하지 않을까? 세네카는 시간을 잡아먹는 무의미한 일을 없애고 자신의 가장 중요한 목표에 부합하는 일에 집중함으로써 경험을 풍부하게 만들 수 있다고 말했다. 그 당시에도 이는 전혀 새로운 깨달음이 아니었다. 세네카의 이러한 생각은 내면의 마차를 끌고 있는 개개인이 각자의 에너지를 어떻게 사용하고 어디로 갈 것인지 매 순간 결정해야 한다는 소크라테스의 생각과도 비슷했다. 이는 지극히 상식적인 관점이었다. 위니프레드 갤러거Winifred Gallagher는 자신의 최근 저서《몰입, 생각의 재발견 Rapt: Attention and the Focused Life》에서 이렇게 말했다. "마음을 다스리는 것은 자기만의 정원을 가꾸는 것과 같다. 그 정원에 무엇을 심고 어떻게 자라게 할지 최대한 신중하게 결정해야 한다."[14]

세네카는 루킬리우스에게 이렇게 말했다. "여러 가지 다양한 생각을 접한 후 하나를 골라 그 날 하루 동안 충분히 숙고하게. 나 역시 그 방법을 사용하고 있다네. 책에서 얻은 수많은 생각할 거리 중 하나를 골라 그 문제에 집중하는 것이지."[15]

문제는 세네카의 이 조언을 오늘날처럼 정보와 자극이 넘쳐 나는 세상에도 적용할 수 있을 것인가. 집중하고 싶은 한 가지 생각이나 경험을 고르는 것은 쉽지만 그밖의 '다른 모든 것'을 무시하는 것은 쉽지 않다. 디나 워싱턴조차도 당신의 관심을 붙들어 놓지 못한다면 과연 어떻게 해야 할까?

루킬리우스에게 보낸 편지 중 한 통에서 세네카는 자신의 충고에 대해 더 자세히 설명한다. "나는 학문을 연마하기 위해서는 혼자만의 공간과 조용한 분위기가 반드시 필요하다는 사람들의 생각을 결코 이해할 수 없네."[16] 세네카는 자신이 대중목욕탕 바로 위에 있는 방에서 글을 쓰고 있다는 사실을 주지시키며 이렇게 말문을 열었다. 로마 시대에는 모든 도시마다 대중목욕탕이나 온천과 같은 시설이 있었는데 이는 로마인의 일상생활에서 두드러진 특징이었다. 사람들은 몸을 씻기 위해서만이 아니라 운동을 하거나 안마 혹은 신체적 치료를 받기 위해서도 대중목욕탕을 찾았고 단순히 휴식을 취하거나 사람을 만나기 위해서도 대중목욕탕을 애용했다. 로마인들이 바로 온천의 창시자였는데 당시의 온천은 오늘날 우리가 상상하는 것처럼 언제나 고요한 오아시스는 아니었다. "내가 얼마나 왁자지껄한 소음 속에 있는지 자네도 상상할 수 있을 것이네."[17] 그리고 세네카는 아래층에서 들려오는 모든 소리를 아주 자세히 묘사했다.

둘째 걸음, 시간의 숲으로 들어가다

힘겹게 역기를 들어 올리며 끙끙대는 소리, 손바닥으로 어깨를 철썩철썩 치며 안마하는 소리, '엄청나게 물을 튀기며' 탕 속으로 뛰어드는 사람들이 내지르는 외마디 비명. 그 뿐만이 아니었다. 거리에서 들려오는 소음도 있었다. '음료수나 소시지 등 먹을거리를 파는 행상인들의 목소리, 바삐 달려가는 마차 소리, 같은 블록에서 목수가 일하는 소리, 이웃집 남자가 톱질하는 소리, 물이 똑똑 떨어지는 분수 옆에서 음악 대신 경적만 울려대는 호른과 플루트 소리.'[18]

세네카는 루킬리우스에게 이렇게 시끌벅적한 소음에 전혀 신경이 쓰이지 않는다고 말했다. "나는 아래층의 물소리를 비롯한 모든 소음이 더 이상 들리지 않는다고 맹세하네."[19] 어떻게 이런 일이 가능한 것일까? 세네카는 주변을 의식하지 않을 수 있도록 훈련했다고 설명했다. "나는 내 마음이 내 자신에게만 몰두하게 하고 외부의 것이 이를 방해하지 못하게 해왔네. 그러면 바깥은 아수라장이라 하여도 내면은 고요할 수 있다네."

세네카는 마치 마음속에 켰다 껐다 할 수 있는 스위치라도 달린 듯이 이를 스스로 손쉽게 통제할 수 있다고 말했다. 그리고 또 다른 편지에서 마음은 "복잡한 순간에도 호젓함을 제공하겠다는 의지를 가져야 한다"[20]고 말했다. 하지만 세네카의 그 '내적 거리두기'[21]를 가능하게 했던 중요한 요소는 아마 그가 사용한 도구였을 것이다. 그 도구는 바로 루킬리우스에게 쓰고 있는 편지였다. 물론 세네카 자신은 그렇게 생각하지 않았겠지만 세네카는 편지를 쓰고 있었기 때문에 자신의 생각에 집중할 수 있었다. 편지는 내적 여행의 '목표'였으며 이는 그야말로 멋지게 효과를 발휘해 그가 가고자 했던 목적지로 그를 데려다주었다. 루킬리우스에게 보낸 이 편지는 세네카가 쓴 가장 흥미로운 편지 중 하나인데 만약 세네카가 주변의 소음으로 인해 방해를 받았다면 결코 존재하지 못했을 것이다. 사실 편지의 말미에서 세네카는 의식적인 노력을 기울이면 주변의 소음을 차단할 수 있는지 편지를 쓰는 행위를 통해 실험해본 것이라고 밝혔다.

놀라운 점은 그가 로마인의 마음을 분주하게 만들었던 바로 그 기술, 즉 문자언어를 사용해 주변의 분주함을 감소시켰다는 것이다. 단순함과 내적 자율성이라는 철학으로 살아가던 세네카에게 편지쓰기는 그 소란스러운 방에서 맞닥뜨린 문제의 완벽한 해결책이었다. 첫째, 편지쓰기는 군중을 한 사람으로 축소시켰다. 세네카는 로마를 가득 채운 엄청난 사람 중 단 한 사람을 골라 그에게만 집중했다. 하루에 한 가지 주제를 골라 그에 대해 특별한 주의를 기울이라고 말했던 세네카에게 그 한 가지 주제는 바로 루킬리우스였다. 둘째, 세네카는 편지쓰기를 통해 바깥세상의 소란을 차단하고 자신의 내면을 돌보며 자율성을 회복할 수 있었다.

이렇게 하여 소크라테스가 문자언어를 통해서는 결코 얻을 수 없다고 말했던 '자유로운 마음'을 문자언어를 통해서도 얻을 수 있다는 사실이 확인되었다. 문자언어는 사적이고 사색적인 경험을 제공함으로써 이를 가능하게 했다. 편지를 쓰면서 세네카가 느꼈던 마음 상태는 현대의 심리학자 미하이 칙센트미하이 Mihaly Csikszentmihalyi 가 인간이 경험할 수 있는 최상의 상태라고 정의한 '몰입 flow' 상태와 비슷하다.[22] 간단히 말하자면 몰입은 한 가지 활동에 몹시 빠져들어 주변 세상이 멀리 사라지는 것처럼 느끼는 상태라고 할 수 있다. 칙센트미하이가 말하는 '일상생활에 대한 불안이나 걱정 없이 특정 활동에 수월하게 깊이 몰입한 상태'를 가능하게만 한다면 그 활동은 퍼즐을 맞추는 것처럼 단순한 활동일 수도 있고 비행기를 조종하는 것처럼 복잡한 활동일 수도 있다. 이 상태에서는 집중을 방해하는 것이나 시간에 대한 감각이 사라지고 그 순간에 완전히 몰입하게 된다. 칙센트미하이에 따르면 인간은 '내적 경험을 통제'하고 '의식의 질서'를 발견하는 법을 배움으로써 이 행복한 상태에 도달할 수 있다. 몰입 상태를 가능하게 하는 활동에는 일종의 한계가 있어야 한다. 다시 말하자면 완수할 가능성이 있는 목표 지향적인 활동이어야 한다는 뜻이다. 맞지도 않는 퍼즐을 맞추거나 링도 없이 칠판을 향해 농구공을 던지는 활동으로는 결코 몰입 상태에 도달할 수 없다.

세네카의 편지쓰기는 이 모든 조건을 충족시킨다. 물리적 거리가 더 이상 군중에게서 달아나는 효과적인 탈출 수단이 되지 못할 때 세네카는 백지를 앞에 놓고 앉아 다른 방법으로 군중에게서 달아났다. 바로 '내적' 거리를 확보한 것이다.

물론 문자언어가 늘 이런 기적을 일으키는 것은 아니다. 별 생각 없이 휘갈겨 쓰는 편지는 허둥지둥 대충 읽는 책처럼 별 도움이 되지 못한다.

세네카의 편지를 읽어 보면 그가 편지쓰기에 온전히 집중했다는 것을 명확히 알 수 있다. 그리고 이것이 바로 세네카의 편지가 수많은 독자들에게 유의미했던 이유이자 오랫동안 전해 내려온 이유였다. 세네카가 세상을 떠난 후 1500년 이상이 지난 다음 영국의 엘리자베스 1세 여왕은 세네카의 조언에 따라 하루를 시작하며 마음을 다스렸다.[23] 여왕은 라틴어로 된 세네카의 저작을 영어로 번역하기도 했는데 이는 세네카가 대중목욕탕 바로 위의 방에서 편지를 쓰던 것과 똑같은 활동이라고 할 수 있다.

그렇다면 우리에게도 그 방법이 효과가 있을까? 나의 온라인 재즈 감상의 목표 역시 디지털 기술을 사용해 디지털 홍수에서 벗어나는 것이었다. 내가 그다지 성공하지 못한 이유는 아마 세네카의 접근법을 따르지 않았기 때문일 것이다. 다시 말하자면 나는 내가 처한 상황을 철학적 문제로 바라보지 않았다. 분주한 사회에서 살아가는 분주한 인간으로서 세네카는 자신이 가끔 내가 오메가라고 부르는 연속선의 오른쪽 끝, 즉 분주함에 갇혀 있다고 생각했다. 그리고 알파로 이동하기 위해 스토아철학을 바탕으로 한 몇 가지 방법을 생각해냈다. 하루에 한 가지 주제를 골라 깊이 생각하기, 주변의 소란을 무시하고 집중력을 발휘할 수 있도록 마음을 단련하기 등이었다. 대단한 통찰력이 필요한 방법은 아니었지만 어쨌든 나는 딱히 그 방법을 시도해보지 않았다. 어찌 보면 세네카는 우리 두 사람 모두가 처했던 문제에 대해 나보다 더 깊이 자각하고 있었는지도 모른다.

둘째 걸음, 시간의 숲으로 들어가다

나는 스크린으로 돌아가 같은 동영상을 한 번 더 감상했다. 이번에는 의자에 앉기도 전에 내적 성찰에 대한 나의 열망을 다시 한 번 떠올리고 이를 이룰 수 있는 좋은 방법이 없을지 생각해보았다. 그리고 스크린에서 집중을 방해할 수 있는 다른 프로그램을 모두 없앴다. 유튜브에서 동영상을 다시 불러온 다음 맨 처음 내 마음이 떠돌기 시작하게 만들었던 이용자 댓글을 비롯한 다른 부가 기능들을 모두 차단했다.

그 다음에 할 수 있는 몇 가지 방법이 있었다. 하나는 (모든 부가 기능이 있는) 원래 창을 그대로 남겨 두고 새로운 창에서 동영상을 불러오는 방법이었다. 또 하나는 화면 전체를 차지하도록 동영상 크기를 최대화하는 방법이었다. 한 가지만 최대화하고 나머지는 최소화하는 두 번째 방법이 내 목표에 더 부합한다고 생각해서 나는 두 번째 방법을 사용하기로 했다. 그런데 화면을 키우자마자 그동안 그 기능을 자주 사용하지 않았던 이유를 알 수 있었다. 전체 화면으로 보기 위해 치러야 할 기술적 대가가 있었던 것이다. 즉 마음의 호젓함을 추구하기 위해서는 선명도와 해상도를 포기해야 했다. 늘 그렇게 흐리멍덩한 화면으로 공연을 감상하고 싶지는 않았지만 실험을 위해서라면 충분히 감수할 수 있었다.

이번에는 집중하기 위해 몹시 노력하고 있기 때문에 틀림없이 더 나아질 거라고 생각했다. 그리고 나는 디나의 공연이 끝날 때까지 다른 어떤 행동도 하지 않았다. 공연이 끝나자 컴퓨터와 책상 등을 끄고 일어나 스크린 앞을 떠났다. 그리고 집 안을 거닐면서 내 마음 상태가 예전과 어떻게 다른지 느껴 보려고 노력했다. 하지만 의식은 체온처럼 정확히 측정할 수 있는 것이 아니라서 시간이 흐르면서 내 마음이 어떻게 변하는지 정확히 설명하기는 힘들었다. 공연은 확실히 멋졌고 다른 일에 눈길을 주지 않았기 때문에 그녀의 공연을 훨씬 충만하게 즐겼다는 것 정도는 느낄 수 있었다. 물론 세네카가 말했던 '내면의 고요'를 충분히 느꼈다고는 말할 수 없지만 말이다.

전체 화면으로 음악을 감상했던 것이 나를 덜 분주하게 만들었으며 나역시 관심을 다른 데 두지 않으려고 노력했지만 그래도 나를 방해하는 것은 있었다. 그 경험이 전적으로 디지털 스크린을 통한 경험이었기 때문에 모뎀과 라우터(네트워크에서 데이터의 전달을 촉진하는 중계 장치–옮긴이)의 녹색 불빛이 책상 왼편에서 계속 깜빡이고 있었다. 내 마음은 녹색 불빛이 깜빡이는 서재로 들어서는 순간 접속을 위한 만반의 준비를 갖춘다. 조건반사처럼 스크린을 바라보기만 해도 내 사고는 곧 그에 알맞은 상태로 변한다. 스크린은 당연히 외부 지향적 도구라고 생각하기 때문에 스크린을 통해 내면을 돌볼 수 있다고 생각하는 것 자체가 아직은 어색하다. 또한 이 문제가 전적으로 마음에 관한 문제라는 것, 이것이 바로 문제다.

그러므로 이 문제를 해결하기 위한 열쇠는 머릿속에 들어 있다고도 할수 있다. 기술이나 도구 자체는 아무런 도움이 되지 못한다. 특별한 도구를 통해 집중할 수 있었던 세네카는 운이 좋았던 것인지도 모른다. 물론 오늘날의 도구는 그보다 더 큰 도움을 줄 수도 있다. 내가 만약 내적으로 충만한 삶을 위한 철학적 선택을 했다면 집중력을 발휘할 수 있는 손쉬운 방법을 제공하는 디지털 도구에 감사했을지도 모를 일이다. 공연을 감상하기 위해 내가 차단해야 했던 다양한 종류의 분주함은 디지털 도구의 맥시멀리즘적 경향을 드러내는 것뿐이다. 스크린은 우리를 최대한 연결시켜 분주하게 만들기 위해, 즉 군중 지향적 상태를 최대화하기 위해 고안된 도구이며 그 상태에서 빠져나오는 것 역시 힘들게 만든다. 디지털 경험에 수반되는 방해 요소를 제거해주는 프로그램이 몇 가지 있긴 하지만 그 프로그램 역시 우리를 방해하기만 할 뿐이며 근본적인 흐름 또한 바꾸지 못한다.[24]

실험이 끝났을 때는 이미 깊은 밤이었고 나는 밤 시간에 좀처럼 하지 않던 일을 했다. 휴대용 라디오를 침실로 가져와 초저녁에 부엌에서 주로 듣는 〈보스턴 재즈 쇼〉에 주파수를 맞췄다. 디지털 네트워크가 아니라 전파를 타고 도착하는 지역 라디오 방송국 채널이라는 사실이 중요했다. 어둠 속에 누워 지역 방송을 듣는 것은 뮤직비디오 감상으로 시작했던, 거대하고 분주한 디지털 세상과 나 자신 사이의 '거리두기'를 멋지게 완성하는 방법이었다.

Chapter 07

손에 책을 들게 하라
구텐베르크의 자기 성찰

"책이 다 만들어지기도 전에 사려는 사람들이 줄을 서 있었다."

지난 10년 간 사람들이 가장 기다려 온 디지털 도구인 애플의 아이폰 3G가(이 책의 초판은 2010년에 발간되었음-편집자주) 마침내 그 모습을 드러냈을 때 사람들은 마치 기적이라도 일어난 것처럼 환호했다. 아이폰은 단순한 휴대전화가 아니라 주머니 안에 쏙 들어가는 날렵한 컴퓨터로 아이폰만 있으면 무엇이든 할 수 있었다. 인터넷, 카메라, 음악과 비디오 재생, 자동차 내비게이션 등 많은 일을 아이폰 하나로 해결할 수 있었다. 아이폰 3G는 기존 아이폰보다 더 빠른 인터넷 환경을 제공하여 사용자는 더 많은 업무를 더 빨리 처리할 수 있었다. 새로운 아이폰에 열광한 어느 잡지 평론가는 이렇게 말했다. "더 좋아진 3G 통신 가능 구역 덕분에 통화를 하면서도 인터넷을 검색할 수 있다."[1] 다시 말하면 현재 만연한 디지털 중심의 생활철학, 즉 더 많은 사람과 더 많은 정보에 연결될수록 유익하다는 바로 그 철학에 따르면 아이폰은 꿈에 그리던 기계였다. 수많은 소비자가 아이폰에 열광했으며 이는 마치 종교적인 집단 최면에라도 걸린 것 같았다.

캘리포니아 북부 지역신문 〈머큐리 뉴스Mercury News〉는 "실리콘밸리에서부터 홍콩까지 전 세계의 애플 스토어 앞에는 '지저스 폰Jesus phone'[2]이라고 불리는 아이폰을 구입하기 위해 사람들이 금요일 일찍부터 줄을 서기 시작했다"고 보도했다. "강철 체력을 가진 영혼들은 침낭과 노트북 컴퓨터까지 준비했으며 동료 아이폰 추종자들과 끈끈한 유대감을 나누었다." 줄이 800미터에 달했던 도쿄의 어느 애플 스토어 앞은 말 그대로 아수라장이었다. 뉴스에 따르면 "카메라 기자들이 스토어 입구에 진을 치고 있었고 전광판에는 아이폰 판매 개시 시각이 카운트다운되고 있었으며 공중에는 헬리콥터가 선회하고 있었다."[3] 줄의 맨 앞에 서 있던 히로유키 사노는 350킬로미터를 달려와 3일 동안 그 자리를 떠나지 않았다고 한다. 마침내 소중한 아이폰을 손에 들고 그가 걸어 나오자 엄청난 파파라치 무리가 한마디만 해달라며 네 블록이나 그를 쫓아왔다. 너무 좋아서 숨도 제대로 쉬지 못했다던 사노는 마침내 이렇게 말했다고 한다.

"너무 좋아서 미칠 것 같아요."

당연하지 않은가? 꿈에 그리던 기계를 손에 넣었으니 말이다. 반짝반짝 빛나는 새로운 디지털 도구를 구입할 때마다 우리는 늘 행복에 겨워한다. 그걸 가지고 할 수 있는 온갖 흥미롭고 유용하고 재미있는 일을 생각하면서 말이다. 그리고 이만하면 훌륭하지만 아직 우리의 욕구를 '완벽하게' 충족시켜주지 못하는 현재의 도구보다 얼마나 더 멋질지 생각한다. 우리는 새로운 모델이 바로 해답이라고 믿고 그것을 얻기 위해서라면 기꺼이 군중 속으로 뛰어든다.

하지만 집으로 돌아와 새로운 도구를 사용하기 시작하면 문제가 발생한다. 군중들에게서 여전히 벗어나지 못하기 때문이다. 도쿄에서 800미터에 달하는 줄을 만들었던 사람들처럼 열광적인 스크린 속의 군중 말이다. 사람들을 더 가깝게 만들어주고 세상 구석구석까지 손을 뻗을 수 있게 해주는 바로 그 점 때문에 디지털 기술은 무거운 짐이 되기도 한다. 디지털 기술은 우리를 더 분주하게 만든다. 디지털 기술의 가장 큰 장점이 바로 가장 큰 약점인 것이다. 우리는 파파라치에게 쫓겨 다니던 불쌍한 사노처럼 스크린에 쫓겨 다닌다. 한 가지 다른 점이 있다면 우리 뒤를 쫓는 군중은 우리 스스로 불러들였다는 것이다. 우리는 주머니 안에 군중을 넣고 다니며 그들의 온갖 요구를 들어주느라 정신을 차리지 못한다.

만약 내적으로 충만한 삶이 외적으로 충만한 삶만큼 중요하다면 우리는 스스로를 기술적 궁지에 빠뜨린 것이다. 우리가 매일 사용하는 디지털 도구는 언제나 디지털 군중에게 둘러싸여 있는 것이 최상의 상태라는 것을 전제로 설계되고 만들어지며 마케팅된다. 하지만 이는 어리석은 생각으로 판명되었다. 언제나 '대기 중'인 상태로 일하고 생활한다는 것은 말도 안 된다. 디지털 도구는 군중을 더 가깝게 끌어당기기보다 필요하다고 느낄 때마다 거리를 확보할 수 있도록 도와야 한다.

하지만 최근 경향을 살펴보면 그런 일은 좀처럼 일어나지 않을 것 같다. 어쩌면 우리는 연결 정도를 강화해서 분주한 상태를 나타내는 연속선의 오메가 방향 끝까지 우리를 밀어내고 이를 통해 막대한 이윤을 창출하는 거대 기술 기업들의 통제 아래 놓여 있는지도 모른다. 그런 기업이 디지털 도구를 바라보는 새로운 관점에 대해 건전한 토론을 하는 일은 결코 없을 것이다. 자사의 제품을 사려고 줄을 서는데 왜 정책을 바꾸겠는가?

여기에서 문제의 진짜 핵심은 길게 늘어선 그 줄이다. 줄은 바로 우리 자신이다. 첨단 기술 기업은 제품을 사라고 누구에게도 강요하지 않는다. 최대한의 연결을 가능하게 하는 도구가 가장 좋은 도구라고 믿는 것은 바로 우리 자신이며 지갑을 활짝 열어 이를 증명하고 있다. 우리는 삶을 지금보다 더 분주하고 헤쳐 나가기 어렵게 만들기 위해 분투하며 이러한 방향으로 우리의 기술적 미래를 디자인하고 있다.

그렇다면 우리는 이제 영원히 군중 속에 갇히는 것일까?

과거에서 교훈을 찾아보면 꼭 그렇지만은 않다는 사실을 알 수 있다. 새로운 네트워크 도구는 늘 외부 지향적인 성향을 갖고 있었다. 사람들이 더 넓은 세상을 탐험할 수 있도록 돕는 것, 그것이 바로 새로운 도구의 목적이었다. 새로운 기술은 새로운 군중을 형성했다. 그리고 사람들은 새로운 군중을 형성하는 기술을 잘 받아들였다. 하지만 그 기술은 개인을 바쁘게 만들었고 군중에 대한 노출 정도를 증가시켜 영혼과 정신을 황폐하게 만들었다. 그럴수록 탈출구가 필요했다. 앞에서도 보았듯이 고대사회에서도 이 문제를 해결할 수 있는 현명한 방법을 발견했던 진보적인 사람들이 있었다. 아테네에서 두루마리 종이를 들고 도시를 탈출했던 두 사람에게 마법을 부린 것은 바로 물리적인 거리였다. 세네카는 정신없이 바쁘게 돌아가는 로마에서 편지를 쓰는 행위로 내적 거리를 확보했다. 아테네에서도 로마에서도 세상을 더 작게 만드는 네트워크 기술, 즉 알파벳을 기본으로 한 문자언어가 결정적인 역할을 했다. 외부 지향적인 도구가 내면을 돌보는 것 역시 가능하게 한 것이다.

하지만 문자언어에는 고도로 외부 지향적이고 군중 지향적인 측면이 분명히 있었다. 바로 '읽기'였다. 고대 그리스와 로마 시대부터 중세에 이르기까지 읽기는 오늘날 우리가 생각하는 것처럼 사적인 활동이 아니었

둘째 걸음, 시간의 숲으로 들어가다

다. 1000년 이상 동안 대부분의 읽기는 '소리 내어' 읽기였다. 파이드로스가 소크라테스에게 두루마리 종이를 읽어주던 것처럼 말이다. 사람들은 도서관이나 수도원에 앉아 큰 소리로 책을 읽었다. 오늘날 우리가 당연히 여기는 것처럼 혼자 조용히 앉아 눈으로만 책을 읽는 사람은 드물었다. 그 시대에는 묵독을 하는 사람이 거의 없어서 그렇게 책을 읽는 사람은 특이하다거나 괴짜라는 소리를 듣기도 했다.

4세기 후반 이탈리아에 살았던 성인 아우구스티누스의 《고백록》에는 밀라노 주교(오늘날 성 암브로스St. Ambrose라고 알려진)의 이상한 버릇에 대한 언급이 있다.[4] "그는 눈동자로 책을 훑어보고 마음으로 의미를 이해할 뿐 목소리는 조용하고 혀는 움직이지 않는다." 아우구스티누스에 따르면 이런 식의 독서는 마음을 '환기시키는' 그 주교만의 방법이었다. 알베르토 망겔이 1996년에 쓴 《독서의 역사》에서도 언급된 이 이야기는 서양 역사에서 소리 내지 않고 속으로 책을 읽는 사람에 대한 최초의 기록이었다.

망겔에 따르면 읽기는 '구두 기술'[5]이었다. 또한 다른 사람과 함께 있을 때 사용하는 사회적 기술이기도 했다. 사람들은 혼자 읽지 않고 삼삼오오 모여 책을 읽었다. 이유는 다양했다. 문자언어가 등장한 뒤에도 여전히 많은 사람이 글을 읽을 수 없었기 때문에 구두 전달 문화가 계속 유지되었고 음성언어가 최고의 의사소통 형태라는 믿음이 남아 있었다. 또한 함께 모여 읽는 것이 경제적이기도 했다. 당시에는 모든 책이 수작업으로 만들어졌기 때문에 보통 사람은 엄두도 낼 수 없을 만큼 비쌌다. 로마가 몰락한 이후 유럽에서는 문자로 쓰인 거의 모든 정보를 교회가 소유하고 제공했다. 개인 도서관을 마련할 만큼 부유하지 않다면 미사나 다른 종교적 모임에 나가야만 교회에 소속된 필경사가 아름다운 필체로 공들여 직접 쓴 두꺼운 책들을 접할 수 있었다. 간단히 말해 읽기가 오늘날처럼 사적이고 자기 성찰적인 활동이 되기 전이었다.

하지만 중세 시대를 거치면서 상황은 달라지기 시작했다. 어떤 경로로든 책을 구한 사람들이 혼자서 조용히 읽기 시작한 것이다. 그리고 혼자 읽는 것은 다른 사람과 함께 읽거나 소리 내어 읽는 것과는 다른 경험이라는 사실을 발견했다. 소리 내지 않고 조용히 읽는 것은 외부의 통제나 영향력에 종속되지 않는 나만의 내적 여행을 떠나는 일이었다. 아우구스티누스가 언급했던 것처럼 단지 마음이 '환기'되는 것이 아니라 해방되는 경험이었다. 혼자 읽기를 통해 개인들은 새로운 방법으로 책의 내용을 흡수하기 시작했다. 그리고 이를 통해 책의 내용 자체에 머물지 않고 새로운 사고와 생각을 창조하기 시작했다. 물론 이러한 사고의 확장은 소리 내어 읽을 때도 가능하긴 했다. 하지만 근본적으로 내면을 들여다볼 수 있는 혼자 읽기에서 그 가능성이 훨씬 컸다. 혼자 읽기의 선구자였던 학식 있는 수도자에게 이는 새로운 발견이자 신나는 경험이었다. 혼자 읽기는 세네카가 편지를 쓰면서 경험했던 내적 거리두기를 가능하게 하는 완전히 새로운 방법이었다.

하지만 혼자 읽기를 경험할 수 있는 운 좋은 사람은 얼마 되지 않았으며 대부분의 사람들은 여전히 책을 쉽게 접할 수 없었다. 15세기 초까지도 읽기는 여전히 군중 지향적인 경험이었다. 그리고 그 상황이 쉽게 바뀔 것 같지도 않았다. 첫째, 심각한 기술적 한계가 있었다. 책은 숙련된 수공업자가 값비싼 재료(동물의 가죽, 종이, 잉크)를 사용해 손으로 직접 만들었기 때문에 빨리 만들 수도 없었고 충분히 만들어낼 수도 없었다. 둘째, 사회를 구성하는 가장 강력한 집단인 교회와 귀족 계층이 혼자 읽기와 그로 인한 내적 경험이 보편화되는 것을 원하지 않았다. 특히 교회는 읽기가 이단적인 생각을 가능하게 하여 현 체제에 위협이 될 수 있음을 간파했다. 학식 있는 자들 사이에서 묵독이 보편화된 시기와 이단자가 처음으로 화형에 처해진 시기는 기원후 1000년쯤으로 대략 비슷하다. 교회의 입장에서는 문제를 일으키는 사람은 이미 충분했으므로 하층 계급에게까지 스스로 생각할 수 있도록 권장할 이유가 전혀 없었다.

이 두 가지 한계가 극복되고 개인의 내적 읽기가 보편화될 수 있다는 생각은 오늘날 디지털 도구가 군중에게서 벗어나는 것을 도와줄 수 있다는 생각만큼이나 그 가능성이 희박했다. 한마디로 불가능했다. 하지만 변화는 코앞에 와 있었다. 그리고 그 변화는 기술에 대한 사고의 전환이 가능하다는 것을 보여주었을 뿐만 아니라 이 까다로운 수수께끼를 해결하는 사람에게는 엄청난 보상이 따른다는 것도 보여주었다.

1432년 독일의 도시 아헨에서 중세 시대를 살아간다는 것이 얼마나 바쁜 일인지 보여주는 전형적인 사건이 있었다.[6] 유럽에서도 손꼽히는 대성당이 있는 도시 아헨은 제프리 초서가 쓴《캔터베리 이야기》에 등장하는 순례 행렬처럼 각지에서 몰려든 순례자가 끊이지 않는 가톨릭 성지였다. 순례자들이 아헨을 찾는 이유는 아헨의 아름다운 성당에 전 세계 기독교인들이 가장 신성하다고 생각하는 유물이 보관되어 있기 때문이었다. 그중에는 아기 예수의 포대기, 성모 마리아의 가운, 잘려 나간 세례자 요한의 머리를 쌌다고 전해지는 천 조각도 있었다. 기적을 일으킨다고 알려진 이 유물을 보기 위해 전 세계에서 엄청난 군중이 모여들었기 때문에 1300년대 후반 교회에서는 유물에 대한 접근을 제한하기로 결정했다. 그리하여 유물은 7년에 한 번씩 2주 동안만 공개되었다.

7년에 한 번씩 유물이 공개될 때마다 아헨은 순례자들로 넘쳐 났다. 1432년이 바로 유물이 공개된 해였는데 수천 명의 사람들이 말이나 당나귀, 마차나 수레 등 온갖 수단을 동원해 아헨으로 몰려들었다. 물론 걸어서 오는 사람도 있었다. 초서의 순례자들처럼 그들은 계급도 다르고 처한 환경도 각기 다른 잡다한 사람으로 구성되어 있었다. 하지만 성당에 도착한 후에는 서로 밀치고 소리 지르고 땀을 흘리며 신성한 유물이라는 같은 목표를 향해 돌진하는 한 무리의 군중일 뿐이었다. 한 번은 군중의 압력을 견디다 못해 건물 일부가 무너져 내려 17명이 사망하고 100여 명이 부상을 당하기도 했다.

그들이 추구했던 것은 정확히 무엇일까? 전해 오는 이야기에 따르면

둘째 걸음, 시간의 숲으로 들어가다

그 유물들은 신성한 힘으로 가득하고 보이지 않는 빛을 내뿜어 병을 고치고 기도에 응답한다고 했다. 이러한 은총을 받을 수 있는 가장 확실한 방법은 유물을 직접 만지는 것이었다. 한때는 유물을 만지는 것이 쉬웠지만 수년에 걸쳐 순례자가 늘어남에 따라 모든 사람이 유물 가까이에 접근하는 것이 불가능해졌다. 사람은 너무 많고 시간은 너무 짧았다. 그래서 유물이 내뿜는 빛을 쏘이기만 해도 충분하다는 생각에 따라 교회는 유물이 공개되는 기간 동안 성당 밖에 높은 단을 세우고 성직자들이 그 위에 올라가 유물을 한 가지씩 들고 서 있게 했다. 유물이 내뿜는 성스러운 빛이 사방으로 퍼질 수 있게 하기 위해서였다.

은총을 놓치는 사람이 없도록 도와주는 특별한 도구가 개발되기도 했다. 유물이 내뿜는 빛을 흡수할 수 있는 작은 볼록거울이었다. 거울은 금속으로 만들어졌으며 장식이 된 것도 있고 휘장처럼 옷에 착용할 수 있는 것도 있었다. 역사가 존 맨John Man에 따르면 아헨의 행상인에게 거울을 산 순례자는 유물이 내뿜는 빛을 잘 흡수할 수 있는 좋은 위치에 자리를 잡고 (성곽을 오르는 사람도 있었다) 거울이 '마치 제 3의 눈인 것처럼'[7] 높이 들고 서 있었다. 거울은 신성한 빛을 흡수해 간직할 수 있다고 여겨졌기 때문에 아헨을 떠난 후에도 오랫동안 눈먼 자나 병든 자를 비롯해 신성한 도움이 필요한 자들을 위해 사용되었다. 맨은 "허리띠에 매달린 주머니 안에 기적을 일으키는 힘이 들어 있다는 생각으로 사람들은 행복감과 안도감을 느끼며 집으로 돌아갈 수 있었다"고 기록했다.[8]

거울은 손에 들고 다닐 수 있는 휴대용 유물이었으며 엄청난 용량으로 기적의 힘을 믿는 사람에게 소중한 은총을 베풀었다. 원래 거울은 길드의 통제 아래 독점적으로 만들어졌는데 1432년의 순례 기간 동안 거울이 너무 유명해져서 지역 장인들은 그 수요를 따라잡을 수 없었다. 그래서 7년 후에는 아헨으로 몰려들 순례자들을 위해 다른 지역 장인들도 거울을 만들어 판매해도 좋다는 결정이 내려졌다. 이 기간에 아헨에는 한 번에 10만 명 이상의 순례자가 모여들었기 때문에 미래가 확실히 보장되는 사업 기회였다. 또 다른 역사가의 말에 따르면 다른 지역에서 만들어진 거울 역시 "엄청난 군중이 몰려들어 순식간에 팔려 나갈 것이 확실했다".[9]

이 일에 뛰어든 사람 중에는 스트라스부르 출신의 야심찬 사업가 요하네스 구텐베르크도 있었다. 그는 아주 독창적인 아이디어를 갖고 있었다. 당시에는 거울을 손으로 직접 만들었기 때문에 시간이 많이 걸렸다. 구텐베르크는 와인과 올리브 오일을 만드는 압착 기술을 이용해 거울을 대량 생산할 수 있는 방법이 있을 거라고 생각했다. 과일에서 즙을 추출하는 것처럼 압착기를 이용해 얇은 금속판 한 장에서 여러 장의 거울을 찍어낼 수 있을 거라고 말이다. 만약 이 방법이 성공한다면 구텐베르크는 어떤 장인도 따라잡을 수 없는 속도로 거울을 생산해내고 훨씬 저렴한 가격에 공급할 수 있을 터였다. 바로 대량생산에 의한 원가절감이었다.

구텐베르크는 금속 세공사나 동전 주조자들 틈에서 자랐던 덕분에 사

둘째 걸음, 시간의 숲으로 들어가다

업을 펼치기 위해 필요한 재정적 후원자 3명을 쉽게 찾을 수 있었다. 그들은 힘을 합쳐 다음에 유물이 공개될 때 팔 거울을 제작하기로 했다. 그들의 목표는 3만 2000개의 거울을 파는 것으로 구텐베르크가 수익의 50퍼센트를 차지하고 나머지 세 사람이 남은 50퍼센트를 나누기로 했다. 분명히 거울을 만들어 팔았겠지만 얼마나 많이 만들었는지 혹은 구텐베르크가 그 모험을 통해 얼마나 많은 수익을 남겼는지에 대한 기록은 남아 있지 않다.

여기서 우리에게 중요한 문제는 구텐베르크가 해결하고자 했던 근본적인 문제와 그 문제가 그를 어디로 이끌었는가 하는 것이다. 구텐베르크는 거대한 군중이 야기하는 문제를 해결함으로써 많은 돈을 벌 수 있다는 사실을 알고 있었다. 아헨으로 몰려든 순례자들은 유물의 은총을 받기 위해 기꺼이 한 무리의 군중이 되었다. 겉으로만 본다면 외적 여행이라고 할 수 있지만 그 여행의 성격은 내부 지향적이었다. 여행의 목표는 유물이 내뿜는 종교적인 빛을 온몸으로 흡수해 집으로 가져가는 것이었다. 하지만 한 덩어리가 된 군중이 두 가지 측면에서 내적 여행을 방해했다. 첫째, 너무 많은 사람이 한꺼번에 몰려들어 유물에 접근하기 힘들다는 물리적인 장애였으며 둘째, 그 물리적인 장애를 극복하고 공기를 통해서라도 유물과 '연결'해주는 거울을 지역 장인이 충분히 공급하지 못한다는 현실적인 문제였다.

아헨 대성당으로 몰려든 군중은 오늘날의 디지털 군중과는 여러 가지 면에서 달랐지만 한 가지 중요한 측면에서 비슷한 점이 있었다. 오늘날의 디지털 군중 역시 '지저스 폰'으로 눈에 보이지 않는 신호를 잡으며 내적 목표를 성취하기 위한 외적 여행을 하고 있다는 점이다. 군중이 내적 목표의 성취를 방해하는 것도 마찬가지다. 우리가 새로운 디지털 도구를 구입하는 이유는 도대체 무엇인가? 자신을 바깥세상으로 내던지기 위해서? 아니면 단지 네트워크 자체를 위해서? 아니다. 우리는 일을 더 잘하기 위해서 친구와 소식을 나누기 위해서 더 배우고 탐험하기 위해서 접속한다. 그리고 스크린으로 모여든 디지털 군중을 헤치며 그러한 목표를 추구하고 있다는 느낌을 받는다. 하지만 중요한 것은 하루 일과가 끝난 후의 느낌이다. 그 느낌은 외적 업무를 수행하면서 '내적 목표를 성취'하는 데 디지털 도구가 얼마나 유용했는지 알려주는 척도이자 삶을 이루는 경험의 질을 판단하는 기준이 된다.

스크린을 사용하는 것이 일을 더 잘하고 더 좋은 사고를 하는데 도움이 되는가? 친구들과의 관계를 끈끈하게 해주는가? 꼭 필요한 거리와 공간을 확보하는 데 도움이 되는가? 스크린을 탐험함으로써 세상을 더 잘 이해할 수 있는가? 디지털 세상에 들어갔다가 나오면 마음 상태가 더 좋아지는가? 이러한 질문은 모두 내면에 관한 질문이다. 그리고 디지털 군중과 더 많은 시간을 보낼수록 이 질문에 긍정적으로 대답하기 힘들어지고 우리의 내적 삶은 더 깊어지고 행복해지는 것이 아니라 더 얕아지고 불쾌해진다.

둘째 걸음, 시간의 숲으로 들어가다

구텐베르크는 사업가이자 기술자였지만 그의 발명품은 심오한 철학적 의미를 내포하고 있다. 대량생산된 거울 덕분에 순례자들은 군중 '안에서도' 유물과 연결될 수 있는 자기만의 도구를 가질 수 있었다. 그리하여 군중이 가져오는 한계를 뛰어넘어 북적거리는 소란 속에서도 자신의 내적 목표를 성취할 수 있었다. 하지만 오늘날 우리는 그와 반대로 움직이며 우리 삶을 더 복잡하게 만들기 위해 디지털 도구를 '업그레이드' 한다. 그럴수록 자기 자신과 미쳐 날뛰는 세상 사이에 공간을 확보하는 것은 점점 더 힘들어진다. 최악의 경우 디지털 스크린은 구텐베르크의 거울과 정반대로 나쁜 에너지를 끌어들이는 부적이나 저주를 내리는 주문이 될 수도 있다.

거울은 오늘날 우리가 처한 곤경에 대한 은유일 뿐이지만 구텐베르크에게는 오늘날까지 영향을 미치는 위대한 기술을 개발할 수 있게 해준 계기가 되었다. 구텐베르크의 두 번째 모험은 압착기를 사용한 거울 대량생산 기술을 '군중 속에서 소리 내어 읽기'라는 한계를 지니고 있던 문자언어에 적용한 것이었다. 군중의 요구를 만족시킬 만큼 거울이 충분하지 않았던 것처럼 읽을 책도 충분하지 않았다. 그 결과 유럽인들은 대부분 읽기가 제공하는 내적 체험을 경험할 기회가 없었다. 당시의 책 제작 기술에 대해 곰곰이 생각한 구텐베르크는 손으로 제작하는 것보다 더 저렴하고 더 빨리 책을 만들 수 있는, 활자 이동이 가능한 금속인쇄기를 개발했다. 한 페이지에 42줄이 찍힌 성경이 가장 먼저 인쇄기에서 찍혀 나왔고 그때부터 세상은 완전히 달라졌다. 전례 없이 효율적으로 똑같은 책을 몇 권이고 다시 만들어낼 수 있게 된 것이다. 시간이 흐르면서 훨씬 많은 사람이 혼자서 책을 읽으며 자기만의 방법으로 내적 여행을 떠날 수 있게 되었다.

구텐베르크의 인쇄기는 곧 엄청난 성공을 거두었다. 1455년에 구텐베르크가 최초로 인쇄했던 성경의 몇 페이지가 프랑크푸르트의 무역 박람회에 그 모습을 드러냈다. 그것을 본 에네아 실비오 피콜로미니 Enea Silvio Piccolomini (나중에 교황 비오 2세가 된다)는 어느 고위급 성직자에게 새로운 방법으로 만들어낸 책은 사용하기도 쉽고 흠 잡을 데가 하나도 없다는 편지를 보냈다.[10] 하지만 자신이 그 책을 구할 수 있을 거라고 생각하지는 않았다. 워낙 인기가 많았기 때문이었다. 그는 편지에 이렇게 썼다. "어떻게든 이 성경을 구입할 수 있도록 최선을 다할 것이며 당신 몫으로도 한 권 구입해 드리겠습니다. 하지만 가능할 것 같지는 않습니다. 거리가 너무 멀기 때문이기도 하지만 사람들이 말하길, 책이 다 만들어지기도 전에 사려는 사람들이 줄을 서 있다고 합니다."

물론 구텐베르크의 발명을 못마땅하게 여기는 사람도 있었다. 비관주의자들은 어느 시대나 존재했고 그들은 새로운 기술이 문명에 어두운 그림자를 드리울 것이라고 생각했다. 로버트 단턴 Robert Darnton 은 자신의 최근 저서 《책을 위한 변론: 종이책의 과거, 현재, 그리고 미래 The Case for Books: Past, Present, and Future》에서 니콜로 페로티 Niccolo Perotti 라는 이탈리아 학자가 1471년에 쓴 편지의 일부를 인용했다.[11] 처음에 인쇄술에 대해 긍정적인 반응을 보였던 그는 약 15년 정도가 지나자 인쇄술이 위험한 기술이라고 입장을 바꾸었다.

나는 인쇄술이 내가 생각했던 것과 몹시 다른 상황을 초래했다는 것을 깨달았다. 누구든 자기가 원하는 것을 찍어낼 수 있는 지금 사람들은 가장 좋은 것을 경시하고 오직 즐거움만을 위한, 기억할 필요도 없고 모든 책에서 삭제되어야 마땅한 것들만 찍어내고 있기 때문이다. 그런 책 수천 부가 전 세계로 퍼지느니 차라리 아무것도 찍지 않는 편이 나을 것이다.

모든 위대한 발명과 마찬가지로 인쇄술 또한 신속히 확산되었다. 1480년 즈음에는 120여 곳이 넘는 유럽의 도시와 마을에서 책이 인쇄되고 있었다. 1500년까지 인쇄술의 물결에 힘입어 대략 3만여 종의 책 수백만 부가 찍혀 나왔다. 외부 지향적이고 군중 지향적인 소리 내어 읽기의 시대가 지나고 혼자 읽기를 통해 충만한 내적 체험을 할 수 있다는 생각이 널리 확산되었다. 구텐베르크는 누구도 예상치 못했던 깊은 열망을 이해하고 있었던 것이다.

읽기를 통해 내적 체험을 확장하고 그 질을 높이려는 욕구는 더 많은 혁신을 불러왔다. 초기에 인쇄된 책은 필사본과 마찬가지로 (많은 사람들이 한꺼번에 보고 읽을 수 있을 정도로) 매우 크고 아름다웠으며 여전히 제작비가 많이 들었다. 하지만 인쇄업자들은 곧 일상생활에서 혼자 읽기에 적당한 저렴하고 작은 책에 대한 수요가 많다는 것을 깨달았다. 1500년대 초에는 주머니에 들어갈 수 있는 작은 책들이 읽기 쉬운 서체로 인쇄되어 나왔으며 그밖에도 독자의 편의를 돕는 다른 혁신들이 있었다.

하지만 문자를 통한 의사소통의 이 엄청난 변화가 개인의 내적 체험에만 영향을 준 것은 결코 아니었다. 1517년에는 정통에서 벗어난 신학 사상을 갖고 있던 독일의 한 수도사가 비텐베르크의 어느 교회 문 앞에다 교회의 여러 가지 정책과 관습에 반기를 드는 반박문을 붙임으로써 종교개혁에 불을 붙였다. 마르틴 루터는 혼자 책을 읽으며 성서를 연구해 그러한 관점에 도달했으며 그의 사상은 인쇄술을 통해 더 다양한 계층의 독자들에게 전달될 수 있었다. 독자들은 교회의 권위에 대한 그의 도전을 직접 읽고 어느 편에 설지 결정할 수 있었다. 구텐베르크가 발명한 도구는 교회의 권력을 무너뜨리고 그로 인해 지금의 현대사회를 있게 한 정치적, 사회적 변화를 일으키는 데 결정적인 역할을 했다. 오늘날 우리가 소중히 여기는 자유와 평등의 가치는 보편화된 읽기가 개개인에게 부여한 스스로 생각할 수 있는 힘에 그 뿌리를 두고 있다.

물론 책은 그밖에도 여러 가지 다른 장점이 있는 유용한 도구이기 때문에 컴퓨터의 시대인 지금까지도 살아남을 수 있었을 것이다. 단턴은 이렇게 말했다.[12]

책은 정보를 제공하고 쉽게 넘겨보기 편리하고 편하게 누워서 읽어도 좋고 보관하기도 쉬우며 쉽게 망가지지도 않는 정말 놀라운 도구라는 것이 증명되었다. 업그레이드하거나 다운로드 받을 필요도 없고 부팅을 하거나 암호를 입력할 필요도 없으며 전원을 연결하거나 웹에서 가져올 필요도 없다. 겉모습은 눈을 즐겁게 하고 손에 쥐기 편한 형태 또한 기쁨을 준다.

그렇다고 구텐베르크를 철학자라고 할 수 있을까? 전통적인 의미로 보자면 그렇지 않다. 구텐베르크라는 인물 자체에 대해서는 알려진 바가 거의 없으며 그가 읽기를 민주화하기 위해 의식적으로 노력했다는 증거도 없다. 무엇보다 그는 사업가였으며 역사가 존 맨의 말에 따르면 성경을 대량생산하면 큰돈을 벌 수 있다는 사실을 직시한 '초기 자본주의자'[13]였다. 하지만 중세 후기 유럽에서 군중이 야기하는 문제를 해결하기 위해 한 가지도 아닌 두 가지 색다른 방법을 제시하기 위해서는 반드시 철학적 사고가 필요했을 것이다. 구텐베르크가 거울 대량생산에만 관심을 기울였다면 오늘날 우리는 그의 이름조차 몰랐을 것이다. 또한 그가 인쇄 기술에만 관심을 기울였다면 그의 이름은 알았겠지만 그가 '군중 속에서의 자신'이라는 수수께끼의 해답을 찾기 위해 의식적으로 노력했다고 추측하기는 힘들 것이다. 그는 이 두 가지 모험에 수년을 바쳤으며 그 과정에서 막대한 돈을 빌리기도 했다. 이를 통해 그가 새로운 사고방식을 갖고 있었고 자신의 생각을 실현하기 위해 끈기 있게 노력했다는 것을 알 수 있으며 경제적 이윤뿐만 아니라 더 큰 목표를 추구했다고도 충분히 짐작할 수 있다.

'언제나 연결된' 삶을 찬양하는 광고가 만연하고 언론 또한 인간의 한계를 없애고 가능성을 넓히며 삶의 모든 측면으로 군중을 최대한 가까이 끌어당기는 새로운 도구에 대한 찬사를 늘어놓는 지금, 우리는 구텐베르크의 업적에서 교훈을 얻을 수 있다.

노트북 컴퓨터가 무선 인터넷 신호를 잡는 것은 곧 '연결!'되었다는 뜻이며 그 느낌표는 곧 '좋은 소식이야! 마침내 군중 속으로 들어갔어!'라는 뜻일 것이다. 신호가 잡히지 않으면 스크린 오른쪽 하단에 붉은 X 표시가 나타난다. 이럴 경우에는 전혀 신나지 않기 때문에 느낌표가 없다. 군중은 저 멀리 사라지고 없다. 몇 년 동안 나는 그 붉은 X에 좌절하고 초조해했다. 가끔은 혼자서 욕을 하기도 하고 손에 닿는 단단한 표면을 주먹으로 내리치기도 했으며 혈압이 오르면서 목뒤가 뻐근해지기도 했다. 나는 충실한 맥시멀리스트였으므로 군중을 잃는 것보다 더 끔찍한 일은 없었다.

하지만 내가 틀렸다. 그리고 나 혼자만 틀린 것도 아니었다. 한순간도 군중 틈에서 벗어나지 못하는 삶은 생산적이지 못하고 건강하지 않으며 행복하지도 않다. 군중에서 빠져나오지 않으면 결코 마법은 일어나지 않는다. 누구에게나 정기적으로 거리와 공백이 필요하다. 하지만 의식하지도 못한 채 군중을 향해 돌진할 뿐이다. 최근에는 온전한 내적 경험인 읽기조차 외부 지향적 경험으로 만들려는 경향이 있다. 텍스트와 디지털 세상을 왔다 갔다 할 수 있는 전자책이 등장해 집중력을 분산시키는 것이다. 전자책은 곧 '언제나 연결된' 책이다. 전자책을 좋아하는 사람은 미래에는 모든 읽기 활동이 군중 속에서 행해질 거라고 예측한다. 예를 들면 아주 멋진 소설을 읽는 도중 관련 웹 사이트를 방문하고 멀리 있는 독자들의 감상을 확인하거나 그들과 실시간 메시지를 주고받을 수 있다는 말이다. 어떻게 보면 이는 혼자서 조용히 책을 읽는 사람을 이상하게 바라보던 구텐베르크 이전의 시대로 뒷걸음질 치는 것일지도 모른다.

온갖 정보에 쉽게 접근할 수 있는 것은 분명 좋은 일이며 그것이 바로 도서관이 언제나 소중했던 이유이자 많을수록 좋은 이유다. 필요한 정보를 입수하는 차원으로만 살펴본다면 지금의 구글 시대는 경이롭기까지 하다. 하지만 정보에 '접근'하는 것과 그 정보를 '내적으로 흡수'하는 것은 분명 차이가 있다. 읽기가 군중을 멀리하는 방향으로 진화한 이유는 군중 속에서의 읽기가 읽기에 가장 적합한 방법이 아니었기 때문이다. 책이 빽빽하게 꽂혀 있고 책상마다 사람들이 빼곡히 앉아서 저마다 시끄럽게 떠들고 있는 도서관에 갇히고 싶은 사람이 과연 있을까? 서로 경쟁하는 디지털 도구에 둘러싸여 있으면서 진실로 내면을 들여다보거나 군중이 서서히 사라지는 경지에 이르도록 읽기에 몰입하는 것은 불가능하다. 시인 윌리엄 스태포드Willaim Stafford는 그러한 경지를 이렇게 표현했다.

전자책으로 대변되는 읽기에 대한 새로운 접근법의 목표는 아마 깊은 몰입을 '방해'하는 것일지도 모른다. 읽는 행위는 군중이 영향을 끼치거나 통제할 수 없으며 '언제나 군중과 함께!'라는 디지털 세상의 철의 규칙을 위반하는 것이기 때문이다. 언제부턴가 깊이 있는 사적 읽기와 이를 바탕으로 한 사고가 지금의 디지털 체제를 전복시킬지도 모른다는 두려움이 존재하는 것 같다. 10여 년 전 디지털 공간은 개인을 표현할 수 있는 무한한 자유가 오고 있음을 예고했다. 하지만 지금 우리 앞에 닥친 문제는 군중에서 벗어나지 않으면 진심으로 고유하고 독특하고 하나밖에 없는 그 개인이 될 수 없다는 것이다. 무수한 군중의 목소리에 둘러싸인 분주한 삶은 새롭지도 않고 독창적이지도 않으며 그 수명 또한 짧다.

세상을 향해 베풀 수 있는 가장 위대한 재능은 내부에 있다. 그 재능을 발견하기 위해서는 내면을 살펴야 한다.

나는 과학 기술 전문가가 아니기 때문에 현 기술의 외부 지향성이 어떻게 바뀔지 정확히 예측할 수는 없다. 하지만 우리가 가장 먼저 해야 할 일은 지금까지와는 다른 철학적 접근법을 수용하는 것이다. 바로 분주하고 복잡한 세상에서 조금 덜하는 것이 더 얻는 길이라는 것을 인식하는 것이다. 또한 인생에서 가장 중요하고 보람 있는 일을 하기 위해서는 자기 내면을 들여다보는 것이 더 좋을 뿐만 아니라 반드시 필요하다는 것을 인식해야 한다. 아마 미래의 디지털 도구는 전원을 켤 때 지금은 어느 정도의 접속을 원하느냐고 물으며 (덜 복잡하고 더 집중할 수 있는) 알파에서 (더 복잡하고 덜 집중할 수 있는) 오메가에 걸친 다양한 상태를 선택하라고 할 수도 있을 것이다. 알파를 선택하면 "한 가지 업무를 선택하십시오"라고 말하고 그 업무를 제외한 다른 업무를 동시에 처리하지 못하게 하는 것이다. 지나치게 단순한 생각일지도 모르지만 그 단순함이 지금 우리에게 필요하다.

물론 언젠가는 발견할 것이다. 인간은 군중에서 벗어날 수 있는 새로운 방법을 늘 발견해왔기 때문이다. 그리 멀지 않은 과거에서도 다양한 예를 찾을 수 있다. 오늘날 디지털 음악 재생기의 시초였던 소니 워크맨은 당시까지 외부 지향적 경험이었던 음악 감상을 내적이고 사적이며 휴대 가능한 경험으로 만들었다. 티보TiVo(하드디스크에 텔레비전 프로그램을 자동으로 녹화할 수 있는 디지털 비디오 레코드의 상표명-옮긴이)와 같은 비디오 레코딩 도구는 텔레비전 시청의 시간 제약을 뛰어넘을 수 있게 해주었다. 가장 좋아하는 텔레비전 프로그램을 다른 사람들과 똑같은 시간에 볼 필요가 없어졌으며 분주한 삶의 대명사인 성가신 광고를 참을 필요도 없어졌다. 그러한 혁신이 끊임없이 공격받고 있는 개인의 욕구를 충족해주었다. 우리가 아무도 침범할 수 없는 공간과 거리를 다시 창조하면 더 멋진 삶은 가능해질 것이다. 구텐베르크라는 이름에서는 과거의 기술밖에 떠올리지 못하겠지만 사업가이자 철학자로서 그는 미래를 정확히 예견했다. 결국 똑똑한 돈 smart money(시장의 기류 변화를 가장 먼저 파악하고 그에 반응하는 투자 기관이나 속칭 큰손으로 불리는 개인 투자자들의 투자 자금을 뜻하는 말-옮긴이)은 자기 안에 있다.

Chapter 08

오래된 도구를 사랑하라
느린 도구의 매력에 빠진 셰익스피어

"걱정 마세요." 햄릿의 멋진 도구가 속삭였다. "모든 걸 다 알 필요는 없습니다. 중요한 몇 가지만 알면 됩니다."

몇 년 전에 나는 몰스킨 수첩을 구입했다. 몰스킨은 10여 년 전부터 유행하기 시작한 단순하고 소박한 수첩이다. 동네 서점 계산대에 진열된 걸 우연히 보고 눈을 뗄 수 없었다. 특히 슈퍼마켓 종이봉투를 떠올리게 하는 황갈색 표지에 여권 크기만 한 '플레인 저널' 모델을 보는 순간 내 마음은 사로잡혔다. 나는 충동적으로 3개짜리 한 묶음을 집어 들어 계산대 위에 올려놓았다.

일 때문에 전 세계를 돌아다니는 기자 친구가 자기 몰스킨 수첩을 보여주었을 때부터 몰스킨 현상에 대해 쭉 알고 있긴 했다. 친구가 보여준 몰스킨은 가장 흔한 큼지막한 모델로 우둘투둘한 검은 바탕에 사용하지 않을 때 묶어 놓을 수 있는 고무 밴드가 달려 있었다. 안을 들춰 보니 친구의 생동감 넘치는 필체가 여기저기 가득했고 고양이나 사람이나 사물을 그린 멋진 그림도 많았다. 정말 멋진 그림이었다. 십 대 때부터 그 친구를 알고 지냈는데 그림에 재능이 있다는 것은 고사하고 그림 그리기를 좋아한다는 것조차 몰랐다.

친구는 그림에 대한 내 칭찬은 들은 척도 않고 몰스킨 자랑에만 열을 올리면서 몰스킨 없이는 살 수도 없다고 말했다. 1980년대 후반 몰스킨 브랜드를 만들었던 프랑스 제조사가 파산한 뒤에 친구는 일 때문에 찾아가는 곳마다 지역 쇼핑몰과 시장을 샅샅이 뒤지며 남아 있는 몰스킨을 모두 구입했다고 한다. 하지만 그렇게 한다 해도 얼마 지나지 않아 더 이상 몰스킨을 구할 수 없으리라는 것을 알고 최악의 상황을 받아들일 준비를 하고 있었던 바로 그때, 그러니까 1998년에 뜻밖에도 어느 이탈리아 업체가 몰스킨 브랜드를 사들였다고 했다. 그의 이야기를 듣고 있자니 마치 인류가 마침내 행복의 열쇠를 발견했으며 이제 인류 앞에는 부드러운 항해만 남은 것 같다는 생각이 들었다.

나는 바로 포장을 뜯어 하나를 손에 들어 보았다. 얇긴 했지만 단단하고 탄탄한 느낌이었다. 겉표지는 약간 우둘투둘했고 따뜻한 느낌이 났다. 나는 오른쪽 뒷주머니에 몰스킨을 넣었고 그 후로 쭉 내 뒷주머니에는 몰스킨이 들어 있다. 컴퓨터가 옆에 없을 때는 하루에도 몇 번씩 꺼내 떠오르는 생각을 적는다. 대략 이틀에 한 번씩 내가 적은 것들을 훑어보며 저장할 만한 것들을 모아 디지털 파일로 저장해놓는다. 쇼핑 목록을 작성하기도 하고 운전할 때 필요한 지도를 그리기도 하고 그밖에도 매우 유용하게 사용한다. 앞부분에는 중요한 내용을 적어 넣고 쉽게 뜯어낼 수 있도록 절취선이 달린 뒷부분부터는 사소한 내용을 적는다. 중요한 내용과 사소한 내용이 가운데서 만나면 새로운 몰스킨을 꺼내야 할 때다.

그렇다고 몰스킨이 엄청나게 대단한 것은 아니다. 이 빈틈없는 디지털 네트워크 세상에서 곧 사라질지도 모르는 촌스러운 종이 수첩을 들고 다니는 것은 어리석은 짓이라고 생각하는 사람도 있을 것이다. 갑자기 떠오른 좋은 생각을 기록하는데 그보다 현대적이고 효율적인 방법은 얼마든지 있다. 나처럼 결국 하드 드라이브에 저장할 요량이라면 휴대용 스크린을 사용해 바로 디지털로 저장하는 것이 훨씬 합리적일 것이다. 굳이 수첩에 손으로 먼저 써야 할 이유가 무엇이란 말인가? 스마트폰에는 갑자기 떠오른 생각을 오디오 파일 형태로 녹음하면 자동으로 문서로 만들어주는 기능도 있다. 친구 하나가 그 방법을 사용하는데 만들어진 문서는 즉시 자기 이메일로 전송되고 오탈자도 거의 없다고 했다. 친구는 나한테도 그 방법을 적극 권했다. 그런 친구 앞에서 몰스킨을 꺼내자 그는 지나가는 Model T(포드가 초기에 만든 T형 자동차-옮긴이)를 보고 웃는 것처럼 내 수첩을 비웃었다.

"하, 요것 봐라, 정말 귀여운 걸!"

하지만 오히려 나는 '내가' 바로 최첨단을 달리고 그 친구가 과거에서 벗어나지 못하는 거라고 생각한다. 10년 전만 해도 몰스킨은 아주 드물었다. 하지만 요즘은 어디서나 볼 수 있다. 공공장소에서 몰스킨에 뭔가를 적고 있으면 옆에 있는 누군가가 이렇게 말을 건다. "당신도 몰스킨?" 아니면 "몰스킨 정말 너무 맘에 들지 않아요?" 낯선 사람과 틀 때 몰스킨은 갓난아기나 강아지만큼 확실한 도구다.

그렇다. 나는 몰스킨의 광팬이다. 오랫동안 나도 그 이유를 몰랐다. 시대에 뒤떨어져 보이는 이 수첩이 나의 행복에 꼭 필요하다고 느끼는 이유는 무엇일까? 왜 몰스킨이고 왜 지금인가? 몰스킨이 다시 유행한 시기는 디지털 네트워크가 점차 확장되기 시작한 때와 정확히 일치한다. 나는 이 두 가지가 서로 연관되어 있다는 것을 직감적으로 알 수 있었다. 하지만 어떻게? 현재의 분주함에서 이상화된 과거의 단순함으로 탈출하고자 하는 향수일 뿐인가? 종이에 대한 과도한 집착 역시 옛날 자동차를 수집하는 것처럼 과거로 돌아가고 싶은 마음뿐인지도 모른다. 하지만 나는 그게 전부는 아니라고 생각하고 싶었다.

그리고 그 해답을 르네상스 시대의 영국에서 당시의 가장 창조적인 인물이었던 윌리엄 셰익스피어의 도움으로 찾았다. 셰익스피어가 수많은 작품을 쏟아내 무대에 올리던 16세기 후반부터 17세기 초반까지의 런던은 분주하고 무질서한 도시였다. 셰익스피어를 비롯한 런던 사람들 또한 오늘날 우리처럼 매일 아침 분주하고 혼란스러운 세상에서 눈을 떴다. 하지만 그들은 이에 대처할 놀랄 만한 창조적인 방법을 발견했다. 그로부터 400여 년이 지난 오늘날 내가 오래된 수첩을 가지고 다니는 것이 훨씬 더 편한 이유를 찾아낸 것도 바로 그들의 창조적인 방법 중 하나에서였다.

셰익스피어가 초기에 쓴 희곡 《헨리 6세 2부》는 글을 읽지 못하는 시골뜨기가 폭도가 되어 런던의 부자와 권력자에게 반기를 드는 내용이다. 권위 있는 귀족을 감옥에 넣은 반란의 주동자는 그에게 여러 가지 죄목을 뒤집어 씌웠는데 그중에는 인쇄기를 사용해 문자언어라는 지식을 유포한 죄도 있었다. "당신은 인쇄술을 사용해 (…) 제지 공장을 설립했다. 당신은 기독교도가 차마 들을 수 없는 혐오스러운 말을 지껄이는 사람을 보게 될 것이다."

폭도들은 구텐베르크의 발명이 개인을 자유롭게 했다고 생각한 것이 아니라 압제의 도구로 사용된다고 생각했다. 그럴 만한 근거는 충분했다. 셰익스피어가 1590년쯤 이 작품을 썼을 때 그는 스트랫퍼드-어폰-에이번이라는 시골 마을에서 이제 막 런던에 도착한 젊은이였다. 당시 런던은 한창 팽창하고 있던 대도시로 유럽에서 세 번째로 큰 도시였으며 인구는 20만 명에 달하고 있었다. 문화 비평가 스티븐 그린블랫Stephen Greenblatt은 자신이 쓴 셰익스피어 전기《셰익스피어는 어떻게 셰익스피어가 되었나Will in the World: How Shakespeare Became Shakespeare》에서 이렇게 언급했다.

셰익스피어는 좁은 거리에서 서로 밀치고 커다란 다리를 건너고 또 건너며 여인숙과 성당과 극장을 뻔질나게 드나드는 런던 사람들의 무리 (…) 그들의 소란, 그들의 입 냄새, 그들의 난폭함과 잠재적 폭력을 처음 접했을 때 틀림없이 엄청난 충격을 받았을 것이다.[1]

위협은 그뿐만이 아니었다. 거리의 범죄도 범죄였지만 전염병의 위험 또한 언제나 도사리고 있었다. 그밖에도 런던에는 도시 전체에 온갖 위험이 널려 있었다. 당시는 정치적으로도 매우 불안한 시기였다. 16세기 초 헨리 8세가 가톨릭교회와의 단절을 선언한 후, 가톨릭과 프로테스탄트가 차례로 권력을 주고받던 영국은 정치적 긴장이 해소될 틈이 없는 압력 밥솥이나 마찬가지였다.

셰익스피어가 런던에 상경했을 때는 프로테스탄트였던 엘리자베스 1세 여왕이 영국을 통치하던 때였다. 그녀의 통치 기간 동안 가톨릭 분자와 간첩에 대한 숙청은 멈추지 않았다. 교수형이 끊이지 않았으며 런던 브리지 입구에 잘린 머리가 섬뜩하게 매달리기도 했다. 마크 트웨인은 16세기 런던을 묘사한 자신의 소설《왕자와 거지》에서 당시의 관행을

둘째 걸음, 시간의 숲으로 들어가다

이렇게 묘사했다. '쇠꼬챙이에 꽂혀 검푸르게 썩어 가는 유명 인사의 머리[2]'가 다리 위에 전시되어 있었다. 매달린 머리가 뜻하는 바는 이랬다. "조심하라. 그렇지 않으면 당신도 저 꼴을 면치 못할 것이다."

분위기가 이렇게 험악하다 보니 권력을 타도하고자 하는 폭도 무리에 대한 연극이 나올 법도 했다. 하지만 연극의 내용 중에 폭도들이 구텐베르크의 발명품에 대해 명백한 적개심을 보인 이유는 명확히 드러나지 않는다. 사실 구텐베르크의 인쇄기는 연극에 등장할 수도 없었다. 연극의 배경이 된 14세기는 인쇄기가 발명되기 전이었기 때문이다. 셰익스피어가 역사적 사실을 연극에 등장시킨 것이다. 구텐베르크와 마찬가지로 셰익스피어는 자신의 삶과 작품의 근간이 된 자신의 사상에 대한 실마리를 거의 남기지 않았다. 하지만 그가 엄청난 격변의 시대에 살았으며 그 변화를 추동한 핵심 요인 중 하나가 새로운 기술이라는 것은 틀림없는 사실이다. 인쇄 기술은 무수한 방법으로 사회를 변화시켰으며 디지털 기술과 마찬가지로 사회적 불안과 긴장의 불씨를 제공하기도 했다.

우선 인쇄 기술 덕분에 책이 엄청나게 많아졌다. 1500년까지 유럽에서는 대략 800만 부의 책이 찍혀져 나왔으며 셰익스피어 시대에는 그보다 훨씬 많았다. 일반적으로 보면 굉장히 긍정적인 발전이었다. 더 많은 사람이 읽는 법을 배웠고 책을 접할 수 있었으며 개인의 성장과 발전의 기회가 급증했다. 이는 결국 전 세계에 좋은 영향을 끼칠 수밖에 없었다. 글을 읽을 수 있는 사람이 거의 없었던 마을에서 태어나 나중에는 '전 인류의 시인'[3]이라고 불리게 된 셰익스피어보다 더 좋은 예도 없을 것이다.

하지만 새로 등장한 효과적인 기술에 적응하고 그 기술의 가장 좋은 쓰임새를 찾아내는 데에는 오랜 시간이 걸린다. 수많은 장점에도 불구하고 인쇄술 역시 몇 가지 문제를 일으켰다. 물론 오늘날 우리는 인쇄술이 개인주의와 민주주의의 발전에 결정적인 역할을 했다는 사실을 알고 있다. 하지만 당시에는 사회적, 정치적 통제의 수단으로 사용되기도 했다. 책이 많아지고 어느 때보다 더 쉽게 구할 수 있었지만 가격은 여전히 비쌌고 글을 읽고 쓸 줄 아는 능력 역시 보편화되지 못했다. 독해 능력이 중요해지면서 일상생활에서 읽을 수 있는 사람과 그렇지 못한 사람의 차별이 만연해졌고 읽지 못하는 사람들은 가끔 말도 안 되는 차별을 받기도 했다. 예를 들어 당시의 영국 법은 흉악 범죄를 저지른 범죄자 중에서도 읽지 못하는 사람을 차별했다. 읽을 수 있는 죄인은 사형을 선고하지 않는 교회 재판소로 보내졌지만 읽을 수 없는 죄인은 종종 사형이 선고되는 정부 재판소로 보내졌다. 실제로 읽지 못한다는 이유만으로 교수형을 당하는 사람도 있었다.[4]

이러한 상황에서 그 두 부류와 모두 친했던 셰익스피어가 인쇄기를 파괴하고자 하는 문맹의 폭도 무리를 창조해 연극에 등장시킨 것도 이해할 만하다. 폭도들이 인쇄술에 대한 적개심을 갖고 있었던 이유는 인쇄술이 곧 권력이었기 때문이다.

조금 더 간단하게 살펴보면 인쇄술은 처리해야 할 정보의 양을 그야말

둘째 걸음, 시간의 숲으로 들어가다

로 비약적으로 증가시켰다. 세네카가 그 모든 책을 읽어야 한다는 부담에 대해 불평한 지 1500년 정도 후에 쫓기는 듯한 분주한 마음 신드롬이 더 강도 높은 방법으로 되돌아온 것이다. 접할 수 있는 정보의 양은 다시한 번 엄청나게 늘어났고 이는 인간의 마음이 받아들일 수 있는 용량을 훨씬 넘어섰다. 책뿐만 아니라 유럽은 소책자, 광고 현수막, 상업 문서, 공적 문서(관료제가 이 시기에 급속히 성장했다) 등 온갖 종류의 인쇄물로 넘쳐 나고 있었다. 최초의 신문도 발간되기 직전이었다. 처리해야 할 정보가 엄청나게 많아졌고 글을 읽지 못하는 사람도 이를 체감할 수 있었다. 그 당시의 사람들 또한 많은 정보가 저 밖에 있다는 사실만으로도 불안함을 느꼈다. 현대의 학자 앤 블레어Ann Blair가 말했듯이 르네상스 시대 한 가운데 살았던 사람들은 오늘날 우리가 느끼는 정보의 홍수와 매우 유사한 것을 경험했다.[5]

그렇다면 그 시대 사람들은 이 문제에 어떻게 대처했을까? 이에 대한 대답은 그로부터 약 10년쯤 후에 쓰여졌으며 셰익스피어의 작품 중에서 가장 친숙하고 널리 알려진 《덴마크 왕자 햄릿의 비극》(이하《햄릿》)에서 찾아볼 수 있다. 《햄릿》에는 오늘날 우리가 처한 기술적 딜레마에 대해 언급하고 종이 수첩이 디지털 시대까지 살아남아 있는 이유를 설명하는 장면이 있다. 1막에서 햄릿은 죽은 아버지의 유령을 만난다. 그때까지는 모두 선왕이 독사에 물려 죽었다고 생각했다. 하지만 선왕의 유령이 새로운 뉴스 속보를 전해준다. 자신은 독사에 물려 죽은 것이 아니라 자신의 동생이자 햄릿의 삼촌이며 뒤이어 왕위에 오른 클라우디우스에 의해 독살당했다는 것이다. 유령은 햄릿에게 '세상에서 가장 흉악한 살인 사건'에 대한 복수를 해달라고 간청하고 으스스한 작별 인사를 한다. "안녕, 안녕, 햄릿. 나를 기억하라."

이에 대한 햄릿의 반응은 약간 의외다. 햄릿은 유령이 전한 충격적인 소식에 집중한 것이 아니라 자신의 마음 상태, 특히 자신의 기억에 대해 되돌아본다.

당신을 기억하라?
물론, 그대 불쌍한 유령이여, 기억이 한 자리를
이 산란한 세상에 잡고 있는 동안.

이 산란한 '세상globe'은 바로 그의 머릿속을 상징한다. 햄릿을 연기하는 배우 역시 대사를 생각해내려고 머리를 쥐어짜고 있었을 것이다. 그는 이렇게 말한다. "네, 당연히 당신을 기억할 것입니다. 왜냐하면 이 혼란스럽고 제멋대로인 머릿속 어딘가에는 분명이 기억이 자리 잡고 있을 테니까요." 셰익스피어는 또한 'globe'에 다른 두 가지 의미를 더 부여했을 것이다. 첫째, 모든 세상이 혼란스럽다는 뜻이며 둘째, 글로브 극장 Globe Theatre에서 연극을 보고 있는 관객의 머릿속 또한 온갖 골칫거리로 복잡할 거라는 뜻이다. 주의력결핍장애는 그 우아하지 못한 이름이 붙여지기 오래전부터 심각한 문제였다.

햄릿은 이렇게 말한다.

의당, 내 기억의 테이블에서

온갖 하찮은 명텅구리 기록들을 지워버리고,

책에서 베낀 온갖 격언, 온갖 이미지들, 온갖 지나간 인상들,

청춘과 관찰이 거기 베껴 놓은 온갖 것들을 지워버리고,

당신의 명령 단 하나만 살리라.

내 두뇌의 책과 두루마리 안에

다른 잡스러운 것과 뒤섞이지 않고.

그가 한 말은 기본적으로 이런 뜻이다. "나를 혼란스럽게 하는 머릿속 복잡한 생각을 모두 지우고 당신과 이 끔찍한 범죄에 대해서만 생각할 것입니다, 유령 나리." 위의 대사에서 햄릿은 책에 대해 두 번 언급했으며 그 두 가지는 각각 다른 것을 뜻한다는 것에 주목해야 한다. 세 번째 줄의 '책'(그리고 '격언들'이나 진부한 표현들)은 명확하게 생각할 수 있도록 자신의 마음에서 제거해야 할 쓰레기 혹은 '압력'이라고 할 수 있다. 그리고 바로 몇 줄 아래에서는 뇌 자체를 책에 비유한다. 두 번째 책은 한 가지 중요한 주제에 집중하고 가치 없는 사소한 일들 ('잡스러운 것')에 전혀 신경 쓰지 않는 매력적인 상태를 뜻한다. 햄릿은 사실상 수많은 책을

던져버리고 아주 중요한 책 한 권에만 자리를 내줌으로써 자신의 정신적 분주함을 해소하기로 결심했다고 말하고 있는 것이다.

셰익스피어는 책에 대한 관심이 대단했다. 책으로 인해 그만큼의 지위에 올랐다는 사실을 생각해봐도 그렇고 자신의 작품에 가끔 책을 등장시킨 것을 봐도 알 수 있다. 또《햄릿》에는 왕자가 책을 읽기 시작한다는 지문이 있다. 앞서 언급한 단락을 살펴보면 셰익스피어가 책이 한 사람에게 끼칠 수 있는 다양하고 미묘한 효과를 이해하고 있다는 것을 확실히 알 수 있다. 책은 어떻게 사용하느냐에 따라 명쾌한 사고에 엄청난 장애가 될 수도 있고 큰 도움이 될 수도 있다.

그렇다면 첫 번째 줄의 '테이블'은 과연 무엇일까? 햄릿은 자신의 기억을 닦아내야 할 테이블에 비유한다. 현대의 독자는 '테이블'이라는 단어를 들으면 주로 부엌이나 식당에 있는 다리가 4개 달린 가구를 떠올릴 것이다. 식사 전후로 닦아내는 테이블 말이다. 하지만 셰익스피어의 '테이블'은 가구가 아니었다. 그의 '테이블'은 어떤 기술의 일종이었다. '테이블'은 몇 줄 아래에서 다시 언급된다.

나의 테이블들아 - 내가 써넣는 게 좋겠지
사람은 미소 짓고 또 지으며 악당일 수 있다고.
최소한 덴마크에서는 그럴 수 있다고 확신하거든.
(그가 쓴다.)

둘째 걸음, 시간의 숲으로 들어가다

여기서 햄릿은 냉혈한 살인자 클라우디우스 왕이 미소를 지으며 돌아다니는 모습을 보고 경악을 금치 못한다. 이는 햄릿에게 기억해야 할 생각, 즉 기록하는 것('써넣는 게')이 현명하다는('좋겠지') 생각을 상기시켜준다. 실제로 공연을 본다면 햄릿을 연기하는 배우가 이 시점에서 뭔가를 적는 것을 볼 수 있을 것이다. 중요한 것을 기록하기 위해 그가 꺼낸 물건이 바로 그가 '나의 테이블들아'라고 불렀던 도구이자 이전 단락에서 언급된 머릿속 복잡한 생각들을 닦아내주는('지워버리고') 도구였다.

그렇다면 테이블은 도대체 무엇일까?

테이블은 유럽에서 15세기 후반에 처음 등장한 혁신적인 도구였다. 필기용 테이블 혹은 테이블 책이라고도 알려진 테이블은 주머니에 들어가는 작은 크기로 특별한 재료를 입힌 종이나 양피지 묶음이었다. 뾰족한 금속으로 글씨를 쓰고 나중에 스펀지로 지워 다시 사용할 수 있었다. 테이블의 전신은 수 세기 동안 쓰여 온 납판wax table이었다. 테이블의 표면은 회반죽과 비슷한 물질로 만들어져 밀랍으로 만든 납판보다 내구성과 실용성이 뛰어났다. 그리고 셰익스피어가 살았던 시대에 끝없이 분주한 삶에 대한 해결책으로 널리 사용되었다. 분주함에 공격당하던 런던과 파리 시민들은 어디나 테이블을 들고 다니며 유용한 정보나 갑자기 떠오르는 생각을 기록했고 해야 할 일들을 적어 확인하는 용도로 사용하기도 했다.

셰익스피어 자신도 테이블을 갖고 있었는지는 모르겠지만 자신의 작품《햄릿》에 등장시키는 수고를 마다하지 않았고 또 그 당시 테이블이 매우 유행했다는 점을 감안하면 그 역시 테이블을 갖고 있었다고 생각하는 것도 무리는 아니다. 끊임없이 작품을 쓰고 (작품에 사용할 단어와 도구를 수집해 기록한다) 직접 무대에 서기도 했으며 (햄릿에서 유령 역할을 맡았다) 사업을 경영하고 (글로브 극장의 공동 소유주 중 한 명이었다) 부업으로 부동산 투자까지 했으며 이 모든 일을 하면서 멀리 떨어져 살고 있던 가족과 친구들에게 틈틈이 연락해야 했던 (그의 아내와 아이들은 런던으로 오지 않고 스트랫퍼드에 남았다) 그에게 테이블은 매우 유용한 도구였을 것이다. 수많은 소네트와 열애설 또한 한몫했을 것이고 그밖에도 얼마나 많은 일들이 있었겠는가. 이처럼 할 일이 산더미 같던 셰익스피어와 당시의 사람들에게 테이블은 신의 선물과도 같았을 것이다. 테이블은 분주한 삶의 끝이 보이지 않는 사소한 일을 관리하는 편리하고 휴대 가능한 도구였으며 당시의 블랙베리이자 아이폰이었다.

2004년 미국의 학술지 〈계간 셰익스피어 Shakespeare Quarterly〉에 실린 논문에 따르면 테이블의 수많은 쓰임새는 다음과 같았다.

시구나 중요한 경구, 새로 배운 단어들을 적어 놓고 설교나 소송 절차, 의회의 토론을 기록하며 대화나 요리법, 치료법, 농담 등을 끼적이고 재정 출납을 기록하고 필요한 주소나 약속을 기록하며 외국 여행 중에 기억하고 싶은 이국적인 관습을 메모하기도 했다.[6]

당시의 테이블 사용자들은 테이블에 대해 침이 마르도록 자랑을 했으며 테이블 없이는 살 수 없다고 단언했다.[7] 셰익스피어와 대략 비슷한 시기에 살았던 프랑스의 위대한 사상가 미셸 몽테뉴는 틈틈이 메모할 수 있는 '테이블이 없으면' 상대방과의 복잡한 대화를 진행시킬 수조차 없다고 말했다. 17세기 초 에드워드 샤팜Edward Sharpham이 쓴 희곡의 등장인물 역시 이렇게 말했다. "그렇다. 나는 어디든 테이블을 들고 다닌다." 테이블은 당시 신세계였던 아메리카 대륙으로도 전파되었고 거기서도 인기를 끌었다. 토머스 제퍼슨도 테이블을 하나 갖고 있었으며 그 인기는 19세기까지 이어졌다.

테이블이 수백 년 동안 일상생활에서 중요한 역할을 했으며 역사상 가장 위대한 인물들 또한 시간과 사고를 정리하는데 테이블의 도움을 받았다는 것을 생각해보면 오늘날 테이블의 존재조차 잊혀졌다는 사실은 놀랍기만 하다.

우리는 보통 새로운 기술이 등장하면 그와 비슷한 기능을 수행했던 과거의 기술은 자동적으로 쓸모없어질 거라고 생각한다. 가장 전형적인 예는 바로 마부가 휘두르던 채찍이었다. 20세기 초 마차가 자동차로 진화하면서 채찍은 더 이상 필요 없게 되었고 사실상 자취를 감추었다. 하지만 신기술이 언제나 옛 기술을 밀어내는 것은 아니다. 새로운 기술이 도입된 후에도 새로운 도구가 따라잡을 수 없는 여러 가지 유용한 기능을 수행하면서 살아남는 옛 기술도 있다.

가장 좋은 예는 경첩이 달린 여닫이문이다. 공상 과학 영화를 볼 일이 생기거든 한 번 잘 살펴보라. 가정집이나 사무실로 사용하는 건물 혹은 '미래'의 우주선에 달려 있는 문은 거의 모두 자동 미닫이문이다. 1920 년대 이후 영화제작자들은 경첩이 달린 여닫이문을 미래에는 볼 수 없을 거라고 생각했다. 왜? 경첩이 달린 구식 문은 열고 닫기가 귀찮기 때문이다. 열고 닫으려면 공간도 많이 필요하다. 자동으로 열고 닫히는 미닫이 문이 있는데 삐걱거리고 촌스러운 구식 여닫이문을 계속 사용할 그럴싸한 이유는 하나도 없으며 날렵하고 미래적인 이미지의 자동 미닫이문을 사용하는 것이 이치에도 맞고 합리적일 것이다. 어쨌든 많은 사람들이 경첩이 달린 문은 곧 자취를 감출 거라고 생각했다.

하지만 누구나 확인할 수 있듯이 경첩이 달린 문은 여전히 많이 쓰이고 있다. 왜 그런 것일까? 미닫이문이 심미적으로 매력적이기는 하지만 잘 들여다보면 미닫이문은 오직 한 가지 기능밖에 수행하지 못한다. 밀어서 열고 닫는 것이 전부이기 때문에 어떻게 보면 재미가 없다. 경첩이 달린 문은 그보다 훨씬 재미있는데 구체적으로 말하자면 문이 차지하는 공간과 그 공간 안에서 문이 움직이는 방법 때문이다. 문 뒤에서 갑자기 나타나면서 다른 사람을 놀라게 할 수도 있다. 쾅 닫으며 화를 표현할 수도 있고 잠든 아기를 깨우지 않으려고 아주 조용히 닫을 수도 있다. 경첩이 달린 여닫이문은 자동 미닫이문이 할 수 없는 방법으로 우리 신체와

둘째 걸음, 시간의 숲으로 들어가다

함께 작동하며 감정을 표현하는 도구가 될 수 있다.

학자이자 작가인 폴 두기드Paul Duguid는 새로운 기술이 언제나 옛 기술을 밀어내거나 대체하는 것은 아님을 증명하기 위해 경첩이 달린 문을 예로 들며 이렇게 말했다. "시간이 흐르면서 여닫이문은 여닫이문의 종말이 임박했다고 생각하던 사람들이 결코 예상치 못한 풍부한 사회적 복잡성을 띄게 되었다(예로부터 미닫이문을 더 많이 사용해 온 사회도 물론 있다. 일본이 대표적이다)."[8]

옛 기술은 예전부터 수행하던 기능을 그대로 수행하면서 살아남기도 하고 아주 새로운 역할을 맡으며 살아남기도 한다. 1950년대에 텔레비전이 등장했을 때 많은 사람들은 라디오가 곧 자취를 감출 거라고 생각했다. 소리와 영상이 '동시에' 나오는 새로운 도구가 있는데 누가 소리만 나오는 구식 라디오를 듣겠는가? 텔레비전은 뉴스와 오락을 제공하며 가족을 한자리에 모이게 하는 중요한 수단으로 라디오를 대체했다. 하지만 라디오에게는 곧 새로운 임무가 주어졌다. 예를 들면 운전 중일 때는 텔레비전 대신 라디오를 듣는다. 정보가 넘쳐 나는 현대사회에서도 많은 사람이 글도 이미지도 영상도 없이 소리만 나온다는 바로 그 이유 때문에 라디오를 즐긴다. 미디어의 홍수를 완화해주는 도구가 된 것이다.

이것이 셰익스피어와 무슨 관계가 있을까? 나는 햄릿이 사용했던 테이블을 스마트폰에 비유했다. 오늘날의 스마트폰처럼 햄릿의 테이블 역시 분주한 삶을 더 잘 관리할 수 있도록 도와주는 새로운 기술이었다. 하지만 이 새로운 기술도 아주 오래된 두 가지 기술을 바탕으로 한다. 첫 번째 기술은 바로 앞에서 언급했던 밀랍을 사용한 납판이었다. 두 번째 기술은 그보다 훨씬 더 오래된 기술로 손으로 직접 글을 쓰는 방법이었다. 그 시기는 손으로 직접 글을 쓰는 경향이 점차 줄어들던 시기라는 것을 기억해야 한다. 손으로 직접 쓰던 수 세기가 지나고 구텐베르크의 인쇄술이 등장했으며 사람들은 즉시 그 진가를 파악했고 인쇄술은 큰 인기를 얻기 시작했다. 미닫이문 학설에 따르면 셰익스피어의 시대에 손으로 직접 글을 쓰는 것은 여러모로 그 역할이 크게 줄었어야 했다.

하지만 그 반대였다. 손으로 직접 글을 쓰는 경향이 오랜 세월이 지나면서 천천히 감소하긴 했지만 오히려 전문적인 필경사만 직접 쓰던 것에서 벗어나 더 많은 사람이 손수 펜을 들었다. 구텐베르크가 발명한 혁신적인 기술이 뿌리를 내리고 있었는데도, 아니 어쩌면 그 기술이 뿌리를 내리고 있었기 때문에 손글씨라는 옛 기술이 새로운 전기를 맞게 된 것이다. 이를 가능하게 했던 몇 가지 이유가 있다. 첫째, 인쇄술이 폭넓게 사용됨에 따라 더 많은 사람이 갑자기 문자를 통한 의사소통 자체에 대해 관심을 보이기 시작했다. 그 이전에는 자신만의 생각을 지면 위에 기록하는 것은 돈이 많고 권력을 가진 사람들의 특권이었다. 도처에 인쇄물이 널려 있게 되자 문자를 통한 의사소통 자체가 전문적이거나 위협적인 것으로 보이는 대신 매력적으로 보이기 시작했다. 보통 사람들도 이 새로운 의사소통 방법에 참여하고 싶어 했으며 참여해야만 했다. 대부분

둘째 걸음, 시간의 숲으로 들어가다

의 사람들은 인쇄 기술을 사용할 수 없었기 때문에 손으로 직접 쓰는 것이 참여할 수 있는 가장 좋은 방법이었다. 글을 읽거나 쓸 수 없었던 많은 사람들이 갑자기 배움의 욕망에 불타올랐다.

이러한 현상에 대해 연구했던 피터 스탈리브래스Peter Stallybrass, 마이클 멘들Michael Mendle, 헤더 울프Heather Wolfe는 이렇게 말했다. "인쇄술의 출현은 손으로 쓰는 문서의 종말을 예고하기는커녕 쓰고자 하는 강력한 동기를 불러일으켰다."[9] 그 결과 필기술에 필요한 모든 종류의 새로운 기술이 인쇄술 이후에 등장했고 그중에는 흑연으로 만든 연필과 만년필도 있었다. 인쇄술은 진정으로 많은 사람들에게 쓰고자 하는 열망을 불어넣었다.

필기술이 유행하게 된 두 번째 이유는 인쇄술의 출현이 가져온 정보의 바다를 헤쳐 나가는데 손글씨가 매우 유용한 방법임이 드러났기 때문이다. 다시 말해 이는 미친 듯이 돌아가는 세상에서 미치지 않고 살아남는 방법이었다. 더 효율적으로 필기할 수 있는 새로운 방법도 개발되었다. 오늘날 우리가 사용하는 필기체의 전신이라고 할 수 있는 '둥그스름한 글씨체'도 같은 이유로 이 시기에 만들어진 것이다.

하지만 구텐베르크 시대 이후에 마음의 짐을 덜어주는 손글씨의 능력을 가장 잘 보여주는 흥미로운 예는 바로 셰익스피어가 햄릿에게 쥐어준 도구였다. 그것은 끝없는 분주함에 대한 뛰어난 방어 수단이자 휴대하기 쉽고 사용하기도 편한 도구로 주변의 소란스러운 세상에 질서를 부여할 수 있도록 도와주었다. 분주하고 복잡한 삶을 사는 사람은 햄릿뿐

만이 아니었다. 글로브 극장에서의 분주한 하루를 마치고 혹은 질서라고
는 없는 런던 시내에서 볼일을 마치고 집으로 돌아온 셰익스피어를 한
번 상상해보아라. 저녁 시간에 틈을 내서 어쩌면 잠자리에 들기 전에 테
이블을 꺼내 그 날 하루 기록한 것을 다시 한 번 살펴볼 것이다. 그리고
테이블 가장자리에 있는 가는 홈에서 금속 펜을 꺼내 남기고 싶은 것에
는 동그라미를 치고 더 이상 필요 없는 것에는 X표를 했을 것이다. 남기
고 싶은 내용은 인용구를 적어 놓거나 단어를 수집하고 재정 출납을 기
록하기도 하는 두툼한 다이어리 같은 곳에 하나씩 옮겨 적었을 것이다.
옮겨 적기를 마치고 작은 스펀지(혹은 손가락 끝에 물을 적셔서)를 꺼내 표면
을 말끔히 지우면 내일을 위한 준비는 끝난다. 전원을 연결해 충전할 필
요도 없다!

  쉽게 지우고 다시 사용할 수 있다는 점은 테이블의 성공에 중요한 요
소였다. 그 누구도 전부 다 다룰 수 없는 무수한 단어가 영구적으로 인
쇄되어 나오는 시대에 테이블은 정확히 그와 반대로 움직였다. 사용자
의 뜻대로 단어를 사라지게 만들어 영혼의 부담을 덜어줄 수 있었던 것
이다. "걱정 마세요." 햄릿의 멋진 도구는 이렇게 속삭였을 것이다. "'모든
걸' 다 알 필요는 없습니다. 중요한 몇 가지만 알면 됩니다."

  테이블은 밀려드는 온갖 정보와 사람을 밀어내주는 도구였다. 주머니
에 테이블을 넣고 다니는 것은 곧 자신이 주도권을 쥐고 있다는 뜻이며
집으로 무엇을 가져갈지 선택할 수 있다는 뜻이었다. 여기서의 집은 실

제 거주하는 문자 그대로의 집과 상징적인 마음의 집 두 가지를 모두 나타낸다. 테이블은 '머릿속globe'에서 일어나고 있는 일을 두 눈으로 직접 볼 수 있는 형태로 드러내주는 도구였으며 마음의 성능을 향상시키는 방법이기도 했다. 햄릿이 자신의 마음을 테이블에 비유하며 쓸데없는 것은 지우고 아주 중요한 문제에만 집중하겠다고 맹세한 것도 바로 이런 맥락이었다. 새롭게 다시 시작하기 위해 내적 혼란을 정리하는 과정이었던 것이다.

워싱턴에 있는 폴저 셰익스피어 도서관Folger Shakespeare Library에서 그 당시의 진짜 테이블을 볼 기회가 있었는데 그중 하나는 《햄릿》이 발표된 후 몇 년 지나지 않았을 때 런던에서 만들어진 것으로 사용법이 아직까지 선명하게 남아 있었다. ("테이블에 적힌 글자를 깨끗이 지우려면 작은 스펀지로…….")[10] 오늘날 서점 계산대 앞에 그 테이블이 놓여 있다고 해도 전혀 이상할 것 같지 않았다. 400년이나 된 그 테이블과 마찬가지로 내 몰스킨 역시 딸깍거리는 키보드 소리와 빛나는 스크린 세상에서 더 이상 쓸모없다고 여겨지는 종이와 필기술이라는 오래된 기술에 의존하고 있다. 하지만 그 두 가지 기술을 사용한다는 바로 그 이유 때문에 이 단순한 수첩이 내 마음을 정리하고 통제해준다.

온갖 단어, 이미지, 소리를 밤낮으로 쏟아내는 스크린과 달리 종이 수첩은 어떤 정보도 전달하지 않는다. 텅 비어 있는 백지는 사용자가 선별한 정보를 손으로 직접 채워 넣어 주기를 기다리고 있다. 예를 들면 나는 어느 날 아침 앞뜰을 거닐면서 그 전날 들었던 마다가스카르에 관해 잘 알려지지 않은 역사적 사실을 떠올렸고 잠깐 보류해 두었던 글쓰기 프로 젝트에 유용하게 쓸 수 있겠다는 것을 깨달았다. 나는 몰스킨을 꺼내 '마다가스카르'라고 적었다. 나의 의식적 선별 작업에서 살아남은 그 정보 가 몰스킨의 한 면을 장식했고 그것을 적는 행위로 인해 정보에 대한 내 관심 또한 높아졌다. 하루 종일 키보드를 두드리는 것에 익숙해지면 한 글자씩 적어 넣는 것이 몹시 촌스럽게 느껴질 수도 있지만 키보드로 입 력하는 정보와 비교해볼 때 기억하기는 훨씬 쉬울 것이다.

디지털 스크린 역시 선별의 도구가 될 수 있지만 스크린은 막아내고 걸러내는 다소 대응적인 도구라고 할 수 있다. 종이 수첩은 디지털 세상 과 연결되어 있지 않기 때문에 방어적인 자세를 취할 필요가 없다. 종이 수첩에 기록할 정보를 선별하는 것은 자주적이고 자발적인 행동이다. 내 자신이 바로 검색엔진이고 알고리즘이며 필터인 것이다. (그렇다고 힘들다 는 뜻은 아니다. 가끔 딴 생각을 하며 아무거나 끼적거리기도 한다.) 테이블과 마찬 가지로 내 몰스킨은 현대를 주름잡고 있는 디지털 기술의 정신적 부담을 덜어준다.

하지만 중요한 차이점이 있다. 16세기에는 정보가 여기저기에 '물리적 으로' 쌓여 있었고 이를 통제하기 위해서는 눈에 안 보이게 치우면 그만 이었다. 그와 반대로 오늘날의 디지털 정보는 실체가 없다는 것이 문제 다. 정보는 어딘가에 존재하고 정보의 양을 수치화하는 단어도 있다. 예를 들어 1엑사바이트는 1조 메가바이트를 뜻한다. 하지만 나한테는 별로 큰 의미가 없다. 그 많은 정보가 정확히 '어디에' 있다는 뜻인가? 그 많은 정보는 어디에나 있지만 또 어디에도 없다. 인간은 육체를 가진 창조물로 오감을 통해 세상을 이해하고 받아들이지만 요즘에는 실체가 없는 디지털 정보의 세계에서 많은 시간을 보내고 있다. 디지털 정보는 우리 곁에 존재하지 않는다. 2차원의 스크린을 통해 들여다볼 수 있을 뿐이다. 인간의 의식 깊은 곳에서 이는 몹시 힘들고 고된 일이다.

내 몰스킨이 지극히 단순했다는 점 또한 의미하는 바가 크다. 내가 처음 몰스킨을 구입했던 이유는 주로 촉각에 끌렸기 때문이다. 크림 빛깔 종이를 내 손으로 직접 느껴 보고 손가락으로 넘겨 보고 싶었다. 그리고 스크린과 불가능했던 상호작용을 하고 싶었다. 물론 감각적인 이유가 전부는 아니다. 몰스킨이 물리적 '실체'라는 점 때문이기도 했다.

오늘날 기술에 대한 통념으로 보자면 종이는 3차원적 매체라는 사실, 즉 바이트가 아니라 원자로 이루어져 있어 공간을 차지한다는 사실이 커다란 약점이 될 수 있다. 인간과 마찬가지로 종이 역시 실체가 있으며 물리적 세계에 존재한다. 내 몰스킨은 디지털 자료처럼 몇 초 만에 중국까지 날아갈 수 없다. 하지만 디지털 도구의 장점(군중을 가까이 끌어당기는 능력)이 곧 약점이 되는 것처럼 종이의 약점 또한 장점이 될 수 있다.

인간과 기술의 상호작용에 대한 한 연구에 따르면 인간은 물리적 실체가 있는 대상과의 상호작용을 더 선호한다. 물리적 실체가 있는 3차원적 도구는 몇 가지 중요한 점에서 인간의 마음에 더 쉽게 작용한다.[11] 3차원적 도구는 직관을 일깨운다. 열댓 가지 서로 다른 문서가 층층이 열려 있는 스크린을 떠올려 보라. 마우스와 키보드만 가지고 그 모든 문서를 처리하고 정리하려면 얼마나 힘들겠는가. 가끔 스크린 안으로 손을 뻗어 문서들을 움켜쥐고 싶은 생각이 들지도 모른다. 하지만 그럴 수 없다. 우리는 스크린 안에서 갈 길을 제대로 찾는 데에만 엄청난 에너지를 소비한다. 실체가 있는 종이는 손과 손가락만 있으면 쉽게 그 길을 찾을 수 있으며 뇌 또한 자유롭게 사고할 수 있도록 돕는다. 실체가 있는 수첩은 인간의 신체와도 잘 어울린다. 3D 효과를 내기 위해 안달하는 스크린보다 종이가 어떤 면에서는 시대에 앞서 있다고 할 수 있다. 종이와 이를 둘러싼 세상은 이미 3D가 아닌가.

속도가 곧 미덕인 오늘날 종이 수첩의 또 다른 장점은 바로 디지털 세상과 연결되어 있지 않다는 단순한 사실이다. 그렇기 때문에 정보의 속도를 늦추고 마음을 여유롭게 한다. 스크린 안의 활동은 늘 변화하며 덧없이 사라진다는 점에서 매우 가볍다. 하지만 가끔은 무겁게 가라앉을 필요도 있다. 몰스킨 안에 들어 있던 작은 광고지에는 '분주한 삶을 붙잡을 수 있는' 방법이라고 쓰여 있었다. 몰스킨을 통해 내 마음속에서 그리고 지극히 가벼운 디지털 세상에서 끌어낸 생각에 물리적 실체와 안정성을 부여할 수 있다. "그래, 너는 존재해. 너는 이 세상에 존재할 만한 가치가 있어." 수첩에 적힌 생각이 결국 하드 드라이브에 자리를 잡느냐는 중요하지 않다. 중요한 것은 하드 드라이브에 저장되기 전, 즉 아이디어가 무르익고 있을 때 수첩을 펼치고 내 안에서 가장 멋진 생각을 끌어내는 과정이다. 종이 수첩은 비록 오래된 도구지만 경첩이 달린 문과 마찬가지로 새로운 도구가 해낼 수 없는 일을 할 수 있다.

햄릿의 테이블과 내 몰스킨의 공통점은 다음과 같다. 둘 다 다양한 자극과 정보가 판치는 혼란스러운 세상을 통제하는 효과적인 수단이라는 것이다. 셰익스피어는 분주하고 복잡한 시대를 살았으며 인쇄술의 압력 또한 만만치 않았다. 오늘날 우리를 짓누르는 것은 꽉 찬 메일함, 쉬지 않고 울려대는 휴대전화, 실체도 없는 디지털 정보다. 과거든 현재든 중요한 문제는 감당하기 힘든 네트워크와 이를 차단해 균형을 되찾고자 하는 인간의 기본 욕구다.

인간의 맥시멀리즘적 성향을 일깨우는 새로운 기술의 등장은 역사 속에서 되풀이되어 왔다. 그와 동시에 인간은 조용히 그리고 끈질기게 균형을 찾기 위해 노력해왔다. 지금 우리에게 필요한 것은 정신을 똑바로 차릴 수 있도록 도와주고 새로운 기술이 선사하는 미래로 건너갈 수 있게 해주는 다리가 아닐까.

스티븐 그린블랫에 따르면《햄릿》의 가장 위대한 성과 중 하나는 바로 '자기 성찰의 충실한 묘사'[12]다. 셰익스피어는 개인이 어떤 문제와 씨름하고 있을 때 그의 마음속에서 역동하는 진짜 생각을 붙잡을 수 있는 새로운 방법을 발견했다. 햄릿의 자기 성찰이 바로《햄릿》의 핵심이며 그는 테이블을 통해 자신의 마음속으로 들어가고자 했다. 외부 세상에서 들은 충격적인 소식(초자연적인 유령이 바로 외부 세계를 상징한다)을 해결하기 위해서라도 반드시 그 안으로 들어가야 했다. 햄릿은 그 안에서 다른 모든 책을 없애고 '내 두뇌의 책' 한 가지만 남김으로써 '이 산란한 세상'에 질서를 부여하고자 했다. 그리고 잔인한 삼촌에 대한 생각을 기록한 다음 테이블을 치우며 새로운 다짐을 한다. "그래, 삼촌이란 작자, 그렇다 이거지. 이제 내 표어는." 이렇게 머릿속을 정리한 다음 눈앞에 닥친 문제로 돌아와 복수를 결심한 것이다.

하지만 햄릿은 그 결심을 지키지 못했고 상황 또한 그에게 불리하게 돌아갔다. 햄릿이 만약 테이블을 조금 더 자주 사용했다면 (테이블은 그 후로 연극이 끝날 때까지 다시 등장하지 않는다)《햄릿》의 결말이 달라졌을지 누가 알겠는가.

둘째 걸음, 시간의 숲으로 들어가다

Chapter 09
삶의 질서를 창조하라
벤저민 프랭클린의 긍정 습관

"새로운 도구를 잘 활용하기 위해서는 오랜 훈련이 필요하다."

디지털 중심의 삶에 대한 해결책 중 가장 기대가 컸던 한 가지는 바로 '이메일 없는 금요일no-e-mail Fridays'이었다. 몇 년 전부터 수많은 연구와 언론 매체는 '이메일 없는 금요일'이 직원들의 집중력과 효율성을 높일 수 있는 방법이라며 대대적으로 보도하기 시작했다. 하지만 여러 기업과 조직은 그보다 훨씬 전부터 그와 비슷한 다양한 방법을 시도해왔다. 정보의 홍수로 인해 생산성이 떨어져 대략 수천 억 달러의 손해를 입고 있었기 때문에 이에 대한 조치가 분명 필요하다고 느꼈던 것이다.

'이메일 없는 금요일'은 너무 간단한 방법이었기 때문에 더욱 관심을 끌었다. 일주일에 하루는 전 직원이 이메일을 확인하지 않는 것이다. 이 방법대로라면 정신적 스트레스가 감소하고 집중력이 높아지며 일대일 상호작용 또한 활발해져야 했다. 이는 1990년대 후반에 널리 유행하며 직장 내 복장에 관한 사고방식을 바꾸었던 '금요일 캐주얼 데이casual Fridays'를 모방한 것이었다. 복장에서 효과를 보았다면 스크린에서도 마찬가지 아닐까? 몇 달만 지나면 일주일에 하루는 다들 자연스럽게 이메일을 들여다보지 않을 것이며 휴식이 필요하다고 느끼는 직원은 금요일이 아니더라도 언제든 긴장을 늦추고 잠시 쉴 수 있을 것이다. 그러면 모든 문제는 해결되는 것이다.

하지만 그런 일은 일어나지 않았다. '이메일 없는 금요일'을 성공적으로 안착시킨 기업이나 조직에 관한 보도가 간간히 있긴 하지만 그 방법이 광범위하게 채택되거나 받아들여지지는 않았다. 오히려 대놓고 규칙을 위반하거나 몰래 이메일을 확인하는 직원에 대한 뉴스가 훨씬 많았다. 직원들을 돕기 위해 도입된 정책이었지만 정작 직원들은 그렇게 생각하지 않았다.

"직원들은 니코틴에 중독된 흡연자처럼 하루라도 이메일을 확인하지 않는 것을 못견뎌 했다"고 〈월스트리트저널〉은 보도했다.[1] 캘리포니아의 어느 첨단 기술 기업에서는 이메일 확인을 하루 15분 이하로 제한하는 정책을 실시했는데 보통 하루에 수백 통의 이메일을 보내는 한 직원은 결국 그 정책을 어기고 말았다. 그리고 인터뷰에서 이렇게 말했다. "이건 꼭 속도위반과 같아요. 규칙이 있다는 건 알지만 전투의 한가운데 있다 보면 자기도 모르게 달려들게 되죠."

이는 곧 디지털 기술이 직장을 전쟁터로 만들었다는 것을 뜻하기도 했다. 규칙을 위반하는 직원에 의하면 참호를 파고 그 안에 잠복해 있는 것 말고는 다른 방법이 없다는 것이다. 또한 '이메일 없는 금요일' 정책을 도입했다고 해서 올 이메일이 오지 않는 것도 아니다. 이메일을 확인하지 않으면 업무에서 뒤처지게 되는데 누구도 그런 상황은 바라지 않았다. 그리고 이메일은 여전히 가장 쉽고 빠른 의사소통 수단이다.

이것이 직원들의 보편적인 모습이다. 사무실 안에서나 사무실 밖에서나 늘 디지털 네트워크에 연결되어 있다. 그리고 일단 네트워크에 발을 들이면 빠져나오기가 매우 힘들다. 디지털 관성 혹은 바람직하지 못한 업무 습관 때문에 직원들은 언제나 몽롱한 상태다.

문제는 우리에게 선택권이 없다는 사실이다. 똑같은 질문을 하루에도 몇 번씩 받아야 하는 고객서비스센터 직원이나 자신의 디지털 도구에 빠져 고객을 모르쇠하는 상점 판매원이나 전부 마찬가지다. 고객은 아마 이렇게 생각할 것이다. '이 회사는 도대체 정신이 있는 거야 없는 거야. 이렇게 자기 일에 집중도 못하는 사람을 직원으로 쓰다니 말이야.' 하지만 어디나 똑같다. 디지털 장비가 갖춰진 교실에 앉아 있는 학생이나 선생님이나 자기 일에 집중하지 못하는 것은 마찬가지다. 스크린에 한눈파는 운전자는 신호도 무시한 채 씽씽 달리고 중앙분리대를 넘나들며 여러 사람을 위험에 빠뜨린다. 그리고 스크린에서 한시도 눈을 떼지 않음으로써 전쟁터와 같은 직장의 기운을 집으로 고스란히 가져온다.

이러한 악순환은 다스릴 수도 없고 피할 수도 없다. 부정적인 사람들은 이러한 상황이 결코 바뀌지 않을 거라고 비관한다. 중년층은 디지털 원주민(스크린과 함께 성장한 대략 30세 이전의 사람들)이 한 가지 생각에 집중하거나 대화가 불가능한 완전히 새로운 인간형이라고 불평한다. 나는 그 새로운 인간형을 호모 디스트랙투스Homo distractus(정신이 산만하고 집중하지 못하는 인간이라는 뜻으로 저자가 새로 만든 말-옮긴이)라고 명명했다. 중년의 아저씨들은 그것이 바로 인류의 미래이니 적응할 수밖에 없지 않느냐고 투덜거리지만 그들 역시 자기 휴대전화를 시도 때도 없이 확인한다.

그러나 이러한 패배주의식 태도는 문제를 필요 이상으로 악화시킬 뿐이다. 이메일에 대한 정신적 부담을 덜어주려는 기업의 노력은 넓은 의미로 보면 우리가 여전히 디지털 기술 사용법을 파악하는 초기 단계에 있다는 것을 보여준다.

많은 사람들이 오래된 도구를 사용하는 것은 당연히 쉽다고 생각하지만 그 오래된 도구도 처음에는 오랜 적응기간이 필요했다. 전화기가 처음 등장했던 19세기 말에 사람들은 전화가 일방적으로 듣기만 하는 이상한 기계라고 생각했다. 초창기 유럽의 전화 서비스는 오페라나 다른

둘째 걸음, 시간의 숲으로 들어가다

실황 공연을 공연장에 가지 않고도 집에서 즐길 수 있는 방법이라고 홍보했다. 물론 시간이 흐르면서 전화는 결국 일대일 의사소통을 위한 도구가 되었다. 전화 사용법이 시간과 함께 진화한 것이다. 20세기에 이르자 사람들은 전화벨이 울리면 하던 일을 멈추고 무조건 전화를 받았다. 사람들은 벨 소리의 노예가 되었다. 옛날 영화를 보면 사업가나 기업의 중책을 맡은 인물이 너무 바쁘다는 것을 표현하기 위해 서너 개의 수화기를 한꺼번에 들고 있는 장면을 종종 볼 수 있다. 그로부터 10여 년이 지나자 자동 응답기와 음성 사서함이 등장했다. 이는 진정한 의미에서 일상생활의 진보라고 할 수 있다. 우리는 새로운 전화 사용법을 '여전히' 배우고 있다. 휴대전화 도입 초기의 말도 안 되는 상식과 매너(사람들은 브로드웨이 공연장에서도 거리낌 없이 통화를 했다)가 줄어드는 것도 우리가 여전히 휴대전화 사용법을 배우는 과정에 있다는 것을 뜻한다.

기술에 대한 배움은 결코 끝나지 않는다. 새로운 도구의 등장은 늘 3가지 범주의 문제를 야기한다. 첫째, 기능적 측면이다. 이 도구가 우리에게 무엇을 해줄 것인가? 가장 잘 사용하는 방법은 무엇인가? 둘째, 행동적 측면이다. 이 도구를 사용하기 위해 바꿔야 할 오래된 습관이나 습득해야 할 새로운 습관이 있는가? 마지막 세 번째 측면은 새로운 도구를 사용하기 시작하는 초기 단계에서 종종 경시되는 문제기도 하다. 바로 내적 혹은 '인간적' 측면이다. 이 도구가 나와 내 경험에 어떤 영향을 끼칠 것인가? 이 도구가 내 사고방식을 바꿀 것인가? 이 도구가 하루의 리듬을 바꿀 것인가? 이 도구를 사용하면 삶이 더 빨라질 (혹은 느려질) 것인가? 이 도구가 내가 하는 일에 영향을 끼칠 것인가? 가정생활에는? 만약 그렇다면 좋은 영향일까 나쁜 영향일까?

이 세 번째 측면의 문제가 결국 가장 중요한 문제이며 이 부분에서 문제가 발생하고 나서야 우리는 그때까지의 기술 사용법에 문제를 제기하고 새로운 접근법을 찾기 시작한다. 거대 기업들은 디지털 홍수가 기업의 이윤을 감소시킨다는 것을 깨닫고 나서야 이에 대해 걱정하기 시작했다. 기업의 생산성에 문제를 일으키는 측면도 바로 이 인간적인 측면이다. 직원들의 '마음 상태'가 나쁘기 때문에 생산성이 감소한 것이다. 이 세 번째 측면을 무시하는 것은 바로 문제를 자초하는 것이기도 하다.

그렇다면 '이메일 없는 금요일'이라는 제도는 바로 그 내적이고 인간적인 측면을 목표로 했는데 왜 성공하지 못한 것일까? 사실 이런 방법은 제도가 습관을 형성하고 습관이 곧 생산적이고 행복한 삶의 토대가 된다는 예로부터 전해 내려오는 지혜를 기초로 한 것이다. 아리스토텔레스는 2000년도 훨씬 이전에 이렇게 말했다. "우리는 곧 우리가 되풀이하는 행동과 같다. 그러므로 탁월함은 의도된 행위가 아니라 반복된 습관에서 비롯된다." 그렇기 때문에 제도만 마련하는 것은 다시 말해 정해진 시간에 특정한 방법으로 특정한 행동을 수행하기만 하는 것으로는 충분하지 않다. 변화를 추진하는 제도의 힘은 '제도를 따르는 사람'에게 그 제도가 어떤 의미인가에 달려 있다. 제도를 통해 뿌리 깊은 행동 양식을 바꾸기 위해서는 개개인의 마음속에 반드시 변해야 한다는 신념이 있어야 한다. 이것은 바꿀 수 있는 '방법'의 문제가 아니라 바꿔야만 하는 '이유'에 관한 문제다. 내적 변화는 내적 확신에서 나오기 때문이다.

벤저민 프랭클린보다 이 문제에 대해 더 잘 조명한 사람은 없을 것이다. 그는 '이메일 없는 금요일'을 비롯한 온갖 디지털 다이어트가 제시하는 모든 조언을 온몸으로 체화했다. 명석함과 생산성의 대명사로 통하는 프랭클린은 끊임없는 일과 책임 속에서 정신없이 바쁜 삶을 살았다. 그는 개인적 규범의 위대한 대가로 규범을 통해 나쁜 습관을 물리치고 지나치게 확장되어 있던 삶을 잘 통제했다. 그는 여러 분야에서 쌓은 수많은 업적과 그 과정에서 누렸던 만족감이 인생 초기에 자신이 개발했던 특별한 규범 덕분이라고 생각했다.

오늘날 스크린에서 직원들을 떼어 놓으려는 시도는 직원들의 의지에 상관없이 제도만 도입하면 부정적인 습관이 사라질 거라는 가정을 전제로 한다. '전 직원이 금요일에는 이메일을 사용하지 않는 정책을 잘 따른다면 결국 우리 모두 받은편지함에 덜 집착하게 될 것'이라고 말이다. 하지만 프랭클린은 다른 방법으로 접근했다. 그는 버리고 싶은 부정적인 습관뿐만 아니라 이를 대체할 긍정적인 성품과 변하고자 하는 내적인 이유도 명확히 했다. 그랬기 때문에 스스로 세운 규범의 도움으로 긍정적인 목표를 향해 부정적인 습관을 고쳐 나갈 수 있었다. 그에게는 내적 확신이 있었고 그 확신이 모든 변화를 이끌었다.

1726년 여름, 20세의 프랭클린은 런던에서 필라델피아로 가는 배를 타고 있었다. 지난 몇 년 동안 인쇄소에서 일하며 런던에 머물렀다가 고향으로 돌아가는 길이었다. 구텐베르크의 인쇄기가 발명된 후 300년이 지났고 셰익스피어 시대의 사회적 혼란과 계급적 긴장은 대부분 해소되고 없었다. 모든 사람이 글을 읽고 쓸 수 있는 것은 아니었지만 과거에 비해 문맹률은 확실히 줄어들었다. 프랭클린 역시 평범한 집안에서 태어났지만 (프랭클린의 아버지는 동물 기름으로 양초와 비누를 만들어 팔았다) 자라면서 닥치는 대로 책을 읽었고 구텐베르크의 인쇄업에도 직접 뛰어들었다.

프랭클린이 살던 시대는 새로운 네트워크 기술이 인간의 마음과 사회를 뒤흔들던 시대가 아니라는 점에서 앞의 사례와는 또 다르다. 18세기에는 그전까지 사용했던 여러 가지 기술이 체계적으로 자리 잡힘에 따라 사람들의 생각이 다양한 수단을 통해 시간과 공간의 구애를 받지 않고 이동할 수 있었다. 말, 마차, 배 같은 교통수단이나 우편제도, 신문, 책 등이 이러한 역할을 수행했다. 이 시기는 프랭클린을 비롯한 위대한 과학자들이 혁신적인 기술의 기초를 닦은 시기이기도 했지만 그 새로운 기술은 아직 먼 미래의 일이었다.

군중을 불러 모으는 새로운 기술은 없었지만 그때도 역시 다른 방식으로 몹시 분주한 사회였다. 18세기는 종교와 전통에 의한 구질서에 반기를 들고 이성의 힘으로 진실을 발견할 수 있다고 믿는 문화와 지적 소요의 시대, 즉 계몽주의의 시대였으며 프랭클린은 바로 이 시대를 살았다.

이 시기는 아이작 뉴턴, 볼테르, 토머스 페인, 애덤 스미스와 같은 위대한 사상가들이 과학, 철학, 정치, 경제를 비롯한 많은 분야에서 대담하고 새로운 사상을 탐험했던 시기였다. 그리고 그 새로운 사상은 두 가지 혁명의 기원이 되었다. 하나는 미국의 독립 혁명이었고 또 하나는 프랑스혁명이었다. 젊은 프랭클린은 이 변화의 한복판에 열정적으로 뛰어들었으며 이후의 삶을 근본적으로 군중 속에서 살았다. 타고난 사교성과 함께 사람들 틈에서 멀어지는 것을 끔찍이 싫어했던 프랭클린은 이 시대에 딱 어울리는 사람이었다. 프랭클린의 자서전을 집필한 월터 아이작슨_{Walter Isaacson}은 이렇게 말했다. "계몽주의의 근본 사상 한 가지는 다른 인간과의 사교적 친밀함이었다. (…) 그리고 프랭클린은 이러한 관점을 가장 잘 보여주는 대표적인 인물이었다."[2]

이것이 바로 프랭클린의 이야기가 오늘날에도 중요한 이유다. 당시에 새로 등장한 기술은 없었지만 그는 오늘날 우리가 가진 스크린에 대한 열망과 비슷한, 네트워크와 그 네트워크가 초래하는 분주함에 대한 강한 열망을 갖고 있었다. 그는 늘 바깥세상을 바라보며 오늘날의 소셜 네트워크와 비슷한 18세기의 사회적 네트워크를 추구했다. 프랭클린이 초창기에 신문사에서 기자로 일할 때 사용했던 필명 중 하나는 바로 자기 자신을 완벽하게 묘사한 '바쁜 사람_{busy-body}'이었다.

하지만 런던에서 필라델피아까지의 오랜 항해 도중에 그는 철학적 자기 성찰로 많은 시간을 보내며 일생 동안 마음에 새기게 된 두 가지 통찰을 얻었다.[3] 프랭클린은 배 위에서 주로 친구들과 카드놀이를 하며 시간을 때웠는데 몇 주 후에 친구 한 명이 사기를 치고 있다는 사실이 드러났다. 친구들은 그에 대한 벌로 술 2병을 사라고 요구했고 그가 거절하자 친구들은 그를 '제명'하기로 결정했다. 프랭클린이 나중에 기록한 바에 따르면 '함께 놀거나 먹고 마시지 않기, 혹은 전혀 대화하지 않기'였다. 잘못을 저지른 친구는 곧 브랜디 2병을 샀고 프랭클린은 배 위에서 쓴 일기에 그 이유를 다음과 같이 이해하고 설명했다.

인간은 사회적 존재이며 (…) 최악의 형벌 중 하나는 사회에서 격리되는 것이다. 나는 고독에 관한 좋은 글을 많이 읽었는데 현명함을 가장하는 사람은 혼자 있을 때조차도 결코 외롭지 않다고 으레 떠벌린다는 사실을 알고 있다. 고독이 분주한 마음을 환기시켜준다는 것은 인정하지만 언제나 혼자여야 한다는 생각은 터무니없는 생각이라는 것이 곧 밝혀질 것이다.

한마디로 말하자면 바로 이것이다. "나에게 언제나 군중을 주시오." 프랭클린은 빈틈없는 네트워크에 대한 자신의 열망이 옳다고 믿었다. 하지만 바로 그 항해에서 프랭클린은 그와는 정반대의 통찰도 얻었다. 그는 지금까지 자신의 삶이 너무 어수선하며 전혀 균형이 맞지 않다는 사실을 깨달았다. 재정 상태나 인간관계도 엉망이었고 직업도 원하는 대로 풀리

둘째 걸음, 시간의 숲으로 들어가다

지 않았다. 하지만 프랭클린은 뭐가 문제인지 알고 있었다. 그는 너무 많은 방향으로 줄기차게 뛰어다니고 있었다. 프랭클린은 이렇게 말했다. "나는 내 삶에 대해 결코 장기적인 설계를 한 적이 없다. 삶 전체가 일관성이 없고 서로 다른 장면이 혼란스럽게 뒤섞여 있을 뿐이다."[4]

군중 속에서 너무 많은 시간을 보내는 연속선 상의 오메가쪽 끝의 삶은 그에게도 행복과 성공을 보장하지 못했다. 우리와 마찬가지로 그 역시 스스로 초래한 분주함의 희생자였다.

인간의 자유에 관한 대담하고 혁신적인 사상이 감돌았던 시대에 프랭클린은 진정으로 자유롭기 위해서는 외적인 압력뿐 아니라 내적인 압력 또한 이겨내야 한다는 것을 깨달았다. 내적 압력은 우리가 성취할 수 있는 모든 것을 성취하지 못하게 하는 나쁜 습관이다. 프랭클린에게 그 시기는 산산이 흩어졌던 자신에게 집중했던 시기였으며 자기만의 규범을 세운 시기이기도 했다. 프랭클린은 자신의 근본적인 문제가 충동을 억제하는 법을 배우지 못한 것임을 깨달았다. 그의 분주했던 외부 지향적인 삶은 그에게 많은 유혹의 미끼를 던졌고 그는 그 많은 미끼들을 덥석 물었다. 가장 대표적인 예는 성적 충동으로 인한 문제였다. 다른 사람은 종교에라도 의지할 수 있었지만 프랭클린은 무신론자였다. 하지만 철학에는 몹시 관심이 많았다. 그래서 프랭클린은 자신이 빠진 딜레마에서 탈출하기 위해 철학으로 눈을 돌렸다.

프랭클린은 플라톤의 《대화편》을 모델로 한두 편의 허구적 대화를 집필했는데 충동을 억제하지 못하는 호레이쇼라는 남자와 이성을 따르는 그의 친구 필로클레스의 언쟁에 대한 내용이었다.[5] 호레이쇼는 욕구에 따르는 것이 자연스러운 것이라고 주장했다. 본능적으로 갈망하는 것을 억제하는 것은 불합리하다는 것이다.

이에 필로클레스는 잘못 생각하고 있는 사람은 바로 호레이쇼라고 답한다. 그리고 금욕은 자신의 충동을 따를 때 얻는 것보다 '훨씬 더 큰' 기쁨을 가져다준다고 말한다.

쾌락을 추구하는 호레이쇼는 더 큰 기쁨이라는 말에 몹시 솔깃해져 그것이 정확히 어떻게 가능한지 설명해달라고 부탁한다.

필로클레스는 이렇게 대답한다. "자신의 건강과 부와 세상의 이치에 맞지 않는 것을 하지 않기만 하면 된다네. 그렇지 않으면 자네는 쾌락의 가치보다 더 큰 대가를 치러야 할 것이네. 쾌락을 추구하는 사람은 얻는 것보다 잃는 것이 더 많네."

필로클레스는 그보다 훨씬 좋은 방법을 제안하기도 했는데 바로 '철학적 금욕'을 실천함으로써 충동을 억제하고 관리하는 방법이었다. 철학적 금욕은 결과적으로 더 큰 것을 얻을 수 있다는 것을 인지함으로써 특정한 욕망에 저항하는 것이다. 여기서 가장 중요한 단어는 바로 '철학적'이라는 단어다. 프랭클린은 금욕에 성공하기 위해서는 자기 안에서 먼저 이를 이해하고 받아들여야 한다고 말했다. 충동에 굴복하는 것보다 저항하는 것이 더 이롭다는 사실을 먼저 이해해야 한다. 진심으로 이해하고

둘째 걸음, 시간의 숲으로 들어가다

믿게 되면 그때부터는 식은 죽 먹기다. 이전에는 따분하고 융통성 없어 보였던 삶의 방식이 쾌락을 추구하는 것보다 더 쾌락적인 삶의 방식이 된다.

이러한 실용적인 접근법이 프랭클린에게 매력적으로 다가왔고 프랭클린은 이를 잘 실천했다. 프랭클린은 자신이 이제 막 창간한 신문에 호레이쇼와 필로클레스의 대화를 실은 다음 자기 계발을 위한 원대한 계획을 세우기 시작했다. 그는 단지 나쁜 습관을 고치는 것이 아니라 철학적 금욕을 실천하기로 결심했다. 그리고 자신을 들여다보며 나쁜 습관을 없애고 삶을 더 풍요롭게 만들어줄 좋은 성품이 무엇일지 생각해보았다. 그리고 13가지 덕목과 이를 갖추기 위해 필요한 행동 지침을 적었다.

1. 절제 – 배부르도록 먹지 마라. 취하도록 마시지 마라.

2. 침묵 – 자신이나 타인에게 유익한 말만 하라. 쓸데없는 대화를 피하라.

3. 규율 – 모든 물건은 제자리에 두어라. 모든 일은 제때에 하라.

4. 결단 – 해야 할 일은 실천할 것을 결심하고 결심한 일은 반드시 실행하라.

5. 검약 – 자신이나 남에게 이로운 일에만 돈을 써라. 쓸데없이 낭비하지 마라.

6. 근면 – 시간을 낭비하지 마라. 언제나 유익한 일을 하라. 불필요한

행동을 삼가라.

7. 성실 – 타인을 속여 상처를 주지 마라. 결백하고 공정하게 생각하라. 말할 때도 그렇게 하라.

8. 정의 – 타인을 모욕하거나 해야 할 일을 하지 않음으로써 타인의 이익을 해치지 마라.

9. 중용 – 극단을 피하고 당연하다고 생각되는 경우에도 화를 자제하라.

10. 청결 – 신체, 의복, 주택을 불결하게 하지 마라.

11. 평온 – 사소한 일이나 피할 수 없는 사고에 흥분하지 마라.

12. 순결 – 성관계는 건강과 자손을 위해서만 하라. 그로 인해 심신이 둔해지거나 약해지지 않도록 하고 자신이나 타인의 평화 혹은 명성에 해가 되지 않도록 하라.

13. 검양 – 예수와 소크라테스를 본받으라.

프랭클린에게는 이 13가지 목표를 추구하고 진행 상황을 확인하기 위한 방법이 필요했다. 그래서 햄릿처럼 상아빛 테이블에 각각의 덕목을 하나씩 정성 들여 표로 그렸다. 그리고 오늘은 어땠는지 매일 기록했다. 만약 검약이라는 덕목을 잘 지키지 못했다면 그 옆에 까만색으로 표시했다.

프랭클린은 이 규범을 '도덕적 완전함에 이르기 위한 담대하고 험난한 계획'이라고 불렀으며 이름에서도 알 수 있듯이 이는 매우 어리석어

둘째 걸음, 시간의 숲으로 들어가다

보일 만큼 야심찬 계획이었다. 어떤 성인이라도 프랭클린의 덕목을 모두 지키기는 쉽지 않았을 것이다. 하지만 한 가지, 섹스에 관해서만은 '건강을 위해서'라는 광범위한 기준으로 해석의 여지를 남겼다. 프랭클린 자신도 나중에는 자신이 너무 터무니없는 계획을 세웠다는 것을 깨닫고 몇 가지 덕목을 느슨하게 수정하기도 했으며 몇 년 후부터는 아예 점검표를 그리지도 않았고 모든 덕목을 다 지키지도 못했다. 하지만 남은 일생 동안 언제나 그 목록을 들고 다니며 아직도 이를 이루기 위해 노력하고 있다는 것을 상기시키는 지표로 삼았다.

말년에 이르러 자서전을 집필하며 삶을 되돌아보던 프랭클린은 그 규범이 지금의 자신을 만들었다고 말했다. 프랭클린의 말대로 '이 작은 책략'이 그 안에 훌륭한 습관을 심었고 그 습관이 그의 건강과 재정적인 성공과 그가 자신의 삶에서 가치 있게 여겼던 모든 훌륭한 업적의 토대가 되었다. 프랭클린은 한 가지 분야에서만 뛰어난 업적을 이룬 것이 아니라 수많은 분야에서 능력을 펼쳐 보였다. 프랭클린은 유능한 사업가였고 훌륭한 기자이자 저술가였으며 연구를 멈추지 않았던 과학자이자 발명가였다. 또한 영향력이 큰 공무원이었고 현대 민주주의 탄생에 결정적인 역할을 했던 정치가였다. 이 많은 일 중에서 한 가지만 잘 했어도 대단했을 테지만 그는 이 모든 일을 다 해내고 그 과정을 즐기기까지 했다. 믿기 어려울 정도다. 비록 터무니없이 바쁘긴 했지만 프랭클린은 목표를 이루기 위해 시간과 재능과 에너지를 차분히 분배했다. 그의 전기 작가 칼 밴 도런 Carl Van Doren 은 이렇게 말했다. "프랭클린의 힘은 처음부터 끝까지 융통성 있는 마음의 평정에서 나왔다. (…) 그는 유머러스한 통솔력으로 자신의 삶을 헤쳐 나갔다."[6] 그리고 프랭클린은 자신의 규범을 널리 알리고 다른 사람들 역시 "전례를 따라 이익을 얻으라"[7]고 촉구했다.

하지만 많은 사람들이 그가 세운 규범이 너무 금욕주의적이고 자족적이며 경건한 체하는 규범이라고 조롱했다. 소설가 D. H. 로렌스는 "그는 덕목의 목록을 만들고 그 덕목 안에서 마치 마구간에 딸린 작은 방목장의 늙은 말처럼 종종거렸다"고 말했다.[8] 만약 그 규범이 딱딱한 위선에서 나왔다면 프랭클린 자신도 결코 지키지 못했을 것이다. 하지만 프랭클린은 청교도가 아니었으며 (그는 쾌락을 즐겼다) 유머 감각도 있었다. 그의 이야기가 오늘날에도 매우 유쾌한 이유는 여기에 있다. 물론 교훈적이기도 하다. 너무 많은 사람들이 스크린을 향한 충동을 억제하려고 노력하고 있는 지금 문제는 바로 이것이다. 왜 '우리가 만든 제도는' 프랭클린의 규범처럼 성공하지 못하는가?

인간의 본성을 이해했던 프랭클린은 제도가 성공하기 위해서는 믿음에 기초해야 한다는 사실을 알고 있었다. 그러나 믿음은 고위 경영진이나 넓게는 이 세상이 심어줄 수 없다. 믿음은 내면에서 나오는 것이다. 그것이 바로 '철학적 금욕'의 전부다. 현재의 습관을 바꾸기 위해서는 오래된 습관을 고수할 때보다 더 많은 것을 얻을 수 있다는 사실을 믿어야 한다. 프랭클린은 이 원칙을 자기 자신에게 적용했다. 그의 규범은 자기

반성을 통해 생각해낸 긍정적인 목표였으며 그러한 덕목 없이 즐길 때보다 더 큰 행복을 가져다주었다.

또한 그는 첫 번째 목표를 자신의 현재 습관만 상기시켜줄 부정적인 문장인 '취하도록 마시지 마라'가 아니라 '절제'하라고 했다. 왜 그랬을까? 음주를 즐겼던 프랭클린에게는 자신에게 득이 된다고 믿을 수 있는 긍정적인 목표가 필요했다. 절제는 한 번에 끊는 것이 아니라 중용이며 훌륭하고 기분 좋은 목표다. 프랭클린은 규범의 모든 항목에서 이런 식으로 의지를 강화할 수 있도록 긍정을 강조했다. '하지 말아야' 할 것에 관한 지침은 부수적이다. 그는 수다를 떠는 습관을 고치기 위해 단지 말을 줄이는 것이 아니라 그보다 매력적인 목표인 '침묵'을 적극적으로 추구했다. 사소한 일이나 하찮은 일을 무시하기 등 실천하기 어려운 지침보다는 '평온'을 목표로 삼았다. 평온함을 원하지 않는 사람이 누가 있을까? 프랭클린은 나중에 목록을 살펴볼 때마다 자기가 무슨 생각을 할지 정확히 알고 있었다. "그렇다. 나는 이 모든 것을 '원한다.' 그것이 나의 삶에 더 이롭다."

그리고 이것이 바로 '이메일 없는 금요일'에서 부족한 점이다. '이메일 없는 금요일'은 이름 자체도 부정적이지만 (직원들이 중독되어 있는 바로 그것을 금지한다) 그 부정적인 이름 때문에 전체적인 개념 또한 부정적으로 다가온다. 또한 직원들이 단지 편지함을 확인하는 것에 지쳐 있으며 하루만 쉬게 해주면 몹시 감격할 거라고 가정했다. 사실 이 문제는 그렇게 간단한 문제가 아니다. 우리는 이메일을 사랑함과 '동시에' 미워한다. 이메일은 우리를 즐겁게 하기도 하지만 지쳐서 나가떨어지게 하기도 한다. 부정적인 개념을 강조하는 '이메일 없는 금요일'은 그 제도가 무찌르고자 하는 욕망을 대수롭지 않게 여기며 이를 대체할 어떠한 긍정적인 목표도 제시하지 않는다. 이는 마치 다이어트 이름을 '아이스크림을 먹지 않으며 다른 어떤 군것질도 하지 않는 다이어트'라고 붙이는 것과 같다. 누가 그런 다이어트를 하고 싶겠는가?

오늘날 여러 기업과 조직에서 도입하는 제도의 또 다른 문제는 바로 내적 확신의 중요성을 경시하는 것이다. '현재 스크린 사용 습관은 개인과 기업에 나쁜 영향을 끼치고 있으니 다음과 같은 규칙을 따르라'고 말하는 것으로는 충분하지 않다. 충분하지 않은 것이 아니라 실패로 가는 지름길이다. 직원들이 신뢰할 수 있는, 문제를 바라보는 새로운 시각을 제시해야 한다.

우리가 일터에서 사용하는 디지털 도구에는 쉽게 파악하기 어려운 한 가지 약점이 있다. 바로 사람들이 자기 자신이 아니라 바깥세상에만 관심을 기울이게 만든다는 것이다. 하루 종일 구석에 처박혀 스크린에서 헤어 나오지 못하는 사람은 그렇게 믿고 싶지 않겠지만 그 말은 곧 자신이 바깥세상의 자료를 가져오는 중간 다리일 뿐이며 스스로는 가치 있는 생각을 결코 하지 못한다는 것을 의미한다. 업무를 효과적으로 수행하고 조직에 기여하기 위해서 바깥세상의 정보가 필요한 것은 사실이다. 하지만 넘쳐 나는 정보를 가치 있는 독창적인 아이디어로 전환하기 위해서는 반드시 개인의 독특한 재능과 통찰력이 필요하다. 이메일을 금지하는 규칙 등을 통해 직원들의 '행동'을 변화시키는 것만 목표로 삼지 말고 그러한 행동을 야기한 '생각'에 집중하는 것만으로도 강력한 메시지를 전달할 수 있다. 중요한 것은 직원들 안에 있는 아직 발휘되지 않은 잠재적 가능성이며 제도와 규칙의 목표는 이를 최대한 끌어내는 것이다. "스크린에서 벗어나 잠시 시간을 보냄으로써 우리 안의 가장 위대한 재능을 끌어낼 수 있다."

긍정적인 제도와 규칙은 내적 신념을 기초로 한다. 이 내적 신념이 과연 직원들의 디지털 의존성을 해결할 수 있을 것인가? 그럴 수 있다는 증거가 있다. 디지털 홍수가 생산성에 나쁜 영향을 끼친다는 것을 가장 먼저 알아챈 대기업은 바로 세계에서 가장 큰 반도체 제조사 인텔이었다. 인텔은 다양한 전략과 방법을 동원해 몇 년 동안 이 문제에 특별한 주의를 기울였다.[9] 인텔은 이를 위해 여러 가지 실험을 했으며 선도적인 리서치 기업 바섹이 인텔의 여러 가지 실험에 대해 연구하기도 했다. 바섹은 특히 관리자들과 기술자들을 대상으로 약 일곱 달 동안 실시된 3가지 프로그램에 대해 집중적으로 연구했다.

1. 고요한 시간
일주일에 한 번, 4시간 동안 직원들은 이메일을 확인하지 않는다. (이

238

메일을 작성할 수는 있다.) 인스턴트 메시지는 "방해하지 마세요" 상태로 하고 걸려 오는 전화는 음성 사서함으로 연결시켜 놓는다. 회의도 없고 사무실 문에는 혼자만의 시간이 필요하다는 표지판이 걸린다.

2. 이메일 없는 날
금요일에는 가능하다면 전 직원이 이메일보다 구두로 의사소통한다. 이메일을 엄격하게 금지하는 것이 아니라 일대일 상호작용을 장려하려는 노력의 일환이다. 외부와 주고받는 이메일은 허용되지만 팀원들끼리는 꼭 필요한 경우가 아니면 이메일을 주고받지 않는다.

3. 이메일 서비스 수준 합의
무슨 뜻인지 이해하기도 힘든 이 규칙의 목표는 서로 합의하에 이메일에 대한 답장 시간을 늦추는 것이다. 내부에서 주고받는 이메일에 즉시 답장하지 않고 최대 24시간까지 답장을 미룰 수 있다. 쉴 새 없이 이메일을 확인하지 말고 하루에 두세 번만 확인하는 것을 목표로 한다.

가장 성공적이었던 실험은 '고요한 시간'으로 참가자들도 가장 긍정적인 평가를 내렸고 결과 또한 성공적이었다(집중력 향상, 더 많은 업무를 제시간에 해결 등). 실험이 끝난 후에도 과반수의 참가자들이 그 프로그램을 지속하고 싶다고 말했다. 바섹의 연구에는 언급되지 않았지만 프랭클린의

둘째 걸음, 시간의 숲으로 들어가다

방식에 익숙한 사람이라면 '고요한 시간'만이 매력적인 목표를 제시하는 긍정적인 이름이라는 것을 분명히 알아챘을 것이다(인텔이 이보다 먼저 시행해 성공했던 프로그램도 비슷한 이유로 성공했다. 그 프로그램의 이름은 바로 '당신의 시간Your Time'이었다). '고요한 시간' 이후에 시행했던 나머지 두 가지 프로그램은 실패했고 지속되지도 않았다. 그러나 '고요한 시간'은 실험이 끝난 후에도 계속 시행되었으며 바섹이 연구를 시작할 당시에는 인텔 내부에서 더욱 폭넓게 시행되고 있었다.

그렇다고 전 직원이 '고요한 시간'을 좋아했다거나 그것이 해결책이라고 말하는 것은 아니다. 기술자보다는 관리자가 '고요한 시간'을 더 선호했으며 참가자 전부가 원래 의도했던 대로 고요한 시간을 잘 활용한 것도 아니었다. 그 시간에 (연결이 끊어진) 받은편지함을 정리하는 사람도 있었다. 자기도 규칙을 따르지 않으며 다른 사람도 규칙을 지키지 못하게 방해하는 사람도 있었다. 연구 결과가 말해주듯이 프로그램이 성공하기 위해서는 직원 개개인이 "다른 사람에게 자신이 규칙을 따르고 있다는 것을 알리고 다른 사람이 규칙을 따르는 것 또한 존중한다는 것을 명확히 밝히는 것이 필요했다". 즉 프로그램을 성공시키기 위해서는 다음의 두 가지 측면에 대한 직원들의 합의가 반드시 필요했다. 하나는 "내 행동이 '내' 삶의 질에 영향을 끼친다"는 것이며 또 다른 하나는 "내 행동이 '타인의' 삶의 질에도 영향을 끼칠 수 있다"는 것이다.

'고요한 시간' 프로그램 참가자 중 상당수가 각자의 일과 욕구가 다양한 상황에서 정해진 시간에 '의무적으로 고요한 시간'을 갖는 것에 대한 불만을 제기했다. 사실 이 점이 기업 내에서 전체적으로 디지털 습관을 규제하는 것에 대한 가장 흔한 불평 중 하나다. 디자인 팀이나 전략 팀과는 달리 판매나 고객서비스 등과 같은 몇 가지 업무에서는 이메일을 비롯한 스크린 업무가 일을 해결하는 데 정말 중요하기 때문이다. 그러므로 기업은 개개인이 자신의 상황에 맞게 자기만의 규칙을 설계할 수 있도록 도와야 한다. '고요한 시간'에 참가했던 한 참가자가 말했듯이 "적어도 하루에 4시간은 방해받지 않고 일할 수 있어야 해요. 하지만 반드시 강제적인 프로그램일 필요는 없지요. 각자 더 좋은 습관을 들일 필요가 있다고 생각해요". 다시 말하면 추진력은 안에서부터 나와야 한다는 뜻이다.

물론 '고요한 시간'이 성공하긴 했지만, 그렇다고 사무실에서 정보의 홍수, 즉 엄청난 양의 정보에 비해 처리할 시간이 부족하다는 근본적인 문제까지 해결해주는 것은 아니다. 이메일은 퍼즐의 한 조각일 뿐이다. 바섹의 최고 경영자 조나단 스피라Jonathan B. Spira가 말했듯, "정보의 홍수는 넘쳐 나는 이메일 문제보다 훨씬 더 복잡한 문제다".[10] 하지만 만약 직원들이 내적 확신을 갖고 각자의 스크린 습관을 조절한다면 상황은 틀림없이 개선될 것이다. 어쩌면 '이메일 없는 금요일' 대신 몇 시간을 투자해 벤저민 프랭클린의 자서전을 읽는 것이 더 도움이 될 지도 모른다.

프랭클린은 "새로운 도구를 잘 활용하기 위해서는 오랜 훈련이 필요하다"고 기록한 적이 있다.[11] 전류의 흐름에 대한 그의 발견은 오늘날 디지털 시대의 초석을 세우는 데 큰 역할을 했다. 군중을 몹시 좋아했던 그의 성향으로 볼 때 프랭클린이 오늘날까지 살아 있었더라면 엄청난 스크린 중독자가 되어 있을지도 모른다. 하지만 그는 이번에도 자기만을 위한 규범을 만들었을 것이다. 아마도 그 규범은 스크린 사용 시간을 줄이면 그보다 바람직한 일을 더 많이 할 수 있다는 개념을 기초로 했을 것이다. 어쩌면 새로운 것을 발명하거나 아니면 그가 좋아했던 섹스에 더 많은 시간을 할애했을지도 모를 일이다.

인간의 본성은 18세기 이후로 많이 변하지 않았다. 내면을 먼저 들여다보고 긍정을 강조하라. 그 다음부터는 규범이 당신을 이끌 것이다.

Chapter 10

나만의 월든 존을 만들라
소로와 숲 속 안식처

"내 오두막에는 3개의 의자가 있다. 하나는 고독을 위해, 다른 하나는 우정을 위해, 또 다른 하나는 세상을 위해서다."

미래에는 거의 모든 주택의 주방 벽이 거대한 디지털 스크린으로 대체될 것이라는 기사를 읽은 적이 있다. 그 기사는 낙관적인 어조로 멀지 않은 미래에는 어떤 집에서나 디지털 스크린으로 이루어진 벽을 보게 될 거라고 확신했다.

미래학자들이 얼토당토않은 말을 곧잘 하긴 하지만 이러한 예측을 진지하게 받아들일 만한 이유도 몇 가지 있다. 먼저 디지털 벽이 기술적으로 실현 가능하다는 것은 두말할 필요도 없다. 이미 공공장소에서 디지털 스크린 벽을 곧잘 발견할 수 있으며 기술 광신도들은 벌써 몇 년 전부터 집에 디지털 스크린 벽을 설치하기도 했다. 물론 사람들이 바닥부터 천장까지 거대하게 펼쳐진 디지털 자료에 둘러싸여 아침을 먹고 싶어 할지는 아직 미지수다. 하지만 지난 10여 년 동안 나를 포함한 사람들의 소비 패턴을 살펴보면 디지털 스크린 벽이 그렇게 먼 미래의 일은 아닐 것이다.

몇 년 전에 '집 안 어디서든' 무선 인터넷이 가능하게 될 거라는 소식을 처음 들었을 때 내가 얼마나 흥분했는지 모른다. 정말 끝내주는 소식이었다. 당시에 우리는 아직 도시에 살고 있었고 인터넷이 연결된 컴퓨터는 두 대가 있었다. 한 대는 내가 일하는 방에 있었고 또 한 대는 아내 마사가 일하는 방에 있었다. 그래서 어떤 이유로든 만약 부엌에서 노트북 컴퓨터로 일을 해야 한다면 그때마다 번거롭게 랜 선을 끌어와야 했다. 랜 선을 끌어올 수 없는 방은 그야말로 '죽은' 공간이었다.

집 안 어디서나 무선 인터넷을 즐길 수 있다니 얼마나 신나는 일인가! 하고 싶을 때마다 '웹 서핑'을 할 수 있다니. '웹 서핑'을 한다는 말을 들으면 급성장하는 미디어가 제공하는 개인의 자유와 모험이 떠오른다. 디지털 파도를 타기만 하면 마치 세상 꼭대기에 올라앉은 느낌이다. 나 역시 뒤뜰에 있는 편한 의자에 앉아 한가롭게 아마존닷컴을 둘러보기도 한다. 마사와 나는 무선 인터넷 공유기가 정식으로 출시되자마자 구입했고 그때부터 집 안 어디에서나 인터넷을 즐길 수 있게 되었다.

디지털 스크린으로 둘러싸인 부엌 또한 그와 똑같은 원리를 한 차원 높이 끌어올린 것뿐이다. 그렇다. 지금도 어느 방에서든 인터넷에 접속할 수 있지만 노트북 컴퓨터나 스마트폰은 화면이 너무 작아서 근본적으로 시야에 한계가 있다. 그리고 디지털 맥시멀리스트들에게 한계는 곧 적이다. 예를 들어 노트북 컴퓨터로 부엌 식탁에서 무선 인터넷에 접속했다고 하자. 그런데 고양이 한 마리가 주변을 어슬렁거리며 시야를 가로막기라도 하면 나는 재빨리 고양이를 들어 안아 아이를 달래는 것처럼 의미 없는 말들을 중얼거리며 고양이를 쓰다듬는다. 그러다 보면 스크린을 향한 집중력이 흐트러지기도 한다. 하지만 스크린 벽은 돌아다니는 고양이 따위에는 영향을 받지 않을 것이다. 디지털 세상은 내가 있는 공간과 내 주의력을 점령할 것이다. 물론 나는 그 정도까지는 원하지 않지만 분명 반기는 사람도 있을 것이다.

더구나 미래학자들은 디지털 벽에 몹시 우아한 〈우주 가족 젯슨(미국에서 매우 유명한 만화로 우주에서 생활하는 미래 가족 이야기를 그린 만화-옮긴이)〉 풍의 분위기가 풍길 거라고 상상한다. 아주 작은 창으로 디지털 왕국을 들여다보는 것이 아니라 아예 디지털 왕국에 둘러싸여 그 안에서 사는 것이다. 알파벳 하나는 발 하나만큼 커질 것이고 비디오에 나오는 실제 크기의 사람은 마치 바로 옆에서 살아 움직이는 것처럼 느껴질 것이다.

편리함은 두말할 필요도 없고 말이다. 갑자기 요리법이 필요하다거나 지난밤 아시아의 주가가 어떻게 되었는지 궁금할 때, 친구가 메시지에 답장을 했는지 확인해보고 싶거나 할아버지한테 인사를 하고 싶다면, 버터 담을 접시를 꺼내는 것처럼 쉽게 벽의 한 부분을 만지거나 몇 마디 말로 (디지털 벽은 귀도 밝아서 음성만으로 명령을 수행할 수 있을 것이다) 이 모든 일이 해결될 것이다. 부엌에서라고 못할 이유는 없지 않은가? 언젠가는 집 전체가 디지털화될 수도 있을 것이다. 매끈한 벽이란 벽은 모두 디지털 스크린으로 바뀌고 세상은 더 가까워지는 것이다. 그리고 마침내 그 날이 오면 우리는 몹시…….

몹시 어떻게 될까? 디지털 스크린에 둘러싸여 사는 것은 과연 어떨까? 아무도 모른다. 그리고 모른다는 사실에 신경을 쓰는 사람도 별로 없다. 그 대신 어떤 도구가 새로 출시되었고 어떤 도구가 가장 강력한 네트워크를 제공하는지에 대한 최신 정보는 시도 때도 없이 주고받는다. 기술 자체에 대해서는 끊임없이 생각하지만 그 기술이 일상의 경험을 어떻게 바꿔 나갈지에 대해서는 거의 생각하지 않는 것이다. 그 결과 우리의 암묵적인 동의하에 모든 것이 디지털 '플랫폼'이 되고 있다. 심지어 집조차도. 그리고 결국 집 안의 사람들까지도 그렇게 될 것이다.

'집'은 많은 의미를 내포한다. 가장 기본적으로는 사람이 사는 장소를 뜻한다. 주택이나 아파트 같은 물리적 건축물을 뜻하기도 한다. 마지막으로 그 건물 안에서 풍겨 나는 분위기 즉 은신처, 안전, 행복을 제공하는 세상 안의 또 다른 세상을 지칭한다.

이 마지막 의미인 안식처로서의 집의 의미는 기술에 관한 거의 모든 사고와 의사 결정 과정에서 간과되고 있다. 디지털 스크린으로 둘러싸인 부엌이 편리하다는 것은 두말할 필요도 없겠지만 집을 단순히 실용주의적 도구로만 바라봐서는 안 된다. 역사상 존재했던 모든 네트워크 도구처럼 스크린은 군중을 불러 모으고 군중은 곧 우리를 분주하게 만든다. 그리고 그 분주함은 결과적으로 우리의 사고방식에 강력한 영향을 미친다. 집은 전통적으로 군중에서 '벗어날 수 있는' 피난처였고 집 안에서의 삶은 집 밖에서 경험하는 삶과 근본적으로 달랐다. 집은 사생활과 고요함과 고독을 제공했다. 두 사람이든 대가족이든 다양한 사람이 모여 살든 집은 고독을 공유할 때만 느낄 수 있는 친밀함을 제공했다.

군중 안에서는 사색할 수 없고 혼자일 수 없으며 진정으로 자기 자신일 수 없다. 하지만 집에서는 이 모든 것이 가능했다.

하지만 24시간 내내 멈추지 않는 초고속 디지털 네트워크는 집의 가장 중요한 의미를 거의 없애버리고 말았다. 지난 10여 년 동안 디지털 네트워크가 강화될수록 집은 '집'이라는 단어가 연상시키는 평화도 제공하지 못했고 영혼의 성장을 돕지도 못했다. 군중에서 벗어나 잠시 쉴 수 있어야 하는 행복한 은신처가 군중을 불러 모으는 수단이 되고 있는 것이다. 디지털 스크린 벽은 사람들과 정보의 물결이 끊임없이 들고 나는 세포막과 같다. 그리고 온라인 친구들, 관심사, 직장 업무, 새로운 소식, 대중문화, 결코 사라지지 않는 분주함이 그 세포막을 자유롭게 드나든다. 우리는 대학살과 비극의 한가운데서 빠져나가기 위해 발버둥 치고 있지만 유명 인사, 최신 트렌드, 유행, 세상을 떠들썩하게 하는 사건에 발목이 잡혀 서서히 익사하고 있다. 디지털 집이 우리를 빨아들이고 있으며 집에서 느낄 수 있는 '지금 그리고 여기'에서의 경험과 상호작용은 배경음악처럼 희미해질 뿐이다.

아무도 이렇게까지 될 줄은 몰랐다. 라디오와 텔레비전 역시 몇 세대에 걸쳐 은신처로서의 집으로 군중을 불러 모았고 전화는 오랫동안 더 넓은 세상과 우리를 연결시켜주었다. 우리는 언제나 디지털 네트워크에 연결되어 있는 것이 아마 그와 비슷한 수준일거라고 무의식적으로 가정했는지도 모른다. 물론 결국에는 그렇게 될 것이다. 다만 텔레비전이나 라디오나 전화보다 디지털 스크린이 더 강렬해보이는 이유는 단지 새롭기 때문일지도 모른다. 몇 세대 전에는 텔레비전이 집이라는 신성한 공간을 침범하고 특히 아이들에게 해를 끼친다고 여겼다. 물론 지금도 여전히 그런 인식이 남아 있다. 그러나 시간이 흐르면서 텔레비전은 적절하게만 사용하면 몹시 유용한 도구일 뿐 아니라 벽난로 대신 가족을 불러 모을 수도 있다는 것이 증명되었다. 우리 집에서 텔레비전의 역할도 바로 그것이며 우리 가족은 텔레비전을 무척 즐기면서도 그 쓰임새를 신중하게 규제한다. 이런 관점으로 보면 디지털 스크린 벽에도 단지 적응할 시간이 필요한 것일 뿐일지 모른다. 언젠가는 누구나 좋아하는 행복의 도구인 디지털 스크린 벽의 타당성에 의문을 품는 것 자체가 어리석은 생각으로 치부될지도 모른다.

그렇다고 벌써부터 미래에 살 필요는 없다. 문제는 그 도구가 바로 지금 우리 마음을 완전히 사로잡고 있으며 집의 의미와 본성을 바꾸고 있다는 것이다. 자신을 되돌아보고 깊이를 얻을 수 있는 가장 훌륭한 방법이었던 집에서의 생활이 점차 외부 지향적인 경험이 되고 있다. '전 세계'가 당신과 함께 사는데 어떻게 휴식을 취하고 재충전을 할 수 있겠는가?

어쩌면 이미 너무 많이 와버린 건지도 모른다. 뭔가 조치를 취하는 것이 여전히 가능할까? 집에 대한 새로운 생각이 다시 바뀌어 집이라는 단어가 뜻하는 본연의 의미를 되찾을 수 있을까?

물론 그럴 수 있다. 그리고 이를 위한 가장 좋은 방법은 세상이 이제 막 촘촘히 연결되기 시작하던 150년 전으로 거슬러 올라가 디지털 세상과 전혀 어울릴 것 같지 않은 철학자 헨리 데이비드 소로를 만나는 것이다. 그에 관한 이야기를 얼핏 들어보면 지금 우리가 고민하고 있는 문제에 대해 그가 과연 어떤 도움을 줄 수 있을지 궁금하기도 할 것이다. 소로는 문명의 삶을 포기하고 매사추세츠 콩코드 외각 지역의 숲에 오두막을 짓고 거기서 산 것으로 유명하다. 그곳에서 소로는 자연에 가까운 소박한 삶을 살았다. 그 경험에 대한 기록인 《월든》은 우리도 모르게 서서히 우리를 비틀고 삶의 풍요로움을 빼앗아 가는 사회에 대한 거부다. 자신의 주장을 입증하기 위해 소로는 가끔 기술에 대해 특히 그 당시 세상을 바꾸고 있던 두 가지 새로운 발명에 대해서 언급했는데 그 두 가지는 바로 철도와 전보였다.

네트워크가 급속도로 확장되고 있던 시대에 소로는 그 네트워크에서 빠져나왔다. 그는 탈출의 명수였으며 그 탈출이 바로 그가 우리에게 전하는 교훈일지도 모른다. 자신의 삶을 되찾고 싶다면 떠나라! 그가 《월든》에서 그랬던 것처럼.

나는 숲으로 갔다. 천천히 살며 오직 삶의 본질만 마주하고 삶이 내게 가르쳐준 것 중에서 배우지 못한 것은 없는지 살펴보기 위해서, 마침내 죽게 되었을 때에야 제대로 살지 않았다는 것을 깨닫지 않기 위해서 나는 숲으로 갔다. (…) 나는 삶의 정수를 빨아들이며 깊이 있는 삶을 살고 싶었다.[1]

그때나 지금이나 근본적인 문제는 변하지 않았으며 목표 또한 마찬가지다. 누가 충만하고 깊이 있는 삶을 살고 싶지 않겠는가? 하지만 소로의 메시지를 적용하고자 하는 네트워크에 발이 묶인 영혼에게 곤혹스러운 문제는 바로 그가 택했던 방법이다. 현실적으로 많은 사람들에게 사회에서 탈출해 숲 속에 숨을 자유가 없다. 직업이 있고 가족이 있으며 그밖의 다른 의무가 있다. 어쨌든 소로가 옹호했던 완전한 고독을 원하는 사람은 극소수다. 소로는 이렇게 말했다. "나는 혼자 있는 것을 좋아한다. 나는 고독만큼 다정한 벗을 결코 알지 못한다."[2]

이웃도 없이 덩그러니 홀로 있는 오두막을 이상적인 집으로 생각하는 사람은 거의 없을 것이다. 집이 언제나 특별하고 또 그 안에 사는 사람의 기운을 북돋아주는 이유는 바로 집을 둘러싼 사회 '안에서' 고독을 가능하게 해준다는 점이다. 집은 다시 충전해서 세상 바깥으로 나가기 위해 규칙적으로 들러 잠시 숨을 고르는 공간이다.

오늘날 소로의 접근법이 그다지 매력적이지도 않고 의미도 없다고 할 수 있는 또 다른 이유는 바로 물리적으로 달아나고 싶어도 디지털 세상에서는 달아날 곳이 없다는 사실이다. 네트워크 자체가 이동 가능하기 때문에 도망간다고 해서 사회에서 탈출할 수가 없다. 어떤 도구든지 스크린만 갖고 있다면 (요즘 하나라도 안 지니고 다니는 사람이 과연 있을까?) 결코 사회를 떠날 수 없다.

하지만 이런 이유로 소로의 접근법을 완전히 무시하는 것은 《월든》의 전체적인 의미와 《월든》이 오늘날 우리에게 전하고자 하는 바를 놓치는 것이다. 사실 소로는 문명에서 벗어나고자 하지 않았으며 그가 월든 호수에서 창조한 것은 온전한 고독에 가까운 것도 결코 아니었다. 기술적으로 19세기 중반의 네트워크는 오늘날보다 훨씬 허술했던 것이 사실이다. 하지만 그 당시에는 엄청난 기술적 변화였고 현재 기술의 서막을 열었던 즉각적인 의사소통이 이제 막 도래하기 시작하던 격변의 시대였다. 물론 숲 속에서 무선 인터넷을 즐길 수는 없었지만 그 어느 때보다도 전 세계가 촘촘히 엮이고 있었으며 그 촘촘한 네트워크는 온 세상의 정보를 당시에는 상상할 수 없는 빠른 속도로 실어 날랐다. 소로는 그러한 변화가 인간에게 미칠 엄청난 파장을 예상했다. 그래서 그는 동시대인들에게는 물론 다가오는 기술적 미래를 위해서도 의미 깊은 월든 호수에서의 실험을 시작했다.

군중에서 달아나는 것이 점차 어려워지는 세상에서도 내면을 체험하고 분주한 삶이 앗아 갔던 모든 것을 되찾을 수 있는 안식처를 만들 수 있을까? 소로는 할 수 있다고 말하며 이를 위한 실질적인 조언을 해준다. 《월든》은 부엌의 디지털 스크린 벽과 같은 21세기 가정생활의 까다로운 문제에 대한 철학적 지침서가 될 수 있을 것이다. 디지털 세상에서 '집'으로 가는 가장 빠른 방법은 바로 소로를 따라가는 것이다.

하지만 그보다 먼저 소로가 사회를 탈출하고 싶어 했다는 생각을 비롯해 몇 가지 오해를 바로잡을 필요가 있다. 월든 호수는 남극처럼 멀리 떨어진 곳이 아니다. 그곳은 소로가 어린 시절을 보냈으며 대학 졸업 후 인생의 대부분을 보냈던 콩코드에서 몇 킬로미터 떨어지지 않은 곳이었다. 소로에게는 콩코드가 바로 사회였으며 《월든》에서 언급한 동시대인의 분주한 삶은 ("사람들의 무리가 삶을 소리 없는 절망으로 이끈다."[3]) 대부분 친구와 이웃에 대한 이야기였다. 그는 친구와 이웃을 한꺼번에 혹은 개인적으로 자주 언급하며 그들이 현실 생활을 그대로 보여주는 생생한 예이자 사회문제에 대해 자신이 내린 진단의 증거라고 말했다. 그는 가끔 '타인은 지옥이다'라는 사르트르의 말을 인용하기도 했지만 월든에 머무르는 동안에도 사람들을 자주 만났다. 소로는 은둔 생활로 유명해지긴 했지만 숲 속에서도 몹시 활발한 사회 활동을 펼쳤다. 이는 《월든》의 '방문객들'이라는 장에 잘 묘사되어 있다. 가로 3미터, 세로 4.5미터밖에 되지 않는 오두막이었지만 그곳에서 많게는 30명까지 모여 즐거운 시간을 보내기도 했다. 이는 은둔자의 생활이라고 하기 힘들다.

게다가 27세의 소로가 1845년 여름 월든으로 거처를 옮길 당시에는 움직이는 사회였던 철도 역시 그를 따라왔다. 콩코드와 보스턴을 연결하는, 미국 전역으로 쭉쭉 뻗은 철도가 이제 막 완성되었으며 그 철도는 월든 호수 바로 옆을 지났다. 소로는 오두막 안에서도 기차가 지나가는 모습을 보고 경적 소리를 들을 수 있었다. 철도는 단지 문명에 대한 시각적이고 청각적인 상징만이 아니었다. 철도는 19세기 중반에 기술이 어떻게 세상을 더 작게 만들고 있는지를 역동적으로 보여주는 확실한 증거였다. 오늘날을 예로 들자면 소로의 오두막은 국제공항 활주로 바로 옆에 있는 숲 속에 지은 은신처나 마찬가지였다. 정말 사회에서 탈출하고 싶었다면 그보다 더 좋은 방법이 많았을 것이다. 뉴잉글랜드 근처의 황무지로 훌쩍 떠나는 것을 좋아했던 소로는 외딴 장소라면 얼마든지 많이 알고 있었을 테니까 말이다.

소로가 월든으로 간 이유는 그곳에서 가능성을 보았기 때문이다. 그

둘째 걸음, 시간의 숲으로 들어가다

땅의 주인은 랄프 왈도 에머슨Ralph Waldo Emerson으로 콩코드 출신 철학자였던 그는 소로의 멘토이자 친구였다. 소로 역시 여러 가지 현실적인 이유로 그곳을 택했다. 그는 글을 쓰고 먹거나 내다 팔기 위해 채소를 기르고 그밖에 필요한 많은 일을 하면서 오두막을 돌보느라 매우 바빴다. 그로서는 그 모든 일을 잘하기 위해서라도 도시 근처에 있는 것이 더 편했을 것이다. 도시에는 아는 사람도 많고 가게와 우체국을 비롯한 편의 시설도 많으니 말이다.

이러한 현실적인 문제 말고도 월든이 콩코드에서 무척 가깝다는 사실은 소로 실험의 핵심 내용이기도 하며 그 실험의 의미와 가치에도 몹시 중요했다. 소로는 월든 호수로 떠나기 바로 몇 해 전에 거의 일 년을 스태튼 아일랜드Staten Island(미국 뉴욕 주 남동부 뉴욕 시에 있는 섬-옮긴이)에서 보낸 적이 있었는데 그 일 년은 그에게 무척이나 불행한 시간이었다. 소로의 전기 작가 로버트 리처드슨Robert D. Richardson, Jr.은 소로가 "자신의 마음이 진정 콩코드에 있다는 것을 깨달았다"고 전하고 있다.[5] 이 경험으로 소로는 남은 일생 동안 콩코드에 단단히 뿌리를 내리고 살기로 마음먹었다. 다시 말하면 콩코드가 바로 소로의 집이었으며 그는 《월든》을 비롯한 자신의 저서에서 그 집의 의미와 더 넓은 의미의 '집'이란 무엇인가에 대해 탐구했다. 집이란 과연 무엇인가? 어떤 집이 우리를 행복하게 해주는가?

《월든》은 철학에 관한 책이기도 하지만 한 남자의 가정생활에 대한 자세한 서술이기도 하다. 소로는 경제적인 세부 사항부터 (그는 공들여 가계

부를 작성했다) 그 집에서의 생활을 통해 얻을 수 있었던 정신적이고 감정적인 경험을 자세히 기록했다. 소로에게 집은 단순한 은신처가 아니라 '깊이 있는 삶'을 위한 장소였다. 그는 집에서 지극한 행복을 느꼈고 황홀한 시간을 보냈으며 그것이 바로《월든》이 우리에게 전하는 핵심이다.

소로의 실험은 콩코드 근처에서 진행되었기 때문에 다른 사람에게도 유의미할 수 있었다. 소로가 만약 정말 외딴곳으로 달아났다면 그곳에서의 삶은 평범한 사람의 삶과 몹시 달랐을 것이며 평범한 사람들이 소로의 삶을 모방하기도 힘들었을 것이다. 소로는 이렇게 말했다. "원시적이고 외딴곳에 사는 것도 좋겠지만 문명의 변두리에서 벗어나지 않는 것도 중요하다."[6] 즉 소로는 일부러 복잡한 사회에서 멀리 달아나지 않고 그 근처에 캠프를 차렸던 것이다. 리처드슨은 이렇게 지적했다. "소로는 어디에 사는 누구든 자기처럼 할 수 있다고 처음부터 분명히 밝혔다. 사회에서 반드시 후퇴할 필요는 없다. (…) 소로는 도움을 제시하기 위해서, 자유 혹은 새로운 시작을 위해서 그리고 그가《월든》의 2장에서 말했듯이 삶에서 진정으로 중요한 것이 무엇인지 깨닫기 위해서 그 실험을 했다고 생각했다."[7] 소로는 누구든 원하기만 한다면 각자 자신의 집에서 그 깨달음을 얻을 수 있다고 믿었다.

하지만《월든》을 지금 이 시대에도 적용할 수 있을까? 소로는 도시 가까이 있긴 했지만 오늘날 우리가 스크린에 붙들려 있는 것처럼 온 세상에 붙들려 있지는 않았다. 디지털 기술이 삶의 풍경을 너무나 많이 바꾸어버린 지금 특히 집에서의 생활을 완전히 바꾸어 놓은 지금 소로에게 도움을 구한다는 생각은 터무니없는 생각일까?

전혀 그렇지 않다. 그가 살았던 시대가 지금과 많이 다른 것은 사실이지만 소로와 그의 친구들과 이웃들은 오늘날과는 다른 그때만의 방법으로 온 세상에 귀를 바짝 기울이고 살았다. 전보가 등장하기 전까지 정보의 속도는 철도의 속도와 같았지만 1840년대에 전보가 등장하면서 온갖 메시지가 이곳에서 저곳으로 화살처럼 곧장 날아갈 수 있게 되었다. 바다, 사막, 산맥 등은 더 이상 장애가 되지 못했다. 이 모든 것을 가능하게 한 것은 바로 전선이었다. 지구상에서 일어나는 모든 일을 누구나 알 수 있다는 생각은 매우 신나는 일이었지만 동시에 매우 불안한 일이기도 했다. 소로 세대의 동부 미국인들은 갈수록 더 넓은 세상과 연결되고 있었을 뿐만 아니라 점차 그 세상으로 빠져들고 있었다. 그들은 그 몰입을 관리할 필요가 있었다. 무엇을 읽을 것인가? 그리고 무엇에 관심을 기울일 것인가?

이는 내적인 삶의 본성에 미묘하지만 중대한 변화를 가져왔으며 모든 사람이 이 문제를 해결하기 위해 고심했다. 1852년 9월 14일에 〈뉴욕타임스〉는 "가느다란 전선이 생각의 고속도로가 되고 있다"고 지적하는 사설을 실었다.[8]

메시지들이 서로 쫓고 쫓긴다. 기쁨이 슬픔의 뒤를 밟으며 퍼진다. 배

의 입항 소식, 혁명, 전투, 돼지고기 가격, 외국의 상황, 국내 시장 정
세, 연애편지, 재판 진행 상황, 질병의 창궐과 타파, 선거 결과, 사회
적, 정치적, 상업적인 온갖 뉴스가 가늘고 의식 없는 전선을 타고 서
로 뒤를 쫓으며 끊임없이 흐른다.

사설의 단어 몇 개만 살짝 바꾸면 이는 잠시도 쉬지 않고 닥치는 대로
정보를 쏟아내는 오늘날의 디지털 스크린에 대한 묘사와도 비슷하다. 그
당시에도 수용하기 힘들 만큼 엄청난 양의 정보가 사람들을 짓눌렀으며
집도 역시 안전한 피난처가 되지 못했다. 톰 스탠디지Tom Standage는 전보의
역사를 다룬《빅토리아 시대의 인터넷The Victorian Internet》이라는 책에서 전보
의 시대에 뉴욕을 주름잡던 저명한 사업가 W. E. 닷지W. E. Dodge의 말을 인
용해 정보의 홍수와 싸우는 가장의 역경을 다음과 같이 묘사했다.

힘든 하루를 마친 무역상들은 늦은 저녁을 먹을 기대를 품고 집으로
돌아간다. 가족의 품에 안겨 일에 대한 생각은 잠시 잊고 싶지만 런
던에서 온 전보 때문에 그 노력은 물거품이 되고 만다. 샌프란시스코
에서 밀가루 2만 포대를 사들이라는 급전을 받은 가련한 남자는 허
겁지겁 저녁을 먹어 치우고 캘리포니아로 전보를 보내기 위해 최대
한 빨리 서둘러야 할 것이다. 오늘날의 사업가는 쉴 틈 없이 바쁘게
뛰어다녀야 한다.[9]

다시 말하면 전보는 소로가 자기 주변과 자기 안에서 발견했던 '소리 없는 절망'의 원인이었다. 짐을 덜기 위해 고안된 수단이 새로운 짐을 지우며 가족과 함께하는 저녁 식사처럼 의미 있는 경험을 빼앗아 가고 있었던 것이다. 소로는 이렇게 말했다. "아! 인간은 자신이 만든 도구의 노예가 되었구나!"[10] 그 도구가 바로 전보라고 직접적으로 언급하지는 않았지만 《월든》의 다른 부분에서 가느다란 전선이 인간을 노예로 만든다고 분명히 밝혔다. 그는 이렇게 말하기도 했다. "새로운 기술은 가끔 중요한 문제에 집중하는 것을 방해하는 신기한 장난감과 같다. (…) 우리는 메인 주에서 텍사스 주에 이르는 전보 체계를 구축하기 위해 몹시 서두르고 있다. 하지만 메인 주와 텍사스 주는 어쩌면 의사소통에 대한 절박한 필요성조차 없을지도 모른다."[11] 하지만 그가 전보에 대해 언제나 부정적인 입장만 보인 것은 아니었다. 가끔 그 새로운 기술에 대해 놀라움을 표했고 그 안에서 유익한 가능성을 발견했다는 희망적인 내용을 서정적으로 묘사하기도 했다. "새로 생긴 전선 아래를 거닐다 보면 머리 위에서 누군가 하프를 연주하는 것 같은 진동을 느끼기도 한다. 마치 저 멀리 있는 장엄한 삶의 소리 같았다."[12]

소로는 자연주의자였기 때문에 사람들은 그가 기술을 싫어했다고 생각한다. 하지만 그는 기술을 잘 사용하기도 했고 또 새로운 기술을 직접 개발하기도 했다. 저술 활동으로 많은 돈을 벌지 못했던 소로는 먹고살기 위해 두 가지 기술 관련 업무에 종사해야 했는데 한 가지는 측량 기사

258

였고 또 한 가지는 가족이 운영하던 연필 제조업이었다. 연필 제조업에 몸담았던 시절에는 경쟁이 심한 시장에서 살아남기 위해 연필 제조 과정을 전면적으로 재설계하는 야심찬 프로젝트를 진행하기도 했다. 유럽산 연필이 미국산 연필보다 더 뛰어난 이유에 대해 광범위한 조사를 진행했고 그 결과를 바탕으로 원료, 디자인, 제조 과정을 개선해 완전히 새로운 제품을 개발했다. 연필의 역사를 다룬 헨리 페트로스키Henry Petroski의 《연필The Pencil》에 따르면 소로는 연필 제조업에서 큰 성공을 거두며 '미국에서 가장 훌륭한 연필'[13]을 생산하기 시작했다.

기술에 대한 관심이 많았던 소로는 최근 개발된 네트워크 도구가 개인의 삶에 영향을 미치고 있으며 그로 인해 치러야 할 대가가 엄청날 것임을 간파했다. 그 당시에 치러야 했던 대가도 오늘날 우리가 치러야 하는 대가와 비슷했다. 바로 끝없는 분주함과 그로 인한 깊이의 상실이다. 더 많은 사람과 연결될수록 개인의 마음은 쓸데없고 사소한 것으로 채워졌다. 그는 인류가 이 광범위한 전 지구적 전보 네트워크를 유명 인사의 가십을 따라잡는 데에만 사용한다면 어떻게 될 것인지 궁금해했다. "우리는 대서양을 가로지르는 해저터널을 뚫고 구세계를 지척에 두고 싶어 한다. 그런데 혹시 활짝 열린 미국인들의 귀에 맨 처음 들려오는 소식이 애들레이드 공주가 백일해에 걸렸다는 소식이면 어쩔 것인가. 1분에 몇 킬로미터를 주파하는 기수가 가져오는 소식도 결국 대부분 하찮은 소식일 뿐이다."[14]

소로는 전보와 같은 즉각적인 의사소통이 자신이 월든으로 가면서 해결하고 싶었던 문제, 즉 친구와 이웃, 가끔은 자기 자신도 괴롭히는 피상적이고 집중력이 짧은 삶에 대한 문제를 더 악화시킨다고 생각했다. 소로는 사람들이 최신 뉴스를 끊임없이 확인하며 스스로 벌인 일에 빠져 매 순간이 비상사태인 것처럼 살고 있다고 기록했다. "왜 그토록 분주하게 살며 삶을 낭비해야 하는가? (…) 우리는 시드남 무도병Saint Vitus' dance에 걸린 것처럼 자기 머리조차 똑바로 들고 있지 못한다."[15] 시드남 무도병은 신경 질환의 일종으로 전형적인 증상은 사지나 얼굴이 갑작스럽게 제멋대로 움직이는 것이다. 그 병은 독일의 아헨('구텐베르크의 자기 성찰'에서 언급된 도시)에서 처음 발견되었으며 원인을 알 수 없는 사회적 현상에서 유래했다. 14세기에 수많은 사람이 동시에 심한 발작을 일으키며 심한 경우에는 입에 거품까지 물고 미친 듯 춤을 추는 현상이 있었다고 전해진다. 이제 우리가 그 괴상한 춤을 추고 있는지도 모른다.

소로는 인간의 의식이 일단 분주함과 극단적인 자극에 사로잡히면 빠져나오기가 무척 힘들다고 말했다. 그에 따르면 전보는 말할 것도 없고 우체국에 가는 것도 중독이 될 수 있었다.

외면外面은 외면을 만난다. 우리 삶이 내면을 들여다보는 사적인 활동을 멈출 때 모든 대화는 쓸데없는 수다로 전락한다. (…) 내적인 삶이 실패하는 만큼 우리는 더 쉬지 않고 그리고 절망적으로 우체국을 찾는다. 엄청난 양의 편지를 들고 자랑스럽게 우체국을 나서는 가련한 남자는 자기 자신에게서는 지금까지 오랫동안 소식을 듣지 못했을 것이 틀림없다.[16]

소로가 월든으로 가서 해결하고 싶었던 문제는 우리 시대의 문제기도 하다. 월든에서 소로의 임무는 세상에서 약간 떨어진 곳에 집을 짓고 ('끊어져' 있지만 여전히 여러 가지 면에서 '연결'되어 있는 상태로) 살면서 다시 내면을 살피고 일상생활에서 빠져나가고 있는 깊이와 기쁨을 되찾을 수 있는지 보는 것이었다.

19세기 중반에는 이 문제를 해결하기 위해 노력했던 사람이 많았지만 특히 소로가 해답을 찾는데 유리한 위치에 있었다. 왜냐하면 콩코드는 미국 초월주의의 본산이었으며 그와 관련된 철학적 움직임이 매우 활발한 곳이었기 때문이다. 초월주의자들은 타인, 조직화된 종교, 과학적 발견, 책과 같은 외적 원천이 아니라 내면을 통해서만 진실한 깨달음을 얻을 수 있다고 믿었다. 그리고 모든 사람이 직관과 자기 성찰을 통해 존재에 대한 가장 심오한 진리를 얻을 수 있다고 생각했다.

초월주의는 철도가 들어서고 전보가 날아다니며 산업화를 비롯한 근대적인 힘들이 사람들을 외부로 끌어당기고 있던 시대에 꼭 필요한 철학이었다. 당시에도 지금처럼 군중의 영향력이 대단했으며 쉽게 무시할 수 없었다. 항복하거나 협조하는 것 말고는 방법도 없었다. 하지만 초월주의자들은 저항을 매우 중요시했다. 초월주의를 이끌었던 인물인 에머슨은 자신의 뛰어난 에세이 《자기신뢰 self-reliance》에서 진실로 행복하고 생산적이기 위해서는 군중에서 벗어나 '홀로 있을 때 들려오는 목소리'[17]를 들어야 한다고 말했다. 에머슨은 초월주의자에 대해 어느 날 아침에 일어나서 문득 "내 삶은 피상적이다. 깊은 세상에 전혀 뿌리내리지 못했다"[18]는 것을 깨닫는 사람이라고 묘사하기도 했다.

초월주의 사상의 영향을 받은 소로는 월든 프로젝트를 통해 삶의 실질적인 재정비에 돌입했다. 이번 재정비의 대상은 연필 공장이 아니라 바로 자신의 삶 자체였다. 소로의 방법은 외적인 삶이 강요하는 복잡한 층을 벗겨내고 '단순화하고 또 단순화하는 것'[19]이며 그렇게 함으로써 잃었던 깊이를 되찾는 것이었다. 소로를 연구했던 학자인 브래들리 딘Bradley P. Dean은 이렇게 말했다. "외부 지향적인 삶을 단순화함으로써 내적인 삶을 마음껏 확장하고 풍부하게 할 수 있었다."[20]

소로 실험의 핵심이자 구체적인 실제 사례는 바로 그의 작은 오두막과 그가 그 안에서 꾸린 삶이었다. 오두막에서의 삶은 단순함이라는 신조를 그대로 보여주듯이 무척 검소하고 엄격했다. 하지만 물질적인 단순함보다 훨씬 중요한 다른 종류의 단순함이 있었다. 바로 마음의 단순함이었다. 소로의 오두막은 도시에서도 가깝고 철도를 바라볼 수도 있었으며 방문객도 쉽게 찾을 수 있는 문명의 한가운데 자리 잡고 있었다. 하지만 그는 그곳을 자기 성찰의 구역zone으로 규정했으며 오두막은 그 역할을 충실히 해냈다.

이는 마치 눈에 보이지 않는 철학적 담을 두른 것이나 마찬가지였다. 새로운 소식이나 분주함은 물론 다른 사람까지도 내 허락 없이는 이곳에 함부로 발을 들이지 못한다는 선언이었다. 물론 방문객은 당연히 있었고 그도 방문객을 환영했다. "나는 누구 못지않게 세상을 사랑하며 언제라도 흡혈귀처럼 세상에 달라붙을 준비가 되어 있다. (…) 내가 아는 뜨거운 피를 갖고 있는 모든 사람에게 말이다."[21] 하지만 방문객이 그렇게 많지도 않았고 찾아오는 이유도 대부분 건전했다. 소로는 이에 대해 이렇게 말했다. "사소한 일로 나를 찾는 사람은 거의 없다. 도시에서 조금 떨어졌다는 사실만으로도 방문객이 걸러진다."[22] 그러나 단지 거리가 유일한 요소는 아니었다. 오두막은 특별한 목적을 위해 설계되었고 방문객도 이를 알고 있었으며 몰랐다 해도 금방 알아챌 수 있었다. 방문객이 생각보다 오래 머물면 소로는 이런 식으로 대응했다. "나는 다시 내 일을 시작하며 그들의 질문에 점점 더 멀리 떨어져서 대답했다."[23] 방문객이 너무 많이 몰려들지도 않았다. 소로에게는 혼자 있을 시간과 공간이 있었으며 다른 사람과 건전한 교류를 할 수 있는 시간과 공간도 있었다. "내 오두막에는 3개의 의자가 있다. 하나는 고독을 위해, 다른 하나는 우정을 위해, 또 다른 하나는 세상을 위해서다."[24]

《월든》은 집에 대한 새로운 생각을 제시하고 그에 따라 사는 경험에 대해 자세히 들려준다. 소로는 이렇게 말했다. "습관을 바꾸는 것은 힘들다고 생각하는 사람이 많다. 그러나 사실 그렇지 않다. 이는 몹시 쉬운 일이다."[25] 소로의 실험은 성공적이었다. 소로는 자신이 원했던 정신적 깨달음을 얻었으며 그 깨달음은 《월든》에 고스란히 담겨 있다.

> 그림을 그리고 조각을 해서 대상에 아름다움을 부여하는 것은 대단한 일이다. 그러나 우리가 사물을 보는 분위기 자체나 매체를 조각하고 색칠할 수 있다면 그것은 훨씬 더 멋있는 일이며 실제로 우리는 그러한 능력을 가지고 있다. 하루의 본질에 영향을 미치는 것, 그것이야 말로 최고의 예술이다.[26]

소로의 글은 전 세계의 많은 사람들에게 유사한 영향을 끼쳤으며 역사를 바꾸기도 했다. 소로의 영향을 받은 사람 중에는 간디도 있었다. 간디는 소로가 자신의 철학과 인도 독립운동에 커다란 영감을 주었다고 말했다.[27]

소로의 실험은 로버트 리처드슨이 '뒷마당 실험backyard laboratory'[28]이라고 불렀듯이 세상과 가까운 곳에서 이루어졌기 때문에 누구나 따라할 수 있었다. 《월든》에서는 분주한 세상 한가운데서도 단순함과 자기 성찰이 머무는 공간, 즉 누구나 자기만의 안식처를 창조할 수 있다는 것을 보여준다. 그리고 현대사회에서는 그러한 공간에 대한 욕구가 점점 더 절실해지고 있다. 오늘날 우리에게는 마음과 정신을 위한 특별한 안식처가 필요하다. 이것이 바로 한때 집이 주었던 특별한 선물을 얻기 위해 우리가 '집을 떠나' 온천에 가고 요가 수업을 듣는 이유다.

건축과 디자인 분야에서도 집은 그 안에 살고 있는 사람의 모든 욕구를 충족시킬 수 있도록 세심하게 구역이 나뉘어야 한다는 오랜 자각이 있었다. 1930년대 후반 도로시 필드_{Dorothy J. Field}는 자신의 책 《인간의 집 The Human House》에서 모든 집은 반드시 다양한 정도의 고독과 친목, 사생활과 공동의 활동을 위한 공간을 갖춰야 한다고 말했다. 이 말은 집이 가족 구성원에게 알파와 오메가의 연속선 위에서 이리저리 움직일 수 있는 기회를 제공해야 한다는 의미다. 특히 가정식 주택에 관심을 기울였던 필드는 이렇게 말했다 "모든 가족 구성원이 완벽하게 만족하는 집은 세심하게 구역이 나뉘어 있다. 그런 집에는 언제나 조용한 방, 시끄럽게 굴어도 좋은 방, 혼자 조용히 쉴 수 있는 작은 방이 있다."[29] 필드의 생각은 건축의 거장 프랭크 로이드 라이트_{Frank Lloyd Wright}를 비롯한 많은 사상가들에게 영향을 끼쳤다.

지금과 같은 디지털 시대에 우리는 왜 지금까지 구역을 나누지 않았을까? 소로가 모델이 될 수 있을 것이다. 군중이 집 안까지, 스크린이 있는 곳이라면 어디든지 들이닥친다는 점에서 우리가 처한 상황은 소로가 처했던 상황과는 다르다. 그렇기 때문에 바로 집 '안'에서 구역을 나누어야 한다. 모든 집에는 어떤 종류의 스크린도 허용되지 않는 '월든 존'이 적어도 한 곳은 있어야 한다. 방이 충분히 많다면 가족 구성원 각자에게 고요히 혼자 있을 수 있는 공간을 마련해주는 것도 좋다. 방 앞에 스마트폰이나 휴대용 컴퓨터를 꺼서 올려놓을 수 있는 책장이나 서랍장을 구비하는 것도 좋다.

물론 그렇다고 무선 인터넷 신호 자체가 사라지는 것은 아니다. 하지만 중요한 점은 소로처럼 사고방식을 통해 행동을 제어할 수 있다는 것이다. 월든 존이 효과를 발휘하기 위해서는 먼저 그렇게 하는 것이 좋은 생각이라는 '믿음'이 있어야 한다. 믿음이 생기면 유혹을 떨쳐버리기가 훨씬 쉽다. 마음이 눈에 보이지 않는 무선 인터넷 신호를 차단하는 가상의 담을 두르는 것이다. 어쩌면 기술의 도움을 받을 수 있을지도 모른다. 월든 존의 경제적 가능성을 파악한 약삭빠른 기업이 특정 공간의 무선 인터넷 신호를 교란시키는 장치를 발명해줄지 누가 알겠는가.

월든 존의 반대 개념을 집 안에 둘 수도 있다. 이를 스크린 생활을 위해 특별히 마련한 크라우드 존Crowd Zone으로 명명하자. 보통의 경우 집 안에서 재택근무를 하는 공간이 자동적으로 크라우드 존이 될 것이다. 부엌역시 식구들이 자연스럽게 모이는 장소이기 때문에 크라우드 존이 될 가능성이 높다. 세심하게 구역을 나눈 집이라야 디지털 스크린으로 둘러싸인 부엌이 비로소 그 가치를 얻는다. 군중에게서 언제든지 벗어날 수 있는 공간이 있다면 디지털 네트워크는 훨씬 매력적으로 다가올 것이다.

또 다른 방법은 하루 중 특정한 때나 일주일 중 특정한 날에 집 안 전체를 월든 존으로 만드는 것이다. 이 방법에는 책임감이 더 필요하다. 정해진 시간 동안 스크린을 완전히 끊어야 하기 때문이다. 하지만 이 방법에는 그만의 장점이 있다. 평범한 집을 눈 덮인 겨울밤 도시에서 수천 킬로미터 떨어져 있는 고요한 오두막과 같은 순수한 안식처로 만들 수 있다. 우리 가족도 이 같은 방법을 적용해 큰 성공을 거두었다.

중요한 것은 이 세상에서 '벗어나는 것'이 아니라 세상 '안에 머무르는 것'이다. 외딴 숲에서 홀로 살았던 소로에게 이런 지혜를 얻는다는 사실이 역설적이기는 하지만 월든은 불과 2년 동안의 실험이었다는 것을 기억하자. 실험이 끝난 후에 소로는 세상으로 돌아가 그곳에서 일생을 보냈다. 하지만 그는 실험을 통해 아주 소중한 지혜를 얻었다. 집이 안식처로써의 기능을 제대로 수행한다면 언제든 집으로 '돌아갈 수 있다'는 것이다. 그 집은 멀리 떨어진 숲이나 산꼭대기, 다른 특별한 장소에 있을 필요는 없다. 중요한 것은 집의 위치가 아니라 집의 철학이다. 군중 안에서 행복하기 위해서는 누구나 자기만의 월든 존이 필요하다.

소로는 이렇게 말했다. "당신은 내가 인류에게서 멀어짐으로써 내 자신을 빈곤하게 만든다고 생각할 것이다. 하지만 나는 고독 속에서 나만을 위한 실을 지어 번데기를 만들고, 그 번데기에서 빠져나와 더 나은 사회에 알맞은 더 완벽한 창조물로 다시 태어날 것이다."[30]

Chapter 11
마음의 온도를 낮추라
매클루언과 행복의 온도

"우리가 자초한 소용돌이에서 어떻게 빠져나올 것인가?"

친구 하나가 이메일 말미에 자신의 삶이 얼마나 바빠졌는지에 대해 토로한 적이 있다. 특히 사무실에서 말이다. 내가 보기에 그녀는 어지러운 세상에서 고립되어 있을 것 같은 명망 있는 대학에서 일하고 있었다.

그녀는 이렇게 말했다. "인스턴트 메신저에 한계라곤 없어. 마치 내 중추신경계가 모든 직장 동료들하고 연결되어 있는 느낌이야."

겨우 두 문장으로 이루어진 단순한 묘사였다. 하지만 나는 그 말이 무슨 뜻인지 정확히 알아들었고 그녀 역시 내가 이해했다는 것을 알아차렸다. 우리 둘 다 인간의 의식이 한 번에 수용하기 힘들 만큼 많은 사람과 연결되어 있다. 모두 마찬가지다. 무수한 군중과 연결되어 있지만 빠져나갈 방법을 모르겠다던 그녀의 느낌은 이 시대를 규정하는 중요한 특징이다.

지금까지는 주로 먼 과거의 사상가들에 대해 다루었다. 되풀이되는 역사처럼 우리 선조들도 우리와 비슷한 느낌을 받았을 것이다. 하지만 엄밀히 따져 보면 그들 중 누구도 지금 우리가 경험하고 있는 것을 똑같이 경험하지는 못했다.

전선 아래를 거닐면서 전선의 노랫소리를 들었다는 소로도 지구 반대편에서 벌어지는 사건을 결코 실시간으로 확인할 수는 없었다. 검색어를 입력하자마자 2500만 개의 검색 결과가 뜨는 것도 보지 못했고 아침에 일어나 보니 침대 머리맡 탁자 위에 올려놓은 얇은 기계에 새로운 메시지 150개가 쌓여 있다는 것도 보지 못했다. 그럼에도 불구하고 과거의 훌륭한 사상들은 우리가 처한 현실을 헤쳐 나가는 데 분명 커다란 도움을 준다. 우리가 마지막으로 만날 철학자는 일곱 철학자 가운데 유일하게 스크린 시대를 직접 경험한 마셜 매클루언Marshall McLuhan이다.

매클루언은 '지구촌'과 '매체가 곧 메시지다'라는 문구로 유명하다. 그 두 가지 문구는 단순한 구호가 아니라 놀랍도록 잘 들어맞은 예언이었다. 매클루언은 지금과 같은 디지털 시대가 도래할 것임을 정확히 예언했고 그에 관한 많은 글을 남겼으며, 그의 날카로운 분석이 빛나는 저서들은 현대사회에 많은 영향을 끼쳤다. 그가 자신의 저서를 통해 이루고자 했던 철학적 목표는 기술로 인해 더 바빠지고 작아진 세계에서의 삶을 이해하는 것이었다. 그는 특히 완벽한 디지털 네트워크 세상에서도 개인이 각자의 경험을 통제할 수 있다고 강조했다.

매클루언이 활동했던 시대는 매스미디어가 사람들을 무기력한 로봇으로 만들지도 모른다는 두려움이 만연해 있었다. 대중매체의 영향력은 날로 커지고 있었고 사람들은 자신들이 기술에 압도되어 부지불식간에 내적인 삶까지 변하게 될지도 모른다고 두려워했다.[1] 그러나 매클루언은 반드시 그렇지는 않다는 것을 모두가 깨닫기를 원했다. 그는 누구나 의식적으로 살면서 상황을 통제할 수 있다고 말했다.

이는 지난 2000년 동안 위대한 사상가들이 오랜 시간을 들여 고심했던 주제이지만 점차 잊혀져 가는 주제이기도 하다. 인간이 처한 딜레마에 대한 해답은 우리가 좀처럼 관심을 두지 않는 곳에 숨어 있다. 바로 인간의 의식이다. 매클루언은 기술과 기술로 인해 가까워진 대중이 개인의 의식에 직접 영향을 미치는 이러한 시대에 이를 물리칠 수 있는 가장 훌륭한 도구 '역시' 인간의 의식이라고 생각했다. 그리고 미래의 새로운 도전에 맞서기 위해 의식의 무기고를 점검해야 한다고 생각했다. 매클루언은 30여 년 전에 이 땅을 떠났지만 그가 말한 미래가 도래한 지금 그의 메시지가 지금보다 더 중요한 때는 없을 것이다.

매클루언은 캐나다 출신 영문학자로 매스미디어와 대중문화에 큰 관심을 보였다. 초기 저서에서 그는 미디어의 내용 중에서도 특히 광고에 대해 연구했다. 당시 기술에 대한 일반적인 생각은 다음과 같았다. '중요한 것은 메시지와 내용 자체이지 이를 전달하는 도구가 아니다.'

그렇다고 기술을 깡그리 무시했다는 말은 아니다. 1950년대부터 1960년대 초반까지 라디오와 텔레비전은 엄청난 사람들을 그 앞으로 불러 모았고 대중사회의 탄생을 알렸으며 이로 인해 개개인이 스스로 생각할 수 있는 능력을 잃고 있다는 걱정까지 불러일으켰다. 사회학자 데이비드 리스먼David Riesman의 책 《고독한 군중 The Lonely Crowd》이 나온 것도 1950년이었으며 리스먼은 자신의 가치와 신념에 따르는 '내부 지향형inner-directed' 인간이 줄어들고 사회의 가치와 신념을 따르는 '타인 지향형other-directed' 인간이 늘어나고 있다고 주장했다. 이 책에서 리스먼은 객관적 존재가 자기 성찰을 대신하고 있다고 우려했다.

군중의 의미와 군중이 사람들의 마음과 행동에 미치는 영향에 대해 고민하는 책과 영화가 쏟아져 나온 것도 이 시기였다. 《조직 인간 The Organization Man》이나 《회색 양복을 입은 사나이 The Man in the Gray Flannel Suit》와 같은 책은 영혼을 잠식하는 조직 세계의 순응주의적 삶에 관심을 기울였다. 정치적 선동을 위협적으로 바라보는 사람도 있었다. 그때는 히틀러를 비롯한 파시스트 지도자들이 대중의 의견을 효과적으로 조종하는 데 뛰어난 능력을 발휘했던 제 2차 세계 대전의 영향력이 아직 가시지 않은 때였다. 그래서 새로운 선동가가 나타나 매스미디어를 이용해 다시금 유해한 메시지를 전파할 수 있다는 두려움이 존재했다. 샌프란시스코의 항만 노무자에서 철학자가 된 에릭 호퍼Eric Hoffer는 자신의 저서 《진정한 신념The True Believer》에서 개인이 군중에게 자유와 개성을 자발적으로 반납하는 이유에 대해 언급했다. 1957년 〈군중 속의 얼굴A Face in the Crowd〉이라는 영화에서 배우 앤디 그리피스Andy Griffith는 별 볼 일 없는 촌뜨기 가수에서 유명 인사가 되고 다음에는 정치 선동가가 되는 인물로 분했다. 하지만 그 영화에 드러난 권력의 진정한 원천은 바로 메시지 자체와 그 메시지를 전달하는 영향력 있는 인물이었고 기술은 이를 가능하게 하는 매체에 불과했다.

한편 군중 속에서의 새로운 삶이 야기한 정신적 피로는 평범하고 사소한 일상에서도 느낄 수 있었다. 1955년 《바다의 선물Gift from the Sea》에서 앤 모로우 린드버그Anne Morrow Lindbergh는 현대의 자아를 짓누르는 엄청난 의무에 대해 이렇게 말했다.

오늘날 미국인의 삶은 점차 확장되는 의사소통을 토대로 한다. 이는 사회적이고 문화적인 압력을 통해 이루어지는데 신문, 잡지, 라디오 프로그램, 정치 운동, 자선에 대한 호소 등 통로는 다양하다. 그들은 개개인에게 선량한 시민이 될 것을 주문하는데 이는 가족, 사회, 국가, 국제적 요구이기도 하다. 내 마음도 그것들과 함께 돌고 돈다.

린드버그의 책은 디지털 시대 이전이 어땠는지 고스란히 보여준다. 네트워크가 급격히 강화되면서 그때도 지금처럼 사는 게 쉽지 않았다. 하지만 그녀 역시 기술 자체보다는 기술이 가져오는 분주함의 내용, 다시 말하면 미디어와 다른 원천을 '통해' 도착하는 다양한 '요구'에 집중했다.

또한 사람들은 거시적 측면(사회 정치적인 삶)과 미시적 측면(개인적 삶)을 통틀어 점차 복잡해지는 세상에서 자기 자신이 될 수 있는 자유를 빼앗기고 있었다. 라디오에 출연한 카리스마 있는 지도자에게 마음을 빼앗기든 하고 싶은 사소한 일이나 재미있는 일을 하지 못하든 그 결과는 같았다. 사람들은 자주성을 잃고 외부 세계의 부산물이 되고 있었다. 그리고 이렇게 생각했다. 이는 전부 우리에게 들이닥치는 메시지와 생각의 결과다. 다시 말해 문제는 '내용'이다.

사람들은 라디오나 텔레비전과 같은 도구가 전달하는 내용에만 관심을 기울였지 도구의 역할 자체에는 관심을 기울이지 않았다. 그 부족한 부분을 채운 사람이 바로 매클루언이었다. 1962년 자신의 획기적인 저서 《구텐베르크 은하계The Gutenberg Galaxy: The Making of Typographic Man》에서 매클루언은 이 문제에 대한 완전히 새로운 사고를 제안했다. 그는 기술이 전달하는 내용보다 기술 자체가 인간에게 더 큰 영향을 미친다고 주장했다. 인간이 사용하는 도구는 바로 신체의 확장이기 때문이라는 것이었다.

예를 들어 문자언어는 시각의 확장이었다. 문자언어는 인간의 시야를 더 넓은 세상으로 확장했으며 단어와 문자라는 형태로 그 넓은 세상의 정보를 되가져올 수 있게 해주었다. 인간의 도구 상자에 추가된 새로운 네트워크 도구는 점차 다양한 감각을 하나씩 외부로 확장시켜주었다. 전화로 청각이 확장되어 더 많은 소식을 들을 수 있게 되었고 텔레비전은 획기적인 방법으로 시각과 청각을 동시에 확장시켰다. 매클루언에 따르면 이러한 감각기관의 확장으로 인한 변화는 인간이 현실을 받아들여 처리하는 방법을 변화시키고 이는 결국 인간의 의식과 인간의 삶이 적응해야 할 새로운 환경을 창조한다고 말했다. 우리는 근본적으로 우리가 사용하는 도구로 만들어진 현실 세계에 살고 있다. 따라서 도구 자체가 곧 메시지이며 도구가 전달하는 내용보다 훨씬 중요하다.

도구를 통한 감각기관의 확장은 역사가 시작된 이래로 꾸준히 지속되어 왔으며 그 확장은 인간의 정신적 삶을 근본적으로 재조정했기 때문에 언제나 스트레스를 유발해왔다. 매클루언은 "도구를 만드는 동물인 인간은 음성언어나 문자언어, 혹은 무선통신 등을 통해 한두 가지 감각기관을 지속적으로 확장시킴으로써 다른 모든 감각과 능력을 교란시켜 왔다"고 말했다.[3]

그는 한걸음 더 나아가 인쇄기처럼 획기적인 도구가 등장하면 인간의 내적 변화가 너무 커서 지금까지와는 전혀 다른 새로운 인류가 탄생한다고 주장했다. 즉 미디어 자체가 메시지인 것과 더불어 "사용자 자체가 곧 내용이었다". 매클루언에 의하면 인간은 스스로 만든 도구로 인해 변화하며 인간이 변했기 때문에 사회도 변화했다. 그리고 구텐베르크의 발명은 활자형 인간Typographic Man이라는 신인류를 창조했다. 좌뇌를 통해 이성적 사고를 하는 활자형 인간이 수 세기 동안 활약하며 서구 문명을 이룩하고 개인주의를 발전시켰다.

그러나 매클루언은 활자형 인간이 곧 사라질 것이라고 말했다. 매스미디어가 인쇄술과 전혀 다른 방법으로 인간에게 영향을 미치기 때문이다. 매스미디어는 덜 선형적이고 덜 개인적이며 더 집단 지향적인 새로운 인간형을 창조하고 있다. 매클루언은 미래에는 인간의 의식이 소크라테스의 시대처럼 음성언어와 비슷한 방식으로 작동할 거라고 예언했다. 사실 그 새로운 시대는 이미 도래했지만 사람들은 그 새로운 미래에 대해 불안해하며 아무것도 확신하지 못한다. 인쇄술은 인류로 하여금 리스먼이 《고독한 군중》에서 언급했던 '내부 지향성'[4]에 눈뜨게 해주었고 지금 인류는 그것이 다시 사라지는 것을 느끼고 있다. 내적 자아와 외부 세계 사이의 오래된 경계에는 첨단 기술로 인해 메울 수 없는 구멍이 뚫리고 있으며 그에 따라 진정으로 내면을 들여다보는 것은 점점 더 어려워지고 있다.

매클루언은 이러한 변화의 원인을 전보가 우리 뇌를 비롯한 중추신경계를 바깥세상으로 확장시켰던 19세기에서 찾았다. 인류는 갑자기 지구상에서 매 순간 일어나는 모든 일에 관심을 기울이게 되었다.[5] 20세기 중반에 이르러 전화, 라디오, 텔레비전이 뇌에 주는 부담은 걷잡을 수 없었다. 매클루언에 따르면 바로 이런 상황이 스트레스와 불행을 유발했고 우리의 의식이 포위당하고 마비된 것 같은 느낌의 진짜 원인이었다. 매클루언의 전기 작가 테렌스 고든Terrence Gordon은 매클루언의 관점을 이렇게 요약했다. "기술은 새로운 환경을 창조하고 새로운 환경은 고통을 창조하며 인간의 신경 회로는 그 고통을 차단하기 위해 멈춘다."[6]

하지만 그 고통을 피하며 지구촌에서 살아남는 방법도 있다. 매클루언은 이것이 새로운 세상에서의 삶을 이해하고 그에 적응하는 것에 관한 문제라고 말했다. 매클루언은 새로운 도구가 문제의 원인이라고 생각하면서도 도구를 '탓하지는' 않았다. 기술이 우리를 미치게 만들고 있다면 이는 기술이 우리에게 무슨 짓을 하는지 관심을 기울이지 않은 우리 잘못이라는 것이다. 우리를 행복하게 해주어야 할 도구가 우리를 불행하게 만들도록 왜 내버려 두는가? 우리는 '새로운 기술에 의해 이리저리 떠밀리는 대신'[7] 그 기술을 통제해야 한다.

"미디어는 메시지다"라는 한 문장으로 요약할 수 있는 매클루언의 다음 책은 그를 진정한 대중문화의 아이콘으로 만들었다. 제임스 조이스나 샤를 보들레르와 같은 난해한 인물의 말을 인용하기 좋아하는 52세의 이론가가 대중문화의 아이콘이라니 썩 어울리지는 않는다. 하지만 사람들은 그 시기에 복잡한 세계를 이해하기 위해 필사적으로 노력하고 있었고 그에 대한 신선한 접근법을 제공한 사람이 바로 매클루언이었다. 맥루한은 자신의 신선한 접근법을 널리 알리기 위해 자신이 언급했던 새로운 기술, 즉 텔레비전 토크쇼를 비롯한 다양한 미디어에 모습을 드러내며 이를 능숙하게 활용했다. 하지만 매클루언은 그저 '왜 유명한지 잘 모르지만 그냥 유명한 사람'이었다. 미국의 코미디 쇼 〈로완과 마틴의 래프-인Rowan and Martin's Laugh-In〉에서는 한때 "마셜 매클루언, 지금 뭐하쇼?"라는 뜬금없는 질문을 러닝 개그running gag(코미디나 시트콤, 영화 등에서 계속 반복되는 우스꽝스러운 대사나 동작-옮긴이)로 사용하기도 했다.

그가 내세운 문구가 널리 알려진 반면에 사람들은 그 문구 이면의 의미를 제대로 파악하지는 못했다. 물론 그것은 전적으로 매클루언의 잘못이었다. 매클루언의 저서는 너무나 이론적이며 정신을 차릴 수 없을 만큼 순환 논리적이었다. 그의 저서는 여러 편의 각기 다른 짧은 에세이들이 '모자이크'처럼 제시되어 있어서 순서에 상관없이 어느 편부터라도 읽을 수 있었다. 이는 선형적 사고방식이라는 과거의 유산을 타파하려는 노력의 일환이었다. 하지만 좌뇌 문화에서 자란 독자들에게는 전혀 도움이 되지 않았다. 특히 책이 앞에서 뒤로 읽어나가는 매체였기에 더욱 그랬다. 매클루언은 자신의 책이 난해하다는 편견을 깨기 위해 우디 알랜Woody Allen의 영화 〈애니 홀Annie Hall〉에 직접 출연하여 희극적 장면을 연출하기도 했다. 지구촌이라는 개념이 최고조에 달한 오늘날에도 그의 저서를 읽다 보면 가끔 아무런 상관도 없는 문장들을 이해하기 위해 노력하고 있는 이상한 나라의 앨리스가 된 기분이 들기도 한다. 게다가 그는 신경과학자도 아니었기 때문에 신경계의 작용에 대한 그의 묘사는 특히 이해하기 어렵다. 예를 들어 보자. "내 제안은 문화 생태학이 인간의 지각기관에 상당히 안정적으로 근거하고 있으며 기술의 발전에 의한 지각기관의 확장은 모든 지각기관 사이의 새로운 비율을 설정하는데 상당히 주목할 만한 결과를 가져온다."[8] 이해하겠는가? 그가 좀 더 글을 쉽게 썼다면 오늘날 그의 이론은 그가 남긴 문구만큼 널리 알려졌을 것이다.

이러한 한계에도 불구하고 매클루언은 몇 가지 이유로 금세기에도 회자된다. 첫째, 디지털 시대의 도래와 함께 디지털 도구의 열렬한 지지자들이 그의 저서를 재발견했다. 하지만 그들은 "매체는 메시지다"라는 맥루한의 말을 "기술이 지배한다!"로 잘못 해석하는 우를 범하고 있다. 이는 매클루언의 믿음과 정반대였다. 물론 그렇게라도 재발견했기 때문에 매클루언이 남긴 메시지가 오늘날까지 유의미할 수 있었다. 여기서 중요한 메시지는 그가 인간의 자유와 행복을 기술보다 우선했다는 것이다. 인간이 사용하는 도구는 인간에게 엄청난 영향을 끼치지만 통제하는 측은 바로 '우리'여야 한다.

매클루언은 매스미디어 사회에 살면서 느낄 수 있는 몇 가지 근본적인 문제를 밝혔다. 누구나 가끔 뇌가 몸을 떠나 외부 세계까지 확장되어 있는 것처럼 느낄 때가 있을 것이다. 그런 느낌이 들 때 다시 내면을 들여다보거나 혼자만의 사고를 하는 것은 몹시 어렵다. 깊이는 인간의 의식이 바깥에서 안으로 가져온 많은 정보를 정리하고 그 의미를 파악하는 데서 얻어지는 것이다. 외적인 것을 자기만의 것으로 만들 때 깊이가 가능하다. 내적으로 행복한 삶을 이루는 유일한 방법은 내면에서 시간을 보내는 것이며 끊임없이 바깥세상에 한눈을 팔고 있다면 결코 불가능하다. 주의력 결핍이나 인터넷 중독을 비롯해 기술과 관련된 다른 모든 병폐는 전부 바깥을 향해 고정된 시선을 거두지 못하기 때문에 발생하는 것이다.

그렇다면 매클루언의 처방은 무엇일까? 그는 특별한 접근법을 옹호하지도 않았고 자신의 주장을 어떻게 적용해야 하는지 구체적인 지침도 제공하지 않았다. 하지만 그가 남긴 메시지 중 가장 중요한 것은 비록 기술이 인간의 의식에 어느 때보다도 영향을 끼치고 있지만 그것도 여전히 우리의 의식이라는 것이다. 기술에 이끌려 다닐 것인지 의식을 통제함으로써 삶 자체를 통제할 것인지 결정하는 것은 결국 우리다. 여기서 매클루언이 독자들의 이해를 돕기 위해 사용한 비유는 다음과 같다.

매클루언은 사람들이 기술과 도구에 매혹당하는 이유를 그리스의 나르시스 신화에 빗대어 설명했다. 젊은 나르시스는 물에 비친 자신의 모습을 다른 사람으로 착각한다. 매클루언은 이렇게 말했다. "이 신화의 요점은 이것이다. 인간은 자기 자신보다 자신의 확장된 형태에 매혹된다. 어떤 재료를 통한 확장인지는 중요하지 않다."[9] 비슷한 맥락으로 매클루언은 인간이 새로운 기술에 매혹되는 이유는 새로운 기술이 우리 자신

너머를 비춰주기 때문이라고 말했다. 하지만 나르시스와 마찬가지로 우리는 신체의 일부를 외부 세계로 확장함으로써 '우리를' 비춰주는 것이 바로 도구의 역할이라는 것을 인식하지 못한다. 그리고 혼란은 일종의 무아지경을 초래한다. 우리는 도구가 비춰주는 자기 모습에서 눈을 뗄 수도 없고 그 이유도 모른다.

매클루언이 나르시스에게 붙여준 별명은 스크린 때문에 이해할 수 없는 마법에 걸려본 적이 있는 사람(즉 거의 모든 사람)이라면 누구에게나 해당될 것이다. 바로 가젯 러버 Gadget Lover(첨단 제품 열혈 구매층-옮긴이)다. 하지만 너무 홀딱 빠지면 위험하다. 이에 대한 매클루언은 처방은 다음과 같다. "노래의 첫 번째 소절을 부를 때처럼 접속하는 즉시 마법에 빠진다는 것을 아는 것에서부터 시작한다."[10] 그래도 다시 스크린으로 돌아가고 싶은가? 나르시스를 생각하면서 참아 보라.

자신의 삶을 적극적으로 통제하는 것에 관해서는 다음과 같은 비유를 들어 설명했다. 언제나 군중과 연결되어 있다고 (내 친구가 말했듯이 중추신경계가 외부와 '연결되어 있다'고 느낀다고) 반드시 군중에게 운명을 맡겨야 하는 것은 아니다. 이를 위해 매클루언은 《소용돌이 속에서 A Descent into the Maelstrom》라는 에드거 앨런 포 Edgar Allan Poe의 단편소설을 예로 들었다.[11] 한 어부가 탄 배가 소용돌이에 빨려 들어 곧 죽게 생겼다. 그때 이상한 일이 일어났다. 갑자기 주변에 대한 모든 의식이 없어지고 마음이 가라앉았는데 그러면서 놀랍게도 소용돌이가 작용하는 원리를 깨달은 것이다.

다른 배들이 소용돌이 속으로 빨려 들어 자취를 감추고 있을 때 그는 부서진 배의 파편이 모양에 따라 달리 움직인다는 것을 발견했다. 대부분은 순식간에 아래로 빨려 들어갔지만 원통 모양의 파편은 쉽게 빨려 들지 않고 수면 가까이에 오래 남아 있었다. 이러한 관찰을 토대로 그는 배 위에 있던 원통형 물통을 자신의 배에 묶고 배 밖으로 뛰어들었다. 효과가 있었다. 배는 죽음을 향해 계속 빨려 들어갔지만 영리한 어부는 살아남았다. "내가 매달려 있던 물통은 아주 조금 밖에 가라앉지 않았다"고 어부가 말했다. 결국 소용돌이가 멈추었고 어부는 다시 수면 위로 올라올 수 있었다. "하늘은 맑았고 바람도 잠잠했으며 보름달이 환한 빛을 내며 서쪽으로 지고 있었다." 어부는 자기 목숨을 구한 것이다.

매클루언에게 소용돌이는 디지털 세상에서의 삶을 나타낸다. 우리는 통제할 수 없는 것처럼 보이는 격렬하고 혼란스러운 정보와 자극의 소용돌이에 빠져 있다. "우리가 자초한 소용돌이에서 어떻게 빠져나갈 것인가?" 그는 묻는다.[12] 그리고 그의 대답은 영리한 어부를 따르라는 것이다. 당황하지 말고 숨을 깊이 들이마시고 머리를 굴려라. 소용돌이 속으로 빨려 들지 않는 것이 무엇인지 파악하고 그것을 붙잡아라.

포의 이야기는 매클루언이 가장 좋아하는 이야기였다. 자신의 철학과 마찬가지로 개인이 문제 해결의 주체라는 점 때문이었다. 인간은 소용돌이를 만들 재주도 있지만 자기 목숨을 구할 재주도 있다. 우리는 새로운 환경에 휩싸여 정신을 잃는 대신 그 환경과 관계를 맺고 창조성을 발휘

둘째 걸음, 시간의 숲으로 들어가다

해야 한다. 〈매클루언의 깨달음McLuhan's Wake〉이라는 매클루언의 관한 다큐
멘터리 영화를 감독한 케빈 맥마흔Kevin McMahon은 "사람들은 기술에 겁을
먹고 있다"고 말했다.[13] 매클루언이 남긴 메시지의 긍정적인 측면은 이렇
다. 당신이 도구를 만들었으니 그 도구가 당신에게 어떤 영향을 끼치는
지 이해한다면 충분히 통제할 수 있다.

그렇다면 그 다음에 필요한 질문은 바로 이것이다. 우리의 물통은 과
연 무엇인가? 영리한 어부처럼 각자의 물통은 각자 찾아야 한다. 인간이
처한 상황은 모두 다르며 내적 삶과 외적 삶의 균형을 맞추는 방법도 다
양할 뿐 정답은 없다. 언제나 그래 왔다. 중요한 것은 매 순간 자신의 경
험은 자기 스스로 만들어 가고 있다는 것을 의식하는 것이다. 키보드를
두드리며 디지털 교통 정체에 발이 묶여 대부분의 시간을 허비한다면 당
신의 삶도 그렇게 될 것이다. 어쩌면 그렇게 사는 것이 행복할 수도 있
다. 그러나 그런 삶이 불행하다면 다른 선택을 해야 한다.

나르시스의 무아지경에 대한 처방보다 조금 더 정확하며 유용한 맥루
한의 해결책은 매클루언은 서로 다른 도구는 '서로 다른 방법'으로 우리
에게 영향을 미친다는 사실을 명심하는 것이다. 이 말이 무슨 뜻인지 설
명하기 위해 매클루언은 매스미디어를 '핫hot 미디어'와 '쿨cool 미디어'로
구분했다. 핫 미디어는 제공하는 정보와 자극의 양은 많고 사용자의 참
여도는 낮은 매체를 일컬으며 쿨 미디어는 전달하는 정보의 양은 적은
반면 사용자가 적극적으로 참여해 빈칸을 채울 수 있는 매체다. 그는 이

렇게 말했다. "핫 미디어는 사용자를 배제하고 쿨 미디어는 사용자를 포함한다."[14]

매클루언에 따르면 라디오는 핫 미디어다. 청각이라는 한 가지 감각을 정보로 가득 채우고 청취자가 참여할 여지를 거의 남기지 않기 때문이다. 하지만 텔레비전은 쿨 미디어다. 시청자의 참여를 요구하기 때문이다. 물론 이러한 정의는 시간의 흐름에 따라 얼마든지 변할 수 있다. 새로운 기술이 등장하면 오래된 기술의 영향력은 바뀔 수 있기 때문이다. 오늘날 디지털 스크린은 사용자의 참여를 적극 권장하지만 동시에 우리를 짓누르는 거의 틀림없는 핫 미디어다. 그에 비하면 라디오는 상대적으로 쿨 미디어라고 할 수 있다.

중요한 점은 여러 가지 도구가 서로 다른 영향을 끼친다는 것을 기억함으로써 마음을 통제할 수 있다는 것이다. 이는 앞에서 언급한 연속선에 대한 새로운 사고방식이기도 하다. 만약 6시간 내리 스크린을 사용해 머릿속이 지나치게 달궈졌다면 무엇으로 온도를 낮출 것인가? 집으로 오는 지하철 안에서 내내 스크린을 바라보고 있는 것으로는 결코 온도를 낮출 수 없다. 어쩌면 그냥 조용히 앉아서 전철 여행을 즐기는 편이 더 나을지도 모른다. 무엇보다도 가장 '쿨'한 도구는 아무런 도구도 사용하지 않는 것이다. 외부의 힘이 내면의 느낌을 규정하도록 내버려 두지 말고 개개인이 각자의 온도 조절 장치가 되어 자유자재로 온도를 조절해야 한다.

둘째 걸음, 시간의 숲으로 들어가다

또한 매클루언의 아이디어가 이 세상에서 여전히 교훈적인 것만큼 놀라운 점은 이 세상이 그의 생각을 너무나도 간절히 원했다는 점이다. 기술로 인해 인간이 빠진 딜레마에 대한 반 백년 전의 높은 관심이 무명의 문학 교수를 국제적 유명 인사로 만들었다. 더불어 이 문제에 대한 인식이 높아졌고 매클루언은 그 관심을 더욱 확장시켰다. '정보의 홍수'라는 말이 처음 언급된 앨빈 토플러의 《미래의 충격 Future Shock》을 비롯해 새로운 기술 때문에 혼란스러워 하는 사람들을 위한 자기 계발서가 한동안 성황을 이루기도 했다.[15] 로버트 피어시그 Robert Pirsig는 《선과 모터사이클 관리술 Zen and the Art of Motorcycle Maintenance》이라는 자신의 베스트셀러에서 동양과 서양철학을 접목시킨 인간과 기술의 관계에 대한 새로운 사고방식을 제시하기도 했다.

오늘날 스크린의 홍수에 대한 이야기는 끊이지 않지만 비판적이거나 건설적인 내용은 별로 없다. 나르시스? 핫 미디어와 쿨 미디어? 이메일을 확인하면서 내 마음이 왜 이렇게 공허한지에 대해 막연하게나마 생각해보거나 위와 같은 단어를 떠올리는 사람이 과연 얼마나 될까? 우리는 그저 어깨를 으쓱하며 이것이 운명이라고 받아들인다. 우리에게 비록 유명한 철학자는 없지만 유명한 주방장은 많다. 문제는 그 주방장들이 요리법을 바꾸면 삶 자체가 얼마나 맛있어질지 결코 말해주지 않는다는 것이다. 매클루언이 진실로 말하고자 한 것도 바로 이것이었다. 우리 마음의 부엌에는 온갖 신선한 재료가 가득하다. 그리고 우리는 날마다 그 부얽에 들러 세상에서 가장 맛있는 음식을 만들 수 있다. 당장 부엌으로 달려가 보지 않겠는가?

둘째 걸음, 시간의 숲으로 들어가다

셋째 걸음,
내 안의 월든 숲을 발견하다

Chapter 12
깊이 있는 삶을 위한 일곱 가지 철학

우리는 지금까지 잠시도 끊이지 않는 디지털 네트워크를 추구해왔다. 하지만 그러한 결정을 작정하고 선택한 사람은 없다. 이 문제에 대해 의식적으로 생각해본 적도 없고 우리에게 선택권이 있다는 사실조차 몰랐다.

물론 우리에게는 선택권이 있었고 지금도 그렇다. 디지털 도구를 사용하는 방법은 선택의 문제이자 철학의 문제다. 신념과 원칙에 관한 문제이기 때문이다. 지금과 같은 방법을 고수한다면 갈수록 더 큰 대가를 치러야 할 것이다. 우리는 '깊이' 있는 삶을 살기 위해 새로운 사고방식을 받아들이고 그에 따라 살아야 한다.

새로운 사고방식에 대한 실마리는 도처에 널려 있다. 내 경우에는 스크린에서 잠시 멀어질 때마다 좋은 일이 일어났다. 디지털 세상에서의 삶, 그 안에서 만나는 모든 사람, 접할 수 있는 온갖 정보에 대해 생각할 시간과 공간이 생겼다. 또한 스크린을 통한 외적 경험을 내면으로 가져올 수 있었다. 그러한 경험은 공항으로 가면서 엄마와 통화했던 바로 그날처럼 작지만 소중한 순간에서 비롯된다. 평범한 전화 통화였지만 통화를 마치고 휴대전화를 내려놓자 예상치 못한 충만함을 경험할 수 있었다.

스크린과 인간 사이의 공백은 인간의 의식을 물질세계로 되돌려 놓기도 한다. 뇌, 두 눈, 키보드를 두드리는 손가락이 나의 전부는 아니다. 나는 육체로 이루어진 시간과 공간을 넘나드는 살아 있는 인간이다. 스크린이 내 삶을 주도하도록 내버려두었을 때 나는 내 육체의 나머지를 무시했으며 그로 인해 내 자신의 온전함을 느끼지 못했다. 나는 삶의 '깊이'와 충만함을 느끼지 못했다. 깊이가 없는 삶은 비단 개인의 문제가 아니다. 개인의 삶에서 깊이가 없어지면 일터에서, 학교에서, 정부와 사회 구석구석에서 집단적으로 기울이는 모든 노력이 수포로 돌아갈 수 있다. 개인의 깊이가 사라지면 사회의 깊이가 사라지고 세상 모든 곳에서 깊이가 사라진다.

하지만 디지털 시대는 아직 젊다. 지금이야말로 이 모든 상실을 만회하고 구글의 회장 에릭 슈미트가 말했듯이 '주변 사람들'을 되찾아야 할 때다.

이에 필요한 도움을 얻기 위해 2부에서는 인간의 역사적 경험에 대해 살펴보았다. 스크린의 일곱 철학자가 보여주었듯이 이 문제는 문명의 역사만큼이나 오래되었다. 네트워크가 발전함에 따라 늘 새로운 군중이 등장했고 삶도 더욱 분주해졌다. 그리고 군중 안에서의 삶은 필연적으로 다음과 같은 질문을 불러올 수밖에 없었다. 왜 이렇게 생각할 시간이 없는가? 떨쳐버리기 힘든 이 허전하고 불안한 느낌은 무엇인가? 어디까지가 군중의 의견이고 어디서부터가 내 의견인가? 이 도구가 우리한테 무슨 짓을 하고 있는가? 우리가 상황을 바꿀 수 있을까?

일곱 철학자는 다양한 해답과 생각할 거리를 제시했다. 가장 중요한 것은 군중과 자아, 외적인 삶과 내적인 삶 사이의 균형을 찾는 것이다.

개중에는 문명은 언제나 그러한 과도기를 거치며 살아남았기 때문에 걱정할 필요가 없다고 말하는 사람도 있다. 우리는 어떻게든 살아남을 것이기 때문이다. 하지만 문제는 우리가 살아남는 것 이상을 원한다는 것에 있다. 앞에서 살펴본 역사의 매 시기마다 행복하고 충만한 삶을 누렸던 사람들이 있었지만 그렇지 못한 사람들도 있었다. 행복을 찾은 사람들은 소크라테스가 외적 자아와 내적 자아가 '하나가 되게' 해달라고 기도하며 갈구했던 마음의 평화를 얻었을 것이다. 그렇지 못한 사람들은 바깥세상의 인질이 되어 언제나 '쫓기는 듯한 분주한 마음'을 결코 떨쳐버리지 못했을 것이다.

지금부터는 일곱 철학자의 사상을 다시 한 번 살펴보면서 현재에 적용할 수 있는 구체적인 아이디어를 제시할 것이다. 이 구체적인 아이디어들은 내 개인적 경험에서 나온 것이기 때문에 정답이 아니라 하나의 제안일 뿐이다. 개개인이 처한 상황은 저마다 독특하기 때문에 이 문제를 해결하기 위한 가장 좋은 방법이란 존재하지 않는다. 그럼에도 불구하고 이런 제안을 하는 이유는 독자들이 각자의 해답을 찾는 데 도움을 주기 위해서다. 당신이 문제를 인식하는 것만으로도 이미 반은 해결한 것이며 사소한 노력일지라도 분명 효과를 발휘할 것이다.

첫번째 철학자
플라톤의 물리적 거리

소크라테스와 파이드로스는 성벽 밖을 거니는 것으로 아테네의 분주함을 뒤로 했다. 물리적 거리두기는 군중을 통제하는 가장 오래된 방법이다. 하지만 오늘날은 디지털 세상의 '성벽' 밖으로 나가는 것이 예전만큼 쉽지 않다. 진정으로 네트워크가 차단된 장소는 점차 사라지고 있다. 하지만 어쩌면 더 쉬워졌을지도 모른다. 스크린을 집에 두고 산책을 나가는 단순한 행동만으로 거리를 확보하게 되니 말이다. 스크린을 놓고 나서는 순간 당신은 성벽 밖에 있는 것이다.

우리가 쉽게 스크린을 두고 나오지 못하는 이유는 무엇일까? 그건 스크린을 들고 가는 것이 나쁠 것도 없고 오히려 더 합리적인 것처럼 느껴지기 때문이다. 우리는 스크린 없이 아무것도 할 수 없으며 은연중에 스크린 없이 집을 나서는 것이 위험한 모험이라고 생각했다. '디지털 친구와 함께 가는 게 좋겠지? 혹시 모르니 말이야'라고.

하지만 그 미묘하고 작은 차이가 경험의 본질을 바꾼다. 스마트폰을 들고 있으면 여러 모로 편리하고 안전하다는 느낌을 받을 수 있지만 그와 동시에 진정한 고독의 가능성은 사라진다. 스크린은 심리적인 사슬이며 그 사슬이 우리를 잡아당기고 있다는 것을 우리도 느낄 수 있다. 하지만 끌려가는 그 느낌이 너무 편하고 자연스러워서 스크린 없는 삶은 상상조차 할 수 없다. 그것이 바로 문제다.

오늘날 물리적 거리를 확보하고 거리가 제공하는 이익을 즐기기 위해서는 눈앞에서 스크린을 치워야 한다. 휴대전화를 서랍 속에 넣어 두고 밖으로 나가라. 나쁜 일은 일어나지 않을 것이다. 어쩌면 더 좋은 일이 생길지도 모른다. 스크린 없이 잠깐 산책을 한다고 소크라테스가 느꼈던 황홀감을 느끼지는 못하겠지만 내적 자유는 틀림없이 느낄 수 있을 것이다. 나중에는 스크린을 놓고 나간다는 생각 자체만으로 발걸음이 경쾌해질 것이다.

일상생활에서도 마찬가지다. 짧은 여행이나 단순한 심부름도 스크린이 없으면 두 배로 풍부해질 수 있다. 물론 조금 멀리 떠나는 휴가에도 적용할 수 있다. 지금은 휴가 중이라는 자동 답장을 설정해두고 디지털 도구는 집에 놔두고 떠나라. 만약 기회가 생긴다 해도 결코 스크린을 확인하지 마라. 갑작스럽게 친구들과 함께 디지털 세상을 훌쩍 떠나는 것도 좋다. 숙소에 스크린이 있다 해도 절대 가까이 가지 마라.

몇 해 전 겨울에 어느 여행 잡지에서 기자 3명을 모스크바로 보낸 적이 있다.[1] 한 명에게는 블랙베리를 또 한 명에게는 아이폰을 그리고 마지막 한 명에게는 가이드북 하나만 쥐어 보냈다. 세 사람은 강추위의 모스크바에서 싸고 멋진 식당 찾기, 자정에도 문을 여는 약국 찾기 등 여행자를 위한 몇 가지 임무를 완수해야 했다. 가장 먼저 임무를 완수한 사람은 바로 가이드북 하나만 들고 갔던 기자였다.

그 기사가 나간 후 독자 한 명은 이렇게 말했다. "저 역시 여기저기 잔뜩 접힌 가이드북 하나와 다정한 미소만 가지고 전 세계를 돌아다니며 멋진 여행을 했습니다. (…) 경험 많은 여행자들이 늘 이야기하듯이 어디서나 낯선 이들의 친절함을 느낄 수 있을 거예요. 블랙베리에 정신을 빼앗기지만 않는다면 말이죠."

물론 물리적 거리가 그 의미를 완전히 잃은 것은 아니다. 디지털 접속이 여전히 힘들거나 아예 찾을 수 없는 곳이 분명히 존재한다. 미국 대륙만 해도 아직 외딴곳이 많다. 기회가 있다면 최대한 즐겨라. 오지가 언제까지 그 상태로 남아 있을 리는 없으니 말이다. 이제 우리 가족은 여름 캠프나 휴가 계획을 세울 때 휴대전화가 안 터진다거나 인터넷 연결이 불가능하다는 말을 들으면 무척이나 즐거워한다. 비행 중 무선 인터넷 서비스가 점차 보편화되고 있지만 혹시 요금을 지불해야 한다면 돈을 아껴라. 그보다 훨씬 소중한 서비스를 공짜로 누릴 수 있을 것이다. 바로 디지털 세상과의 '거리'다.

세네카의 내적 거리

물리적 거리를 확보하는 것이 가능하지도 않고 효과도 없을 때 세네카는 내적 거리를 찾았다. 세네카는 한 가지 생각이나 한 사람에게 정신을 집중하고 나머지 세상을 무시함으로써 내적 거리를 확보했다. 오늘날 군중을 차단하는 것은 과거보다 훨씬 중요해졌으며 이를 위한 방법도 다양하다. 가장 중요하고 확실한 방법은 친구나 가족을 곁에 두고 대화를 하는 것이다. 물론 스크린의 방해가 없어야 한다. 너무 빤한 방법이라서 제안하는 것도 어색하지만 우리가 과연 주변 사람들과 진실한 대화를 나누고 있는가? 만약 당신의 곁에 앉은 사람이 스크린을 갖고 있다면 잠시 치우는 게 어떻겠냐고 부드럽게 제안하라. 그 말은 바로 이런 뜻이다. '나는 당신하고만 함께 있고 싶어요.' 하지만 요즘은 이런 말을 듣기가 좀처럼 쉽지 않다.

편지 쓰기가 구시대적인 방법이라서 마음에 들지 않는다면 그것 말고도 '몰입' 상태에 쉽게 도달할 수 있는 활동은 많다. 특히 손으로 하는 활동이 도움이 될 것이다. 장작 패기, 뜨개질, 요리, 자동차 엔진이나 자전거 손보기 등이다.

스크린 안의 군중을 최소화하는 것도 도움이 된다. 네트워크를 완전히 차단할 때 느끼는 내적 거리를 확보할 수는 없겠지만 조금은 도움이 될 것이다. 얼마나 많은 창을 동시에 열어 놓고 있는가? 쇼핑을 하면서 인스턴트 메시지를 보내고 이메일을 작성하면서 동영상도 감상하고 게임도 하지는 않는가? 반대로 한 번 해보라. 한 번에 한 가지 활동만 하는 것이다. 전화로 수다를 떨면서 아무 의미도 없이 스크린을 헤매지 마라. 수화기 저편에 있는 사람이 바로 당신의 루킬리우스다.

온라인 시간을 줄이는 또 다른 방법은 다른 사람을 검색엔진으로 활용하는 것이다. 나는 뉴스 사이트를 기웃거리지 않고도 새로운 소식을 들을 수 있다. 바로 친구와 가족에게 묻는 것이다. 오늘 머리기사 혹시 읽었어? 그 영화배우가 곤경에 처했다고? 정치 소식은 어때? 주변 사람이라는 렌즈를 통해 소식을 접하는 것이 훨씬 즐겁고 당신의 수고 또한 덜어줄 것이다.

왜 그런지 모르겠지만 우리는 소셜 네트워킹 기술을 가장 잘 사용하는 방법을 가능한 많은 친구를 만드는 것이라고 생각한다. 가상의 공간에 자기가 아는 모든 사람을 쑤셔 넣는다. 그리고 온라인에서 바로 몇 주 전에 연락이 닿은 잘 기억나지도 않는 초등학교 친구가 내 직장 동료와 떠는 수다에 자연스럽게 섞여 든다. 정말 멋지지 않은가?

인터넷이 아직 새로웠던 시절에는 인터넷을 최대한 활용해 인맥을 넓히려는 욕구가 자연스러웠다. 하지만 이제는 온라인에 너무 많은 사람이 모여 있다. 지금은 방향을 바꾸는 것이 더 현명하다. 가능하다면 군중을 좁히고 걸러내라. 이 책을 쓰는 동안 나는 내 삶에서 짧지만 중요했던 시절에 만난 사람 몇 명만 모여 있는 (24명이 채 안 된다) 소셜 네트워크 단 하나만 사용했다. 그것뿐이었다. 물론 소셜 네트워크 내에서 작은 그룹을 만들 수도 있지만 이 역시 지나치면 좋지 않다. 너무 많은 하위 그룹은 너무 많은 사람처럼 복잡하다. 하지만 현명하게 사용한다면 이 방법을 통해 디지털 군중을 관리하기 쉽게 나눌 수도 있다. 내가 아는 모든 사람이 기다리고 있는 곳으로 가는 대신, 친밀한 사람들 몇 명이 나를 기다리고 있는 나만의 작은 네트워크에 접속해라. '어서와, 친구!' 다정한 이웃과 술 한잔 기울일 수 있는 동네 어귀의 술집, 그곳이 바로 스크린 속의 작은 술집이다.

세번째 철학자
구텐베르크의 자기 성찰의 기술

구텐베르크는 자기 성찰을 위한 가장 위대한 도구인 책을 더 많은 사람이 접할 수 있도록 해주었다. 오늘날의 기술 개발자들도 현재의 도구를 가지고 그와 같은 솜씨를 부릴 수 있을까? 자기 성찰의 필요성은 과거보다 더하면 더했지 못하지는 않을 것이다. 하지만 디지털 세상은 그와 반대 방향을 가리키며 더욱 강력한 네트워크를 지향하고 군중에게 개인을 더 많이 노출시키고 있다. '모든 어플리케이션을 한꺼번에!' 한 휴대용 스크린 광고는 이렇게 말했다. 하지만 '한꺼번에' 하는 것은 우리

마음에 전혀 도움이 되지 않는다.[2]

전자책 역시 디지털 세상과 같은 방향으로 움직이고 있다. 미래를 위한 위대한 한 걸음이라고 홍보되는 전자책 단말기는 읽기 경험을 외부 지향적 경험으로 만들기 위해 고안되었다. 전자책 단말기는 인터넷이 가능한 초소형 컴퓨터로 독자들의 내적 경험을 더 어렵게 만든다. 정말로 책을 읽으면서도 평상시처럼 분주하고 싶은가?

구텐베르크의 원칙을 현재의 디지털 도구에도 적용할 수 있을 것이다. 만약 방해 요소를 차단하고 휴대용 컴퓨터로 한 번에 한 가지 일만 마무리하고 싶다면 컴퓨터의 무선 인터넷 신호를 차단해 컴퓨터를 '연결이 끊어진' 도구로 만들면 된다. 하지만 불행하게도 내 노트북을 그렇게 만들려면 여간 복잡한 게 아니다.

첨단 기술 기업들도 가끔은 '연결이 끊어진' 상태가 좋다는 사실을 제품 개발에 적용할 필요가 있다. 새로 개발하는 제품에는 사용자가 손쉽게 상태를 변경할 수 있도록 눈에 잘 띄는 곳에 '끊김' 버튼을 만들어 놓으면 어떨까? 15세기와 마찬가지로 오늘날에도 모든 사람은 군중에서 벗어나 시간을 보낼 필요가 있다. 그리고 기술은 이를 도와야 한다.

네번째 철학자

셰익스피어의 오래된 도구

인쇄술이 개발된 이후에도 손으로 직접 글씨를 쓰는 사람은 더 많아졌다. 햄릿의 '테이블'이 보여주듯이 오래된 도구는 새로운 도구가 야기하는 정보의 홍수를 효과적으로 통제할 수 있으며 분주한 마음을 가라앉힐 수 있다.

종이가 가장 좋은 예다. 20세기 중반 이후에 미래학자들은 종이가 곧 자취를 감출 거라고 예측했다. 하지만 그런 일은 일어나지 않았다. 종이는 여전히 유용한 도구다. 어쩌면 우리가 간절히 원하는 디지털 커넥팅의 '부재'를 제공하기 때문에 더욱 유용해지고 있는지도 모른다. 종이 책을 읽어라. 내가 몰스킨을 사용하는 것처럼 일기를 쓰거나 단순한 공책에 아무거나 끼적여라. 새로운 잡지를 구독하라. 한 가지에 집중하기가 점차 힘들어지는 멀티태스킹 세계에서 웹에서 벗어난 종이의 호젓함이 가진 힘은 점차 강해지고 있다. 아름답게 제본된 종이 묶음을 손에 들고 있는 것만큼 멋진 일도 없다. 전 세계가 당신의 마음과 함께 속도를 늦출 것이다.

여러 가지 업무를 처리하는 데 최신 기술이 반드시 가장 좋은 선택이라고 할 수는 없다. 언젠가 부활절 휴가를 맞아 친척들이 모두 모이자 아들이 식구들의 모습을 그려 보고 싶다고 했다. 다 그린 다음 모두에게 나눠주고 싶었기에 아이맥iMac에 설치된 키드픽스Kid Pix라는 프로그램을 사용하려고 했다. "잠깐만!" 우리가 말했다. "혹시 부엌 식탁에서 색연필을 들고 손으로 직접 그리면 어떨까? 훨씬 자유롭게 원하는 대로 그릴 수 있지 않을까? 그러고 나서 컬러 복사를 하면 되지." (인터넷 중독에서도 멀어질 테지만 그 말은 하지 않았다.) 아들은 잠깐 생각하더니 그것이 훨씬 재미있고 표현 가능성도 크다는 데 동의했다. 아들은 환상적인 그림을 그린 다음 이렇게 말했다. "키드픽스로 그리는 것보다 훨씬 재밌는데!"

오래된 도구는 쉽고 재밌다. 가상의 삶이 우리를 짓누를 때 역설적으로 물리적 실체가 더 가볍고 즐겁다. 레코드판은 음악 소리가 더 좋고 손으로 다루는 느낌도 좋으며 사색에 잠기는 데도 훨씬 매력적이다. 나는 가끔 휴식 시간에 동료들과 장난감을 갖고 논다. 도미노나 구슬치기도 인기가 많고 보드게임은 그렇게 즐거울 수가 없다.

다섯번째 철학자
프랭클린의 긍정 습관

벤저민 프랭클린은 긍정적인 목표를 지향하는 규범으로 혼란스러운 삶에 질서를 부여했다. 그는 '도덕적 완벽'을 달성하기 위해 노력했지만 우리는 그보다는 쉽게 마음의 평화를 얻는 것을 목표로 삼을 수도 있다. 프랭클린의 접근법을 사무실에 적용한 예에 대해서는 이미 논의했으며 이는 개인의 일상생활에도 마찬가지로 적용할 수 있다. 규범을 통해 삶의 균형을 찾을 수 있는 가능성은 무한하다.

스크린 사용 시간을 제한하는 것으로 그치지 말고 그에 대한 보상을 마련하라. 노트북 컴퓨터의 배터리가 소진되고 있으면 당장 하고 있는 일에 정신을 집중하기가 훨씬 쉬울 것이다. 이러한 행동을 습관으로 만

셋째 걸음, 내 안의 월든 숲을 발견하다

들 수도 있다. 스크린 관련 업무를 정해진 시간에 끝내기로 결심하고 이를 달성하면 자신에게 보상하라. 점차 나아질 것이고 스크린 사용 시간은 줄어들 것이며 뜻밖의 즐거움을 얻을 수도 있다.

하루 중 몇 시간을 스크린 사용 금지 시간으로 정하는 것도 좋다. 《이메일의 횡포The Tyranny of E-mail》의 저자 존 프리먼John Freeman은 아침 일찍 그리고 밤늦게 이메일을 확인하는 습관은 틀림없이 '워커홀릭 사이클'을 만든다며 이를 하지 말라고 제안했다.[3] 특히 아침에 "가장 먼저 이메일을 확인하지 않는 것은 일과 사생활의 경계를 튼튼히 해줄 것이다. 어느 쪽에나 온전히 충실하고 싶다면 그 경계는 반드시 필요하다"고 말했다.

디지털 중심의 삶을 만회하기 위한 긍정적인 규범이 반드시 디지털 도구에 관한 것일 필요는 없다. 저녁 시간에 너무 오랫동안 스크린을 사용한다면 그 시간의 반이라도 그와 전혀 다른 색다른 일을 해보아라. 배우자나 연인과 더 많은 시간을 보내거나 아이들과 함께 별자리를 관찰하거나 그동안 듣고 싶었던 이탈리아 요리 강좌를 수강하는 것이다.

예전의 디지털 중심의 삶에서 배인 부정적인 습관을 얼마나 어떻게 줄일지 고민하지 말고 긍정적인 목표에 얼마나 많은 시간을 투자할지 먼저 고민하라. 물론 긍정적인 습관 역시 마음의 속임수일 뿐이다. 하지만 우리가 무찌르고자 하는 것 역시 마음의 불필요한 속임수 아닌가.

여섯번째 철학자

소로의 월든 존

19세기 중반을 살았던 소로는 분주함을 극복할 방안으로 평화의 장소를 마련했다. 오늘날과 같은 디지털 시대에도 집 안에서 구역을 나누는 방법은 셀 수 없이 많기 때문에 어떤 집에서든 그와 같은 장소를 마련할 수 있을 것이다. 그런 공간을 반드시 고요한 사색의 공간으로 만들어 (특히 아이들에게) 오프라인은 지루하다는 인상을 심어줄 필요는 없다. 아이들은 스크린에서만 재미있는 일이 일어나는 것이 아님을 배워야 한다. 고요한 월든 존이 있다면 시끄럽고 떠들썩한 월든 존도 만들 수 있다. 집 밖으로 나가는 것만으로 그런 공간을 창조할 수도 있다. 소로의 프로젝트 역시 '뒷마당 실험'이 아니었던가. 자연을 즐길 수 있는 곳이라면 어디든 디지털 세상의 은신처가 될 수 있다. 궁극적인 월든 존은 바로 나무 위의 집이 아닐까.

미래에는 스크린 하나로 영화 감상, 텔레비전 시청, 소셜 네트워킹, 문자메시지 전송 등 여러 가지 일을 한꺼번에 해결하는 것이 기술적으로 가능해질 것이다. 그에 따라 집 안의 공간 또한 다양한 스크린 경험을 위한 공간으로 분류하는 것이 좋을 것이다. 사실 많은 사람들이 이미 이 방법을 사용하고 있다. 어떤 방은 스크린에서 멀리 떨어진 경험을 제공하는 즉 여럿이 모여 영화를 감상하거나 텔레비전을 시청하는 방, 또는 컴퓨터처럼 스크린에 더 가까운 디지털 경험을 위한 방으로 말이다. 이 두 가지는 자연스럽

셋째 걸음, 내 안의 월든 숲을 발견하다

게 서로를 보완해준다(텔레비전 시청의 이완과 키보드 사용의 긴장). 이러한 구분을 유지하고 개인의 뜻에 따라 선택할 수 있게 하라.

소로의 원칙은 집 밖에서도 충분히 활용할 수 있다. 공공장소에도 월든 존은 이미 존재한다. 기차의 조용한 객실도 그 중 하나다. 물론 조용한 객실은 스크린 활동 자체보다는 소리에 관한 것이긴 하다. 극장이나 박물관도 월든 존이라고 할 수 있으며 손님에게 디지털 도구를 꺼달라고 요구하는 레스토랑도 월든 존이 될 수 있다. 지난 몇 십 년 동안 학교는 주로 학생들의 디지털 네트워크를 강화하는 데 전력을 기울였지만 앞날을 내다보는 소수의 교육자들은 학교 안에서 디지털 놀이를 없애거나 명상을 위한 공간을 조성해 왔다. 교육자 로웰 몽크Lowell Monke는 그러한 공간이 '첨단 기술로 둘러싸인 삶의 분주함을 없애고 아이들이 어린이다운 본성을 마음껏 즐길 수 있는 기회를 제공할 것'이라고 말했다.[6] 스크린이 확산될수록 이 반대의 경향 또한 확산되어야 한다.

오프라인 커피 전문점? 스크린 없는 헬스클럽? 어쩌면 옛 금주 시대의 '주류 밀매점'처럼 암호를 대야만 들어갈 수 있는 디지털 도망자를 위한 은신처가 다시 생길지도 모른다.

일곱번째 철학자
매클루언의 행복의 온도

매클루언은 분주한 디지털 세상에서도 개인이 각자의 경험을 통제할 수 있다고 생각했다. 디지털 분주함이 자기 삶에 어떤 소용돌이를 일으키는지 연구하고 자기만의 창조적인 탈출 방법을 마련하라. 내 친구 한 명은 때와 장소를 가리지 않고 인터넷에 접속할 수 있는 스마트폰을 없애고 아주 기본적인 휴대전화로 돌아감으로써 내부 온도를 낮추었다. 친구는 '믿기지 않을 만큼 기분이 좋아'졌지만 한 가지 문제가 있었다. 그 친구는 농구광이었는데 스마트폰을 없앤다는 것은 곧 대륙 반대편에 있는 자기가 가장 좋아하는 농구 팀에 충성을 다할 수 없다는 것을 뜻했다. 이를 해결하기 위해 그는 첨단 기술까지 빌리지 않더라도 가능한 라디오 방송을 듣기 시작했다. 농구 소식을 듣는 데에는 부족함이 없었을 뿐만 아니라 어릴 적 라디오로 경기 중계를 듣던 추억까지 되살려주었다.

디지털 분주함의 소용돌이에서 벗어나고자 하는 노력이 반드시 극단적이거나 고될 필요는 없다. 오히려 게임처럼 즐거울 수도 있다. 주말에 짧은 여행을 떠날 때 '계획 없이' 휴대전화를 두고 나가면서 사람들이 당신에게 연락할 수 없을 때 어떤 반응을 보이는지 지켜보라. 현관에서 디지털 도구를 압수하는 파티를 열어 보라. 내가 가끔 가는 대형 마트에도 디지털 스크린이 구석구석 설치되어 쉬지 않고 광고를 쏟아낸다. 나는 아무도 안 볼 때 몰래 손을 뻗어 스크린을 꺼버리기도 한다.

매클루언은 내용보다 기술 자체에 집중했지만 내용을 현명하게 선택하는 것도 큰 도움이 된다. 하루 종일 바깥세상에 귀를 기울이고 있는 것은 자신에게 분명 나쁜 영향을 끼칠 수밖에 없다. 너무 많은 것에 신경 쓰다 보면 기진맥진하게 된다. 지나치게 확장된 마음을 억제하는 한 가지 방법은 '지역' 미디어 내용에 더 관심을 기울이는 것이다. 언제나 저 멀리서 일어나는 사건만 쫓아다니지 말고 자기가 사는 지역으로 관심을 돌려라. 좋은 지역 뉴스 사이트나 블로그 하나를 선택해 구독하는 것으로 스크린 경험의 범위를 제한하라. 지역 라디오 방송을 듣고 지역 신문을 구독하라. 밖에 나가 이웃과 수다를 떨어라. 스크린에서도 '지역 농산물 소비 운동'이 필요하다. 지구촌에서 벗어나 당신이 살고 있는 곳에 관심을 기울여라. 그곳이 비록 대도시의 한 블록일지라도 말이다.

그 지역 사람들을 모아 일상생활에 필요한 정보를 교환하는 것은 어떨까? 내가 사는 곳에서 디지털 시대를 더 협동적이고 인간적으로 만들기 위한 '재능 기부' 행사가 열린 적이 있다. 다음 날 신문은 이를 두고 이렇게 보도했다. "8학년 학생이 닌텐도의 위_{Wii} 사용법을 가르쳤고 고등학교에 다니는 남학생 2명이 페이스북과 휴대전화에 대해 강의했다. 중년의 남성은 고기 자르는 법을 시연했다."[5] 이것이 바로 우리의 미래라면 괜찮을지도 모른다.

위에서 언급한 모든 제안은 대부분 사소한 것들이지만 그 사소한 아이디어를 적용한 멋진 방법은 훨씬 많을 것이다. 몇 년 전 우리 가족은 스크린이 우리 가족에게 미치는 영향을 감소시키기 위해 한 가지 실험을 했다. 그 실험에는 위에서 제시한 몇 가지 아이디어도 포함되어 있는데 결과가 너무 좋아서 우리는 이를 앞으로도 쭉 실행하기로 했다. 우리 가족의 실험에 대해서는 다음 장에서 자세히 서술할 것이다.

셋째 걸음, 내 안의 월든 숲을 발견하다

Chapter 13
생각이 탄생하는 곳, 디스커넥토피아

우리 가족이 사는 모습은 대도시의 친구들이 사는 모습과 별반 다르지 않다. 우리 집은 작은 도시의 변두리에 있지만 그렇다고 겉으로 보이는 것처럼 모든 네트워크가 차단된 전원은 아니다. 세상은 지난 20여 년 동안 급격히 변했다.

멀리서 날아온 갑작스러운 전보 때문에 마음이 '쉴 틈 없이 바쁘게 뛰어다니느라' 사랑하는 가족과 저녁 식사도 편하게 누리지 못했던 사업가가 생각나는가? 요즘은 누구나 그렇게 살고 있다. 어른이나 아이나 마찬가지다. 우리 집의 경우 아들 윌리엄이 자라면서 스크린에 관심이 생기기 시작하자 함께 모일 때마다 '가족이 사라지는 마법'이 일어났다. 모두 각자의 스크린을 향해 자리를 뜨는 것이다.

이런 상황이 뭐가 문제냐고 생각하는 사람도 있을 것이다. 디지털 스크린이 사실은 가족이 함께하는 것을 돕는다면서 말이다. "기술은 휴대전화를 통한 상호작용과 공동의 인터넷 경험을 중심으로 한 새로운 형태의 가족 네트워크를 가능하게 만들었다"[1]고 비영리단체 퓨 리서치Pew Research의 산하 조직 퓨 인터넷 앤드 아메리칸 라이프 프로젝트Pew Internet & American Life Project는 밝혔다. 그 연구에서는 한 집 안에 두 대 이상의 컴퓨터가 있다고 해서 "가족 구성원 개개인이 반드시 고립된 구석에 처박히는 것은 아니다"고 주장했다. 그 대신 "둘 혹은 그 이상의 가족 구성원이 온라인에서 마주치거나 '이것 좀 봐!'라며 같은 내용을 공유하는 사례가 많아진다"고 했다.

다시 말해 가족이 사라지는 마법이 진짜 마법을 부린다는 것이다. 검은 상자 안에 들어갔다가 자취도 없이 사라진 다음 비단결 같은 밧줄을 타고 내려오는 마법사처럼, 스크린을 향해 흩어졌던 가족이 결국 완전히 다른 곳, 바로 스크린 안에서 다시 만나는 것이다. 벽난로 앞에서 더 빨리 사라질수록 스크린 안에서 더 빨리 만날 수 있다.

과연 그럴까? 우리 가족은 몇 년째 함께 디지털 경험을 즐겼으며 이는 언제나 즐겁고 따뜻한 경험이었다. 시간이 지난 후 돌이켜 보면 윌리엄이 어렸을 때 가장 기억에 남는 순간은 아마 세 식구가 스크린 앞에 모여 재미있는 노래를 다 같이 따라 부르던 장면일 것이다. 우리는 뮤직비디오를 감상하고 코미디 프로그램이나 자연 다큐멘터리를 시청하고 대통령의 연설을 듣는 등 수많은 디지털 경험을 함께했다.

스크린이 나쁘다는 것이 핵심은 아니다. 사실 스크린은 매우 좋다. 문제는 균형의 상실, 다른 것을 포기하는 것, 스크린을 향한 충동이 야기하는 마음 상태다. 우리는 가족과 함께 가족을 위해 사는 것이 아니라 스크린과 함께, 스크린을 위해, 스크린 안에서 살고 있다.

개인과 마찬가지로 군중 안에 존재하는 작은 단위인 가족에게도 가족만의 내적 삶이 있다. 이 내적 삶을 충만하게 만들기 위해서는 스크린에서 떨어져 있을 시간이 필요하다. 그렇지 않으면 개인과 가족은 군중에게 의지하게 되고 '지금 여기에서' 일어나는 일보다 '저 밖에서' 일어나는 일에 따라 스스로를 정의하게 된다. 소로는 강박적으로 우체국을 찾는 남자는 자신에게서는 오랫동안 소식을 듣지 못했을 거라고 말했다. 가족 구성원이 무엇을 위해서든 스크린을 더 많이 찾을수록 진심을 나눌 시간은 줄어들고 가족의 내적 삶은 성장하지 못한다.

"이것 좀 봐!" 하고 공유하는 것은 좋다. 우리는 함께 모여 구경하는 것을 좋아한다. 하지만 가족은 운동 경기장에 떠들썩하게 모여 있는 관중이 아니다. 공감, 헌신, 친밀함을 공유하는 것이 바로 가족이다. 하지만 우리는 모두 바깥만 바라보고 있다.

그렇다면 바깥으로 향한 그 시선을 어떻게 돌릴 것인가? 한 가지 방법은 집 안에 월든 존을 구현할 수 있는 물리적 공간을 마련하는 것이다. 우리 집에는 이미 그런 공간이 있었는데도 (거실에서는 아무도 디지털 도구를 사용하지 않았다) 우리 스스로 이를 망치고 있었다. 뭔가 종합적인 대책이 필요했다.

또한 사람들은 대부분 집의 물리적 공간에만 신경 쓰고 집 안에서 시간을 어떻게 보낼지에 대해서는 큰 관심을 기울이지 않는다. 하지만 우리는 공간뿐만 아니라 시간 안에도 존재하며 가족의 목표와 필요에 맞게 시간을 활용할 수 있다.

우리 가족은 몇 년 째 집을 직접 보수하고 있다. 나는 집을 개조하는 데 도움이 될까 하여 1970년대 철학자이자 건축가인 크리스토퍼 알렉산더Christopher Alexander가 필자로 참여한 건축과 디자인 분야의 고전《패턴 언어A Pattern Language》를 읽기도 했다.《패턴 언어》의 기본 전제는 역사를 살펴보면 인류가 집을 짓고 사회를 구성하는 데 일정한 패턴이 존재한다는 것이다. 그러한 패턴은 서로 다른 문화와 시대를 넘나들며 끊임없이 반복되는데 이는 그러한 패턴이 인간의 깊은 욕구와 욕망을 반영하는 것이기 때문이다.

그 패턴 중 한 가지는 '벽감'(벽면을 우묵하게 들어가게 해서 만든 공간으로 다양하게 활용할 수 있음-옮긴이)이다.[2] 벽감이 있는 공간에서는 많은 사람들 틈에서도 혼자 있고자 하는 욕구를 어느 정도 충족시킬 수 있다. 또 한 가지 반복되는 패턴은 '거리로 난 프라이빗 테라스'인데 이는 벽감과 반대로 바깥세상에 대한 호기심을 충족시켜주는 공간이라고 할 수 있다.

인간은 본능적으로 공동체와 개인주의를 동시에 지향한다. 좋은 집이란 혼자만을 위한 안식처뿐만 아니라 전 세계의 군중과 함께할 수 있는 공간을 동시에 제공해야 한다. 하지만 이 두 가지 상호 보완적인 욕구를 동시에 충족시키는 집은 거의 없다. 대부분 한 가지만 강조하고 다른 한 가지는 경시한다. 예를 들어, 바깥에서 훤히 들여다보이는 통유리가 달린 '어항'과 같은 거실과 바깥을 등지고 남들이 볼수 없는 뒤뜰로 향한 '은신처' 같은 테라스다.

나는 우리 가족이 어항 같은 거실에서 살고 있다는 것을 깨달았다. 통유리가 아니라 온 세상을 내다볼 수 있는 스크린이라는 점만 달랐다. 균형은 군중 쪽으로 치우쳐 있었다. 건축학적으로 이 문제를 해결하기 위해 인류가 수 세기에 걸쳐 마련한 패턴은 테라스에 있다. 테라스는 비교적 거리의 사람들 눈에 띄지 않는 곳에서 바깥을 내다볼 수 있게 만들어진다. 세계 곳곳의 전통 주택에도 이와 비슷한 형태가 존재했으며 현대의 주택에도 마찬가지다. 프랭크 로이드 라이트는 분주한 거리에 집을 지을 때 정면 테라스에 높은 돌벽을 쌓아 분리의 느낌을 주기도 했다.[3]

그렇다면 어항 같은 거실에 대한 해결책으로 '시간'을 활용할 수는 없을까? 외부 세계와 완전히 차단되지 않으면서도 함께 모여 서로를 바라볼 수 있도록 집 안 전체를 사적인 테라스로 만드는 '시간'을 갖는 것이다. 그래서 우리 가족은 간단한 실험을 해보기로 했다. 금요일 밤부터 월요일 아침까지 모뎀을 끄는 것이다. 주말에는 집 안의 모든 컴퓨터가 네트워크에서 차단되는 것이다.

다소 극단적인 실험이라고 생각할 수도 있겠지만 네트워크에서 완전히 빠져나가는 것도 아니다. 휴대전화는 그대로 두기로 했기 때문이다. 세 식구 모두 휴대전화로 웹을 서핑하거나 이메일을 확인하지는 않았기 때문에 실험에 큰 지장은 없었다. 문자메시지를 주고받긴 했지만 문자메시지에 광적으로 집착하는 사람도 없었다. 텔레비전은 볼 수 있었지만 텔레비전은 문제가 되지 않았다. 우리 가족에게 텔레비전은 벽난로 대신 가족을 불러 모으는 도구였기 때문이다.

모뎀이야말로 분주한 삶의 근본 원인이었으며 일주일에 이틀은 우리 집으로 향하는 모든 네트워크가 차단될 것이다. 우리는 몇 달 동안 이 실험을 하면서 상황이 어떻게 변하는지 지켜보기로 했다. 우리는 프랭클린처럼 포기해야 할 것이 아니라 얻고 싶은 긍정적인 가치인 더 끈끈한 가족애를 목표로 삼았다.

우리는 그 이틀을 '인터넷 안식일'이라고 불렀다. "안식일에는 너희가 사는 곳 어디서나 불도 피우지 못한다"라고 출애굽기는 말했다. 우리는 네트워크라는 불을 지피지 않기로 한 것이다. 물론 안식일에도 디지털 세상과 연결되어 있지 않은 스크린은 사용할 수 있었다.

처음에는 몹시 힘들었다. 첫 번째 토요일 아침에 우리는 똑같은 집에서 눈을 떴다. 그런데 뭐라고 말로 표현하기 힘들지만 우리 집이 몹시 낯설어 보였다. 마치 외계인이 우리 삶을 그대로 복제해 살고 있는 전혀 다른 행성에 떨어진 느낌이었다. 진짜 우리 집이 아닌 것 같았다. 분명히 뭔가 잘못되었다. 오랫동안 디지털 세상에서 빠져나오지 않으면 3차원 세상에 대한 감각을 잃게 된다. 방도 방 안의 가구도 변한 것은 없었지만 그 안의 모든 것이 답답할 정도로 느리고 굼뜬 느낌이었다. 나는 나도 모르게 사물의 표면을 훑어보며 혹시 움직이는 게 없는지 새로운 자극은 없는지 찾고 있었다. 저 커피 테이블에도 혹시 검색 기능이 있지 않을까? 세 식구 모두 디지털 네트워크에 중독되어 자기도 모르게 컴퓨터가 있는 구석 자리로 갔다가 그래도 소용없다는 것을 몇 번씩이나 깨달았는지 모른다.

정신적 문제만 있는 것도 아니었다. 우리는 친구나 직장 동료에게 주말에 보내는 이메일에는 곧바로 답장할 수 없다고 말해 두었다. 월요일까지 기다릴 수 없는 문제라면 전화를 하라고 했다. 우리 실험에 깜짝 놀라거나 흥미를 보이는 사람도 있었고 믿지 못하겠다는 사람도 있었다. 마사와 나는 둘 다 집에서 일하는 프리랜서였는데 인터넷 안식일을 통해 우리는 '집'뿐만 아니라 '일'에 필요한 네트워크까지 전부 차단하고 있었다. 그래도 괜찮을까?

핵심은 집 자체를 네트워크에서 차단된 공간으로 만드는 것이기 때문에 정말 인터넷이 필요하다면 도서관 컴퓨터를 이용하기로 했다. 그리고 가끔 실제로 도서관에 가서 필요한 일을 해결하기도 했다. 특히 실험을 시작한 첫 몇 달은 그랬다. 하지만 시간이 지나면서 인터넷이 필요한 업무를 주 중에 미리 처리하는 습관이 들었다. 예를 들어 친한 친구의 생일이 다가오면 생일 축하 카드를 예약 메시지로 미리 보내 놓았다. 월요일까지 제출해야 하는 숙제가 있으면 온라인 자료 검색은 금요일 저녁까지 모두 마쳤다. 그 덕분에 예상치 못했지만 더 짜임새 있는 생활을 하게 되었다.

하지만 여전히 불편한 점이 많았다. 곧바로 해결할 수 없는 사소한 일들이 많아졌기 때문이다. 필요한 사실을 곧바로 검색해볼 수도 없고 주로 주말에 처리했던 온라인 세금 납부도 할 수 없었다. 지도를 찾아보거나 영화 시간도 확인할 수 없었다. 윌리엄의 운동 경기가 있는 날에 비가 와도 경기 취소 여부를 메일로 확인할 수 없었다. 윌리엄은 온라인 게임 사이트를 아쉬워했다. 마사는 나보다 더 이메일을 확인하고 싶어 했다. 나는 인터넷 라디오 방송을 들을 수 없었고 특히 LA의 재즈 방송을 못 듣는 것은 몹시 애석한 일이었다.

하지만 몇 주가 지나고 몇 달이 지나면서 앞에서 언급한 많은 일들이 큰 불편에서 사소한 불편이나 대수롭지 않은 일로 바뀌었다. 우리는 스크린에 달라붙어 있던 마음을 점차 떼어내고 있었다. 가족끼리 더 충만한 시간을 보낼 수 있었고 다들 그것을 느낄 수 있었다. 마음이 차분해지고 생각도 느긋해지고 여유로워졌다. 우리는 바로 그 순간 그곳에 존재하며 한 가지 일에 집중하고 즐길 수 있었다.

가끔은 예외를 두기도 했다. 실험을 시작하고 몇 달이 지난 후 케이프 코드에 허리케인이 불어 닥친 적이 있었다. 멀리 사는 가족들은 우리가 안전한지 확인하려고 앞다투어 전화했다. 상황을 파악하기 위해 모뎀을 다시 꽂을 것인가? 아니면 가만히 앉아서 상황이 나아지기만을 기다릴 것인가? 어려운 문제는 아니었다. 우리는 다시 모뎀을 꽂았다.

허리케인이 불어 닥쳤던 그 토요일 밤에 윌리엄과 나는 유선 방송으로 1950년대 공포 영화 〈우주 생명체 블롭The Bolb〉을 주문해보고 있었다. 영화는 마지막 8분 정도가 남아 있었고 식당에 갇힌 스티브 맥퀸을 블롭이 통째로 삼키려고 할 때 갑자기 화면이 캄캄해졌다. 다시 틀어 보니 우리가 신청했던 영화 목록 자체가 사라지고 없었다. 동네 비디오 대여점에 전화해서 남은 비디오가 있는지 물었지만 전부 대여 중이라고 했다. 마지막 한 가지 방법은 인터넷뿐이었다. 온라인에서는 아마 〈블롭〉의 마지막 장면을 볼 수 있을지도 몰랐다.

그래서 우리는 모뎀을 다시 꽂았다. 영화를 마저 보기 위해 안식일을 지키지 않은 것이다. 그리고 누군가 유튜브에 올려놓은 화질도 안 좋은 해적판을 찾아 영화의 엔딩을 감상했다. 영화의 엔딩 감상은 다시 생각해봐도 급한 일은 아니었다. 안식일을 깬 것은 크나큰 죄악이었다. 하지만 나는 안식일을 통해 얻고자 한 것이 가족의 친목이기 때문에 괜찮다고 합리화했다. 그리고 그 문제에 대해 고민했다는 사실 자체가 우리가 얼마나 많이 변했는지 보여주는 증거라고 생각했다. 물론 자기 합리화라는 걸 나도 알고 있다. 우리는 스티브 맥퀸에게 무슨 일이 일어났는지 확인하고 나서 곧바로 다시 모뎀을 껐다.

지난 세기 프로이트의 뒤를 이은 위대한 정신분석가 도널드 위니콧 Donald Winnicott은 아이가 감정적으로 홀로 설 수 있는 방법에 관한 책《홀로 설 수 있는 능력The Capacity to Be Alone》에서 이렇게 말했다.⁴ 유아는 진정한 고립을 통해서가 아니라 엄마와 함께 있으면서 '홀로' 존재하는 것을 배운다. 엄마가 곁에 있지만 아기에게 깊은 관심을 기울이지 않을 때 홀로서기가 가능하다는 것이다. 이런 상황에서 아이는 엄마에게서 독립된 자신에 대해서 느끼기 시작하고 혼자지만 여전히 안전하고 보호받을 수 있다는 사실을 이해하게 된다.

다른 사람과 '함께' 있을 때 혼자 있는 법을 배울 수 있다는 말이 역설적으로 들릴 수도 있겠지만 위니콧은 홀로서기의 힘은 바로 이 역설에 뿌리를 두고 있다고 말한다. 타인의 존재에 대한 인식이 없다면 홀로서기 역시 아무런 의미도 없다. 또한 아이들은 엄마가 가까이 있다는 것을 알고 홀로서기를 경험할 때만이 고독의 진정한 의미를 이해하고 자기 자신을 받아들일 수 있다고 한다. 이를 발견하지 못한 아이들은 결코 완전히 성숙하지 못하며 '외부 자극에 대한 반응으로 세워진 거짓된 삶'을 살게 될 거라고 그는 말했다.

셋째 걸음, 내 안의 월든 숲을 발견하다

인터넷 안식일이 우리에게 끼친 영향도 이와 비슷하다. 우리는 엄마가 필요한 아이처럼 외부 자극에 의존하고 있었다. 그리고 시간이 지날수록 그 의존성이 우리 가족의 삶을 가족답지 않은 모습으로 변화시키고 있었다. 인간의 본성에도 맞지 않고 가족의 목적에도 맞지 않는 거짓 삶이었다. 모뎀을 끈다고 디지털 세상이 사라지지는 않는다. 디지털 세상은 여전히 저 밖에 존재한다. 하지만 함께 있으면서도 신경 쓰지 않는 엄마처럼 디지털 세상은 우리와 아무런 상호작용도 하지 않았다. 스크린은 인간의 삶을 유아기에 붙들어 놓고 있는지도 모른다. 우리 가족은 가족으로서 그동안 잊고 있던 '홀로 설 수 있는 능력'을 기르고 있다. 마치 다시 어른이 되는 과정과 같았다.

안식일을 지키기 위해 온라인을 통한 인간관계나 디지털 세상이 부여하는 어떤 장점도 포기할 필요는 없었다. 우리는 단지 48시간 동안의 디지털 경험을 포기한 것뿐이고 포기한 것은 대부분 주 중에 해결할 수 있었다. 언제든 나중으로 미룰 수도 있었다. 디지털 세상은 여전히 그 자리에 있었고 약간 멀리 떨어진 것뿐이었다. 디지털 군중과 분주한 삶을 조금이라도 밀어낼 수 있다는 생각은 사소하지만 아주 중요한 한 가지를 알려주었다. 거리를 두는 것은 바로 우리의 몫이라는 것이다. 포의 소설에 등장한 어부처럼 우리는 소용돌이를 관찰했고 안식일을 지킴으로써 우리 가족을 살리기로 결심했다. 그리고 분명히 효과가 있었다.

6개월 정도가 지나자 주말마다 찾아오는 안식일이 싫기는커녕 빨리 주말이 오기를 기다리는 경지에 이르렀다. 어느 금요일 밤에 마사는 토요일 아침에 반드시 인터넷이 필요한 일이 있다고 말했다. 월요일 전까지 업무상 급히 처리해야 할 이메일이 있는데 도서관 컴퓨터는 사용자가 너무 많아서 사용하기가 힘들다고 해서 나는 언제나 내 임무였던 '모뎀 끄기'를 하지 않고 잠자리에 들었다. 그리고 다음 날 아침에 일어나서 마사를 위해 모뎀이 여전히 켜져 있는지 확인하려고 했다. 그런데 마사가 이불 속에서 흐릿한 눈으로 이렇게 말했다. "아니야, 토요일 아침에 일어나서 이메일을 확인해야 한다고 생각하니까 너무 우울해서 어젯밤에 좀 무리해서 다 끝내버렸어." 그리고 모뎀까지 껐다고 말했다.

우리는 디지털 세상에서 한시도 빠져나오지 않을 때 치러야 할 큰 대가를 서서히 그리고 본능적으로 느끼고 있었다. 그리고 규칙적으로 안식일을 지키면서 디지털 세상의 실용성과 가치를 더 실감하게 되었다. 월요일 아침에는 마음이 여전히 안식일에 적응되어 있기 때문에 다시 디지털 세상으로 들어가서도 더 차분히 집중해서 업무를 처리할 수 있었다. 하지만 시간이 지날수록 내면의 고요함이 사라지기 시작해 금요일이 되면 한시라도 빨리 '떠나고' 싶어졌다. 가족 중 누군가 중요한 업무를 위해 디지털 분주함을 걷어내야 할 필요가 있을 때는 즉흥적으로 주 중 하루를 안식일로 만들기도 했다.

우리는 지금까지 몇 년 동안 이를 지켜 왔고 이제는 완전히 몸에 익혔다. 가끔 금요일에 모뎀 끄는 것을 깜빡하기도 하는데 그래도 안식일을

셋째 걸음, 내 안의 월든 숲을 발견하다

지키는 데에는 문제가 없다. 주말에 스크린을 사용하는 습관을 떨쳐버리니 애써 노력할 필요가 없었다. 억지로 도입한 제도가 몸에 꼭 맞는 옷처럼 자연스러워진 것이다. 주말마다 우리 집은 광기에서 멀리 떨어진 섬, 우리만의 '디스커넥토피아Disconnectopia'가 된다. 그리고 그 시간을 통해 얻은 좋은 에너지가 나머지 삶으로 흘러들어가 삶 전체를 풍요롭게 한다.

그렇다고 우리가 주말에 아무것도 안 하고 무료하게 시간을 보내는 것은 아니다. 주말에도 마사와 나는 여전히 바쁘고 세 식구가 함께 하는 활동도 많다. 그 틈에 디지털 세상이 낄 자리가 없는 것뿐이다. 디지털 도구는 우리 삶을 정돈해주기 위한 도구지만 그것을 없애면 더 자연스러운 질서를 되찾을 수 있다. 식구들과 한 방에 모여 있는 것이 훨씬 쉬워진다. 눈을 맞추고 의미 있는 대화를 나누는 것도 쉬워진다. 서로 떨어져 있는 것 역시 더 쉬워진다. 다 같이 모여 있다가 누군가 한 명이 자리를 뜨면 그 사람은 책을 읽거나 음악을 듣거나 그도 아니면 혼자 생각에 잠기는 건전한 방식으로 진정 혼자 있고 싶은 것이다. 다시 말하면 과거에 우리 가족에게는 친목도 고독도 모두 어려웠다. 지금은 둘 다 아니다.

우리 가족만 이 사실을 발견한 것은 아니었다.[5] 우리와 비슷한 방법으로 '안식일'을 도입한 사람들에 대한 기사를 종종 볼 수 있었다. 〈뉴욕타임스〉의 음식 칼럼니스트 마크 비트맨Mark Bittman은 언젠가 비행기에서 이메일을 확인하면서 자신이 디지털 기술에 중독되었다는 것을 깨달은 후 우리처럼 '안식일'을 지키기로 했다. 그는 일주일에 하루는 이메일을 확인하지 않기로 결심했고 6개월이 지난 후의 변화에 놀라워했다. "이는 내 삶에서 독보적인 성과다." 작가 스티븐 킹도 '하루 중 거의 반을' 스크린을 쳐다보고 있다는 것을 깨닫고 이를 줄이기로 결심했다. "죽기 전에 인스턴트 메시지를 조금 더 많이 보내지 못한 것을 후회하는 사람은 없을 것이다."

하지만 누구나 이런 방법을 사용할 수 있는 것은 아니다. 직업상의 문제나 가족이 처한 상황 때문에 일주일에 이틀 혹은 하루라도 인터넷 없는 생활이 불가능한 사람도 있다. 하지만 많은 사람들이 커다란 불편을 느끼지 않고 쉽게 안식일을 지킬 수 있을 거라고 나는 생각한다. 자신의 신념을 따르기 시작하면 세상이 도움의 손길을 내밀 것이다. 요즘 나는 이렇게 시작하는 이메일을 가끔 받는다. "월요일 아침까지 확인하지 않으시겠지만⋯⋯." 디지털 세상에서 더 많은 사람들이 벽감과 프라이빗 테라스를 만든다면 그에 알맞은 새로운 관습과 의식이 반드시 생겨날 것이다.

그렇게 되면 개인의 삶뿐만 아니라 가족 구성원 간의 삶 또한 바뀔 것이다. 안식일을 지킬 때의 또 다른 장점은 많은 시간을 밖에서 보내면서 이웃을 만나고 자연을 즐기게 되었다는 것이다. 《패턴 언어》에 따르면 가장 건전하고 활기 넘치는 사회는 광장과 같은 공공장소에서 누구나 스스럼없이 모여 섞일 수 있는 사회다. 《패턴 언어》에서 볼 수 있는 또 한 가지 패턴은 잃어버린 예술이라고 불리는 패턴으로 '거리에서 춤추기'[6]

다. "전 세계적으로 사람들이 거리에 모여 춤을 추던 때가 있었다. (…) 하지만 사회가 '현대화'되고 기술적으로 복잡해지면서 이러한 모습은 점차 사라지고 있다."

디지털 세상에서도 소셜 네트워크를 통해 다 같이 춤을 춘다. 하지만 그 춤은 소로가 말했던 시드남 무도병에 더 가깝다. 환희에 의한 춤이 아니라 광기에 의한 춤이다. 금요일 밤에 더 많은 모뎀이 꺼지면 마치 정전이 될 때처럼 집집마다 창문이 활짝 열리고 사람들이 거리로 쏟아져 나와 좀처럼 만나기 힘든 이웃을 만날 수 있을 것이다. 그런 때가 오면 정말로 거리에서 환희의 춤을 추는 사람도 볼 수 있지 않을까.

에필로그

다시, 거대한 방

아무리 진지하게 생각해보아도 또는 새로운 관점이나 습관에 대해 꼼꼼히 살펴보아도 우리가 사는 세상이 매우 바쁘게 돌아간다는 사실은 변하지 않는다. 너무 바쁜 나머지 어떤 날에는 아무리 용을 써도 결국 그 정신없는 거대한 방으로 돌아갈 수밖에 없을 때도 있다. 끊임없이 어깨를 두드려 대는 곳에서 벗어나고 싶다는 생각은 풍차를 향해 달려드는 돈키호테처럼 무모하게 느껴지기도 한다.

나 역시 얼마 전에 그런 하루를 보냈다. 시작은 디지털 기술과 전혀 상관없어 보이는 우편배달부가 전해준 배심원 요청서였다. 나는 봉투를 열어 보고 몹시 좌절했다. 배심원 역할을 하기에 좋은 때란 결코 없지만 이번은 특히나 더 안 좋았다. 마감 날짜가 다가오고 있었고 아내도 자기 책으로 바빴으며 그밖에 잡다한 집안일이 많아 우리 두 사람 모두 더 이상 짬을 내기 힘든 상태였다. 게다가 이번 배심원 요청은 우리 집에서 10분 거리인 지역 법원이 아니라 보스턴 시내에 있는 연방 법원까지 정해진 날짜에 출두해야 하는 것이었다. 우리 집에서 보스턴까지는 2시간쯤 걸리는데 교통량에 따라 얼마나 더 걸릴지는 알 수 없었다. 3주 동안 배심원 후보 자격으로 있다가 결국 배심원이 되면 그보다 더 오랫동안 법원에 들락거려야 할 판이었다.

안 좋은 소식은 또 있었다. 법원 건물 안에서는 컴퓨터나 휴대전화를 소지할 수 없다는 내용이 깨알 같이 작은 글씨로 적혀 있었다. 지금까지 내가 한 이야기로 보면 나는 거의 하루를 디지털 세상에서 빠져나가 보낼 수 있는 이 갑작스러운 호출 명령에 크게 기뻐해야 옳았을 것이다. 하지만 솔직히 전혀 기쁘지 않았다. 할 일이 산더미였고 대부분 디지털 스크린과 네트워크가 필요한 일이었다. 앞에서 말했듯이 우리 가족은 주중에만 스크린을 사용하고 있었기 때문에 그중 하루를 결코 잃고 싶지 않았다. 스크린 사용 시간을 줄인 덕분에 멋진 경험을 할 수 있었고 절대 그 이전으로 돌아가고 싶지도 않지만 가끔은 예상치 못했던 전혀 새로운 딜레마에 빠지기도 한다. 배심원 요청서를 손에 든 나는 법원에 가 있는 동안 스크린을 사용할 수 없다는 사실에 대한 좌절감과 그런 상황에 좌

절하는 내 자신에 대한 실망감이 뒤죽박죽 섞여 있었다. 그리고 법원에
출두하기 전날 밤에 잠자리에 누워 곰곰이 생각해보다가 내가 어느새 그
거대한 방에 다시 갇혔으며 밖으로 나갈 수 있는 열린 공간이 서서히 닫
히고 있다는 사실을 깨달았다.

　다음 날 새벽 4시 30분에 집을 나서다 보니 서쪽 하늘에 거대한 반달
이 떠 있었다. 음악을 들으며 운전을 하는 동안 마음은 편해졌고 기분도
좋아졌다. 선택의 여지가 없으니 상황을 최대한 활용하는 편이 더 나으
리라는 생각도 들었다. 차도 막히지 않아서 꽤 일찍 법원에 도착했다. 보
스턴 항구 근처에 있는 연방 법원에 차를 세우고 아침을 먹어 볼까 하고
슬슬 걸어 시내로 들어갔다. 아직 하루가 시작되기 전이라서 무척 한산
했는데 여기저기서 나타난 외투를 입은 사람들이 우체국 광장 건너편인
밀크 스트리트가 시작되는 곳으로 향하고 있었다. 보스턴에는 던킨도너
츠가 대세라더니 아니나 다를까 거기에 바로 던킨도너츠가 있었다. 입구
쪽에 있는 신문 가판대의 단골손님들 틈에 끼어 나도 신문 한 부를 샀다.

　그리고 도넛과 커피를 주문해 들고 창가 자리에 앉아 〈보스턴 헤럴드〉
에 빠져 있는 젊은 여자 옆에 자리를 잡고 내가 산 〈USA 투데이〉를 펼쳤
다. 요즘에는 신문을 읽는 것이 두 가지 면에서 몹시 부자연스러운 행동
처럼 느껴지기도 한다. 우선 잉크로 인쇄된 종이 뭉치를 손에 들고 비트
가 아니라 원자로 이루어진 단어들을 해독하는 모양새가 약간 우스꽝스
럽다. 마음속에서 이런 목소리가 들리는 것 같다. '내가 도대체 왜 이런

　　　　　　　　　　　　　　　　　　　　　　　　　　　　에필로그

짓을 하고 있지?' 뉴스는 말 그대로 '새로운' 소식이어야 하는데 종이 뭉치 신문에는 이미 오래전 소식만 가득하다. 스크린에서는 전 세계의 소식을 거의 실시간으로 금세 확인할 수 있다. 신속한 온라인 뉴스는 디지털 시대의 가장 큰 기쁨 중 하나라고 할 수 있다.

하지만 반대로 생각해보면 신문은 20년 전보다 지금이 더 유용하다. 신문은 내 몰스킨 수첩처럼 디지털 소용돌이에서 빠져나와 고요하고 차분한 마음을 되찾아주는 네트워크 차단기였다. 떠들썩한 디지털 세상도 좋고 중요하다. 하지만 그 반대도 마찬가지다. 신문을 볼 때는 오직 깨알 같은 글씨가 가득한 종이와 나만 존재한다. 천천히 훑어볼 수도 있고 마음을 사로잡는 기사에서는 잠깐 멈출 수도 있으며 그 내용에 대해 시간을 두고 곰곰이 생각해볼 수도 있다. 스크린에서는 거의 하지 않는 행동이다. 이 초고속 디지털 세계에서 물리적 실체가 있는 신문은 의식을 고요히 가라앉혀 준다. 또한 평범한 도넛 가게와 같은 '어느' 장소도 신문을 들고 앉아 있으면 안식처가 될 수 있다. 이른 시간이라 그런지 주머니 안의 휴대전화가 잠자코 있었던 것도 큰 도움이 되었다.

사설 맞은편 페이지의 "우리는 의사소통을 죽이고 있다"[1]는 머리기사가 눈에 띄었다. 그 칼럼은 소셜 네트워크를 비롯한 최신 디지털 기술을 오랜 시간 사용해온 78세의 드라마 작가이자 제작자이자 연출가인 빌 퍼스키Bill Persky의 칼럼으로 온갖 디지털 도구에 대한 불만을 아주 코믹하게 묘사한 칼럼이었다. 소셜 네트워크 덕분에 새로운 '친구들'이 엄청나게 생겼지만 다들 알고 싶지도 않고 알 필요도 없는 시시콜콜한 사건만 업데이트한다는 것이다. 예를 들면 '먹다 남은 라자냐 처리 중' 혹은 '내시경 검사 받고 있는 중' 등이다. 그래서 지금은 전부 끊었다고 한다.

> 나는 인내심이 아니라 분별력을 잃고 있다. 나이와 경험이 선사한 지혜에 따라 나는 마침내 이 모든 첨단 기술의 난리법석을 멈춰야 할 때라고 결정했다. 그 첨단 기술이 의사소통 기술을 향상시키기는커녕 말살하고 있기 때문이다. 어떻게? 모든 사람들이 언제 어디서나 더 쉽고 빠르게 끊임없이 연락을 취하면서 말이다. 정말 쓰레기 같은 일로!

나는 그가 정확히 무슨 말을 하고 싶은지 알아들었고 그가 과잉 반응을 보이고 있다는 것도 알았다. 그는 셰익스피어의 연극에 등장해 인쇄 공장을 공격했던 폭도들처럼 새로운 도구의 수많은 장점은 무시하고 안 좋은 점만 바라보면서 툴툴대고 있었다. 궁지에 몰려 빠져나갈 구멍이 없다고 느낄 때 나오는 자연스러운 반응이었다. 하지만 지금 밀크 스트리트가 내다보이는 자리에 앉아서 명확히 알게 된 것처럼 빠져나갈 구멍은 '반드시' 있으며 심지어 우리 주변에 널려 있다.

나는 다시 법원으로 향했고 다른 배심원 후보들도 속속 도착하고 있었다. 사람들은 건물 입구에서 무장한 경비원에게 휴대전화와 컴퓨터를 모두 맡겨야 했다. 그날 모인 사람은 전부 75명이었고 항구의 멋진 풍경을 내려다볼 수 있는 탁 트인 대기실이 가득 찼는데도 전혀 소란스럽지 않았고 별 움직임도 없었다. 사람들이 북적이는 방도 디지털 세상과 연결되지 않으면 달랐다. 전화벨 소리와 함께 시작되는 수다가 여기저기서 들려오지도 않았다. 가벼운 잡담을 나누는 사람도 있었고 책을 읽거나 서류를 검토하는 사람, 보트와 갈매기를 구경하는 사람도 있었다. 대기실에 모인 사람들은 디지털 세상에서와는 다른 방식으로 그곳에 '존재하고' 있었다.

대부분 이보다 훨씬 급한 일이 많다고 툴툴거리며 마지못해 왔을 것이다. 배심원 요청이 없었다면 다들 사무실이나 학교, 병원, 식당 등 다양한 곳에서 적어도 배심원 요청보다는 더 중요한 일에 집중하고 있었을 것이다. 하지만 정말 그 일에 집중하고 있었을까? 물론 아닐 것이다. 아래층에 맡겨둔 디지털 도구가 우리를 통제하고 방해하고 주의를 산만하게 만들어 결코 한 가지 일에 집중하지 못했을 것이다.

나는 배심원이 되지 않아서 정오쯤 집으로 돌아올 수 있었다. 입구에서 휴대전화를 회수하니 새로운 메시지가 몇 개 와 있었다. 하지만 내가 없는 사이 급한 일은 아무것도 없었다. 보통 그렇지 않은가? 나는 낭비한 시간을 만회해야 한다는 생각에 지금쯤 기분이 몹시 안 좋을 거라고 생각했었다. 하지만 네트워크가 차단된 대기실에 앉아 있다가 나오니 한참이나 숲길을 거닐고 난 후처럼 기분이 상쾌했다. 기다리는 동안 몇 가지 좋은 아이디어가 떠오르기도 해서 빨리 집으로 돌아가 일을 시작하고 싶었다.

이와 같은 경험은 꼭 필요하다. 하지만 이런 경험을 위해 연방 정부의 규정이나 무장한 경비원이 꼭 필요한 것은 아니다. 거대한 방 안의 삶이 점차 강렬해지면서 이런 경험의 필요성에 대한 인식이 높아지고 있다. 그리고 며칠 후에 대학에서 일하는 내 친구가 (자기 신경계가 동료들하고 '연결'되어 있는 것 같다고 불평했던 바로 그 친구다) '디지털 세상에서 빠져나와 자기 자신을 바라볼 수 있는' 프로그램을 실시하는 대학들에 대한 소식을 이메일로 전해주었다.[2] 미주리 주의 스티븐스 대학은 오랫동안 시행하지 않았던 저녁 예배 전통을 디지털 시대에 맞게 살짝 변형해 되살렸다고 한다. 원래는 종교적 모임이었지만 종교에 상관없이 디지털 도구에서 벗어나 명상을 하는 모임으로 다시 부활시킨 것이다. 스마트폰을 비롯한 디지털 도구를 예배실 입구에 있는 바구니에 모아 놓고 한 시간 동안 고요히 앉아 있는 것이다. 스티븐스 여자대학의 학장은 "21세기 디지털 세상에서 보내는 시간이 고요하고 차분하게 생각할 수 있는 기회를 앗아가고 있는 것이 두렵다"고 말했다. 그리고 젊은 여성들이 자기 자신을 믿을 수 있기를 바란다고 말했다. 매사추세츠 주의 애머스트 대학은 "분주한 디지털 세상에 살고 있는 학생들을 돕기 위해 '마음을 돌보는 날'을 만들었다".

일주일 후에는 내가 사는 지역 신문에 20세기 디자인으로 역사적 가치가 있는 우리 지역의 허름한 집들을 복원하기 위해 노력하고 있다는 기사가 났다.[3] 대부분 숲 속의 외진 곳이나 고요한 호수를 내다볼 수 있는 한적한 곳에 있는 집이었는데 비영리단체가 기금을 마련해 그 집들을 예술가나 학자들이 일정 기간 머무르면서 작업할 수 있는 공간으로 만들기 시작했다는 것이다. 첫 입주자는 근처의 프로빈스타운 출신의 예술가였다. 그녀는 그 공간에서의 경험에 대해 이렇게 말했다. "인터넷이 없는 곳에서 지내는 게 너무 좋아요."

첨단 기술 덕분에 세상은 점점 좁아지고 있다. 그리고 그 세상 구석구석에는 다양한 방이 있다. 모든 방은 우리가 만든 것이다. 하지만 훌륭한 삶은 결국 어떤 방에서 사느냐의 문제가 아니다. 어떻게 생각하고 어떻게 살 것인지에 대한 결심의 문제다. 검지를 관자놀이에 대고 톡톡 두드려 보라. 답은 전부 그 안에 있다.

2000년 전으로의 시간 여행

여섯 살 딸아이가 가끔 이렇게 묻는다. "엄마 전화기 스마트폰이지?" 딸아이는 과연 스마트폰이 뭔지 알고 그런 말을 하는 걸까? 아니면 너도 나도 스마트폰을 외쳐대는 시대의 흐름이 여섯 살 아이의 눈에도 읽히는 걸까?

이미 너무나 식상한 말이 되어버렸지만 바야흐로 스마트폰 시대다. 디지털보다는 아날로그가 더 편하고 좋았던 나까지도 디지털 시대의 첨병 스마트폰으로 무장했으니 말이다. 언제부턴가 나만 뒤처지고 있다는 느낌이 들기 시작했고 많은 사람들이 누리는 편리함을 나도 누려보고 싶다는 생각이 들기 시작했다.

마침 바로 그 시기에 이 책을 번역하게 되었다. 그리고 스마트폰을 장만하면 거기서 헤어나오지 못할 것 같다는 생각이 이 책에 등장하는 옛 사상가들의 도움을 받으면 괜찮을지도 모르겠다는 생각으로 바뀌었다. 결국 스마트폰을 장만했고 삶이 많이 달라졌다. 앱스토어에는 삶을 편리하게 해줄 수많은 앱들이 날 기다리고 있었고 페이스북 친구들과의 수다는 그렇게 즐거울 수 없었다. 사상가들의 조언은 이미 머릿속에서 사라진 지 오래였다. 시도 때도 없이 수다를 떨고 메일을 확인하고 웹을 서핑했다. 스마트폰이 마치 내 몸의 일부인 것처럼 한시도 손에서 놓지 않았다. 그리고 안 아프던 뒷목이 뻐근해지기 시작했다.

하지만 한편으로는 삶이 삐걱거리는 소리가 들리기 시작했다. 어린이집에서 돌아온 딸아이와 마주앉은 저녁 식탁에서 오늘 하루는 어땠는지 이야기를 나누다가도 멀리서 '띠리링' 소리가 들려오면 엉덩이가 들썩이면서 딸아이의 재잘거리는 목소리가 점점 작아졌다. 남편과 나란히 누워 도란도란 이야기를 나누는 대신 각자 스마트폰을 들여다보며 자기만의 세계에 빠져 있었다. 그러면서 애써 위로했다. '아직 한 달 밖에 안 됐으니 이 새로운 세계가 궁금한 건 당연하잖아? 괜찮아, 곧 적응 할 수 있을 거야.' 라고.

하지만 벗어나기가 쉽지 않았다. 나만 그런 것이 아니라 많은 사람들이 그럴 것이다. 디지털 문화는 한 시간도 네트워크에서 달아나지 말라고 우리를 붙잡으며, 달아나면 뒤처진다는 생각을 끊임없이 조장하기 때문이다.

그렇다면 어떻게 해야 할까? 디지털 시대는 아직 젊으며 우리가 왜 그렇게 디지털 문화에 빠져드는지 또 어떻게 빠져나와야 하는지에 대한 연구나 의견도 아직 미비하다. 하지만 이 책의 저자는 답이 있다고 말한다. 그리고 그 답을 과거에서 찾았다. 디지털 세상과 전혀 관련이 없을 것 같은 과거의 철학자들에게서 말이다. 그들은 바로 플라톤, 세네카, 구텐베르크, 셰익스피어, 벤저민 프랭클린, 데이비드 소로, 그리고 마셜 매클루언이다. 과연 과도한 디지털 문화에 대한 이들의 해법은 무엇일까?

디지털 세상은 새롭다. 하지만 이 또한 인류가 수천 년 동안 해결해왔던 문제와 조금도 다르지 않다. 그렇기 때문에 옛 철학자들의 사상에 귀 기울일 필요가 있는 것이다. 그리고 이를 통해 디지털 세상의 균형을 되찾을 수 있으며 반드시 그래야 한다. 중요한 것은 손바닥만 한 스크린 안에서 일어나는 일이 아니라 스크린에서 고개를 들었을 때 보이는 현실 세계다. 그것이 마주앉은 가족이든, 자연의 풍경이든, 함께 일 하는 사람이든 상관없이 말이다. 우리는 스크린 안에 들어가 살 수 없다. 스크린을 잘 활용하여 삶의 질이 높아진다 하더라도 현실 세계에 대한 감각과 애정(혹은 삶에 대한 예의라 할 수도 있겠다)을 잃게 된다면 스크린 안의 완벽한 세상이 무슨 의미가 있을까. 저자는 스마트폰 안의 친구들보다 지금 바로 옆에 있는 사람들과 함께 하는 시간이 분명 더 소중하고 의미 있다고 말했다. 번역하면서 나 역시 그 말에 백배 공감했다.

　조언을 듣는 것으로 끝나서는 안 된다. 새로운 습관은 머리로 이해한다고 저절로 생기지 않는다. 삶에서 스마트폰이 차지하는 영역을 얼마만큼 허락할지 의식적으로 결정하고 이를 위해 노력해야 한다. 그렇지 않으면 언젠가 뒷목을 부여잡고 응급실에 실려 갈지도 모르니 말이다.

　디지털 시대를 제대로 만끽하고 싶은가? 이 책 안에 그 답이 있다.

Chapter 01 참을 수 없는 디지털의 분주함

1   Antonio R. Damasio, "How the Brain Creates the Mind," *in Best of the Brain from Scientific American,* ed. Floyd E. Bloom (New York: Dana Press, 2007), pp. 58-67.

2   William James, "On a Certain Blindness in Human Beings," *On Some of Life's Ideals* (New York: Henry Holt, 1912), p. 37.

3   Ibid., pp. 3-46.

4   "Teen Tops More than 300,000 Texts in Month: Sacramento Teen Says She's Popular," www.ksbw.com, posted May 5, 2009.

5   "Americans Spend Eight Hours a Day on Screens," AFP (Agence

France-Presse) wire story, March 27, 2009. Tim Gray, "Study: U.S. Loaded with Internet Addicts," www.sci-tech-today.com, October 18, 2006. "Texting and Driving Worse than Drinking and Driving," www. CNBC.com, June 25, 2009.

Chapter 02 스크린 마법에 빠진 사람들

1   *Parade,* November 18, 2007.

2   Clay Shirky, *Here Comes Everybody: The Power of Organizing Without Organizations* (New York: Penguin Press, 2008), p. 155.

3   Commercial broadcast on television, fall of 2007.

4   Michael Arrington, "I Am a Member of the Cult of iPhone," www. techcrunch.com, June 10, 2008.

5   Frank Bruni, "Where to Eat? Ask Your iPhone," *New York Times,* July 16, 2008; Heidi N. Moore, "Can the iPhone Really Save America?" *Wall Street Journal,* http://online.wsj.com, July 17, 2008.

6   John Boudreau, "IPhone 3G: ,'Worth the Wait,'" www.mercurynews. com, July 12, 2008.

7   Based on data from the International Telecommunication Union (www. itu.int) and *The World Fact Book* (Central Intelligence Agency, www.cia. gov, updated as of November 2009).

8   "The Hyperconnected: Here They Come!," www.idc.com, 2008.

9   OECD statistics on broadband growth and penetration, www.oecd.org.

10 이에 관한 오바마 대통령의 연설은 온라인에서 쉽게 찾아볼 수 있다.

11 OECD statistics, www.oecd.org. "Most Connected Cities," www. dailywireless.com, March 6, 2007; and "South Korea's Gaming Addicts,"

BBC News online, November 22, 2002.

Chapter 03 세상과 단절하는 순간 얻게 되는 것들

1   Mildred Newman and Bernard Berkowitz, with Jean Own, *How to Be Your Own Best Friend* (New York: Ballantine Books, 1971), pp. 56-57.

2   Paul Tillich, *The Eternal Now* (New York: Charles Scribner's Sons, 1963), pp. 17-18.

3   E. B. White, *Here Is New York* (New York: Harper & Brothers, 1949), p. 13.

4   Alvin Toffler, *Future Shock* (New York: Bantam Books, 1984).

5   Sonja Steptoe, "Q & A: Defining a New Deficit Disorder," www.time.com, January 8, 2006.

6   "Continuous partial attention," Phrase coined by technology expert Linda Stone, www.wordspy.com; and "E-mail apnea," also by stone, "The Too-Much-Information Age," www.yankelovich.com, August 4, 2008.

7   Dr. Jerald J. Block, "Internet addiction appears to be a common disorder," *American Journal of Psychiatry,* March, 2008; and Andy Bloxham, "Internet Addiction Is a 'Clinical Disorder,'" www.telegraph.co.uk, June 20, 2008.

8   "Nomophobia Is the Fear of Being out of Mobile Phone Contact-and It's the Plague of Our 24/7 Age," www.thisislondon.co.uk, March 31, 2008.

9   Claudia Wallis, "The Multitasking Generation," *Time,* March 19, 2006.

10   Katie Hafner, "Texting May Be Taking a Toll," *New York Times,* May 26,

2009.

11   Dave Carlin, "Teen Girl Falls in Open Manhole While Texting," www.
        wcbstv.com, July 11, 2009.

12   Richard Louv, *Last Child in the Woods: Saving Our Children from Nature-
        Deficit Disorder* (Chapel Hill, N.C.: Algonquin Books, 2006).

13   Lowell Monke, "Unplugged Schools," *Orion,* September/October 2007,
        www.orionmagazine.org.

14   Claire Cain Miller, "What's Driving Twitter's Popularity? Not Teens,"
        New York Times, August 26, 2009.

15   여러가지 업무를 동시에 처리하는 것에 대해 묘사한 카페 시나리오는
        크리스토퍼 캐브리스 Christopher F. Chabris 가 "You Have Too Much Mail (*Wall
        Street Journal,* December 15, 2008.)"에서 든 비유를 읽고 떠올렸다.

16   Studies by Basex, www.basex.com.

17   Ibid.

18   Daniel Tammet, *Embracing the Wide Sky: A Tour Across the Horizons of the
        Mind* (New York: Free Press, 2009), p. 7.

19   William James, "Attention," in *Talks to Teachers on Psychology; and to Students
        on Some of Life's Ideals* (Charleston, S.C.: BiblioBazaar, 2007), p. 70.

20   Jen Sorensen, *Slowpoke* strip, *Funny Times,* June 2009.

21   www.basex.com.

22   '정보과잉 연구그룹' 설립에 관한 제록스의 문서를 참조하였다.

23   Hand-lettered sign in the café at the Providence, Rhode Island, Amtrak
        station.

24   Risto Etelamaki, National Public Radio, August 26, 2008; and Agnieszka
        Flak, "Ants Bite, Phones Fly in Finnish Summer Bonanza," www.

reuters.com, August 26, 2008.

25   Jeryl Brunner, "10 Unplugged Vacations," www.forbestraveler.com, June 26, 2008.

Chapter 04 당신은 지금 영원히 접속되었습니다

1   Gates-Seinfeld commercial broadcast on television, fall of 2008.

2   Brandon Keim, "Digital Overload Is Frying Our Brains," www.wired. com, February 6, 2009.

3   L. Gordon Crovitz, "Unloading Information Overload," http://online. wsj.com, July 7, 2008.

4   Broadcast of May 22, 2009; listener's audio comment posted at www. thetakeaway.org.

5   IBM 연구원 존 탕John Tang의 말을 맷 리텔Matt Richtel이 인용, "Lost in E-Mail, Tech Firms Face Self-Made Beast," *New York Times,* June 14, 2008, p. A1.

6   Randall Stross, "The Daily Struggle to Avoid Burial by E-Mail," *New York Times,* April 20, 2008, Sunday Business section, p. 5.

7   Timothy Ferriss, *The 4-Hour Workweek: Escape 9-5, Live Anywhere, and Join the New Rich* (New York: Crown Publishers, 2007), pp. 114-16.

8   뇌와 집중력에 관한 내 의견은 대부분 유니언 칼리지Union College의 심리 학 박사 크리스토퍼 캐브리스Christopher F. Chabris의 도움을 받았다.

9   하버드 대학 정신 의학과 부교수 존 레이티John Ratey의 말을 맷 리텔Matt Richtel이 인용, "Driven to Distraction," *New York Times,* July 19, 2009, p. A1.

10   Steven Pinker, "Will the Mind Figure Out How the Brain Works?" *Time,* April 10, 2000.

11   Antonio R. Damasio, "How the Brain Creates the Mind," *in Best of the Brain from Scientific American,* ed. Floyd E. Bloom (New York: Dana Press, 2007), p. 61.

12   Michel Foucault, "Technologies of the Self," in *Technologies of the Self: A Seminar with Michel Foucault,* ed. Luther H. Martin, Huck Gutman, and Patrick H. Hutton (Amherst: University of Massachusetts Press, 1988), p. 16.

13   에릭 슈미트의 연설은 언론매체를 통해 널리 보도되었다. Kathy Matheson, "Google CEO Urges Grads: 'Turn off your computer,'" Associated Press, May 18, 2009.

Chapter 05 가끔은 세상과 거리를 두라

파이드로스Phaedrus의 인용은 대부분 알렉산더 네하마스Alexander Nehamas와 폴 우드러프Paul Woodruff의 번역본을 참조했으며 이는 존 쿠퍼John M. Cooper가 편집한 《Plato: Complete Works》(Indianapolis: Hackett Publishing, 1997)에 실려 있다. 대부분은 이 책을 참고했지만 벤저민 조웨트Benjamin Jowett가 19세기에 번역한 《Symposium and Phaedrus》(New York: Dover, 1993)에서 두 부분을 참조했다. 번역의 질에 의한 선택이 아니라 (고대 그리스어에 대해 아는 것이 없으므로) 내 책의 주제에 조금 더 부합하는 번역을 선택한 것뿐이다. 조웨트라고 특별히 언급하지 않은 부분은 모두 네하마스와 우드러프의 번역본임을 밝힌다. 이 두 권이 아닌 또 다른 책을 참조한 단어가 하나 있는데 바로 'scroll'이다. 그 단어를 사용한 이유는 아래에서 밝힐 것이다.

1   이 대화를 나눌 당시 파이드로스가 중년의 나이에 가까웠다고 기록한 자료도 있다. 하지만 소크라테스가 그를 "boy"라고 불렀기 때문에 나는 그가 청년일거라고 가정했다.

2   Plato, *Phaedrus,* trans. Alexander Nehamas and *Paul Woodruff, in Plato: Complete Works,* ed. John M. Cooper (Indianapolis: Hackett Publishing, 1997), p. 507.

3   Ibid., p. 507.

4   Ibid., p. 510.

5   Ibid., p. 510.

6   John M. Cooper, introduction to ibid., p. 506.

7   E. H. Gombrich, *A Little History of the World,* trans. Caroline Mustill (New Haven, Conn.: Yale University Press, 2005), p. 7.

8   Ibid., p. 5.

9   John M. Cooper, introduction to Plato: *Complete Works,* p. xix.

10   네하마스와 우드러프, 조웨트는 'book'이라는 단어를 사용했지만 'scroll'이라고 번역된 다른 자료도 있다. 나는 'book'이라는 단어가 그 당시 아직 발명되기 전이었던 오늘날 책의 형태를 떠올린다고 생각해서 'scroll'이라는 단어를 사용했다.

11   *Phaedrus,* p. 525.

12   Ibid., p. 524.

13   Ibid., p. 526.

14   Ibid., p. 525.

15   Ibid., p. 526.

16   Ibid., p. 517.

17   Ibid., pp. 551-52.

18   Ibid., p. 552.

19   Plato, *Symposium and Phaedrus,* trans. Benjamin Jowett (New York: Dover, 1993), p. 88.

20   *Phaedrus,* p. 552.

21   Ibid., p. 552.

22   Ibid., p 509.

23   Ibid., p. 528.

24   Plato, *Symposium and Phaedrus,* trans. Jowett, p. 92.

Chapter 06 마음의 거리를 확보하라

세네카가 루킬리우스에게 보낸 편지는 모두 로빈 캠벨Robin Campbell이 번역한 《Letters from a Stoic》을 참조했다. 이하 Letters로 표기했다.

1   세네카의 생애에 대한 자료는 미리암 그리핀Miriam T. Griffin의 《*Seneca: A Philosopher in Politics*》 (Oxford: Oxford University Press, 1976)와 로빈 캠벨의 《Letters》 서문을 참조했다.

2   Pierre Grimal, *The Civilization of Rome* (New York: Simon & Schuster, 1963), p. 497.

3   Seneca, *Letters from a Stoic,* trans. Robin Campbell (London: Penguin Books, 2004), p. 34.

4   *Letters,* p. 125.

5   Ibid., p. 41.

6   Ibid., p. 36.

7   Ibid., p. 189.

8   Ibid., p. 186.

9   Harold A. Innis, *Empire and Communications,* rev. Mary Q. Innis (Toronto: University of Toronto Press, 1972), p. 106.

10   *Letters,* p. 33.

11   Ibid., p. 33.

12   Ibid., pp. 73-75.

13   Ibid., p. 160.

14   Winifred Gallagher, *Rapt: Attention and the Focused Life* (New York: Penguin Press, 2009), p. 53.

15   *Letters,* p. 34.

16   Ibid., p. 109.

17   Ibid.

18   Ibid., pp. 109-10.

19   Ibid., p. 110.

20   Ibid., p. 186.

21   Ibid., p. 112.

22   Mihaly Csikszentmihalyi, *Flow: The Psychology of Optimal Experience* (New York: Harper Perennial, 1991), pp. 2-6 and p. 49.

23   Robin Campbell, introduction to *Letters,* p. 25, and related note, p. 238.

24   e.g., downloadable add-on program called 'Readability,' http://lab.arc90.com/experiments/readability.

Chapter 07 손에 책을 들게 하라

1   Anita Hamilton, "The iPhone: Second Time's a Charm," www.time.com, July 14, 2008.

2   John Boudreau, "IPhone 3G: 'Worth the Wait,'" www.mercurynews.com, July 12, 2008.

3   Connie Guglielmo and Pavel Alpeyev, "Apple's New IPhone Debut Draws Crowds, Helicopters," www.bloomberg.com, July 11, 2008.

4   Alberto Manguel, *A History of Reading* (New York: Viking, 1996), pp. 41-51.

5   Ibid., p. 47.

6   아헨의 순례자들에 관한 자료는 대부분 존 맨John Man의 《Gutenberg: How One Man Remade the World with Words》 (New York: John Wiley & Sons, 2002)와 알베르트 카프르Albert Kapr의 《Johann Gutenberg: The Man and His Invention》 (Aldershot, England: Scolar Press, 1996)을 참조했다.

7   Man, Gutenberg, p. 63.

8   Ibid.

9   Victor Scholderer, *Johann Gutenberg: The Inventor of Printing* (London: Trustees of the British Museum, 1963), p. 10.

10   Manguel, *A History of Reading*, pp. 133-34.

11   Robert Darnton, *The Case for Books: Past, Present, and Future* (New York: Public Affairs, 2009), pp. xiv-xv.

12   Ibid., p. 68.

13   Man, *Gutenberg*, p. 8.

14   The quoted lines are from Stafford's poem "An Afternoon in the Stacks." www.williamstafford.org.

Chapter 08   오래된 도구를 사랑하라

《햄릿》의 인용구는 전부 스티븐 그린블랫Stephen Greenblatt의 《The Norton Shakespeare》 (New York: W. W. Norton & Company, 1997)를 참조했다. 잘 알려진 작품이기 때

문에 인용구마다 구체적인 참고문헌은 표기하지 않았다. 그린블랫을 인용한 모든 내용의 출처는 그린블랫이 쓴 셰익스피어 전기인 《Will in the World》(New York: W. W. Norton & Company, 2004)이다.

1   Stephen Greenblatt, *Will in the World* (New York: W. W. Norton & Company, 2004), p. 169.

2   Mark Twain, *The Prince and the Pauper* (New York: Modern Library, 2003), p. 64.

3   Ralph Waldo Emerson, "Shakespeare; or, the Poet," from *Representative Men in Ralph Waldo Emerson: Essays & Lectures,* ed. Joel Porte (New York: Library of America, 1983), p. 717.

4   Greenblatt, *Will in the World,* p. 171.

5   Ann Blair, "Reading Strategies for Coping with Information Overload, ca. 1550-1700," *Journal of the History of Ideas* 64 (2003), pp. 11-28; and *Too Much to Know: Managing Scholarly Information Before the Modern Age* (New Haven, Conn.: Yale University Press, 2010).

6   Peter Stallybrass, Roger Chartier, J. Franklin Mowery, and Heather Wolfe, "Hamlet's Tables and the Technologies of Writing in Renaissance England," *Shakespeare Quarterly* 55, no. 4 (2004), pp. 380-419.

7   몽테뉴와 샤팜을 비롯해 테이블의 인기에 관한 모든 자료는 위와 같은 책을 참조했다.

8   Paul Duguid, "Material Matters: Aspects of the Past and the Futurology of the Book," in *The Future of the Book,* ed. Geoffrey Nunberg (Berkeley: University of California Press, 1996), pp. 63-102.

9   Peter Stallybrass, Michael Mendle, and Heather Wolfe, text of

brochure for "Technologies in the Age of Print," exhibit at the Folger Shakespeare Library, Washington, D.C., September 28, 2006-February 17, 2007.

10   Ibid.

11   기술과 상호작용에 관해서는《The Myth of the Paperless Office》(Cambridge, Mass.: MIT Press, 2003)를 공동 집필한 에비게일 셀렌Abigail J. Sellen과 리처드 하퍼Richard H. R. Harper, 모토로라Motorola Corporation의 모인 라만 Moin Rahman, 필립스 디자인Philips Design의 톰 쟈쟈디닝랏Tom Djajadiningrat, 그리고 네덜란드 아인트호벤 공과대학Eindhoven University of Technology의 케이스 오버르 베이크Kees Overbeeke 교수의 도움을 받았다.

12   Greenblatt, *Will in the World*, p. 323.

Chapter 09 삶의 질서를 창조하라

벤저민 프랭클린이 살았던 시대와 그의 삶에 대한 자료는 프랭클린 자서전《The Autobiography of Benjamin Franklin》, 월터 아이작슨Water Isaacson의 《Benjamin Franklin: An American Life》, 칼 밴 도런Carl Van Doren의 《Benjamin Franklin》을 참조 했다. 구체적인 참고도서는 각 주마다 표기했다.

1   Sue Shellenbarger, "A Day Without Email Is Like . . . ," *Wall Street Journal,* October 11, 2007, p. D1.

2   Walter Isaacson, Benjamin Franklin: *An American Life* (New York: Simon & Schuster, 2004), p. 50.

3   Carl Van Doren, *Benjamin Franklin* (New York: Viking Press, 1938), pp. 61-62.

4   Ibid., p. 63.

5   Ibid., pp. 83-87.

6   Ibid., p. 782.

7   Benjamin Franklin, *The Autobiography of Benjamin Franklin in Benjamin Franklin: Autobiography, Poor Richard, and Later Writings,* ed. J.A. Leo Lemay (New York: Library of America, 1997), p. 651.

8   D. H. Lawrence, *Studies in Classic American Literature* (New York: Penguin Books, 1977), p. 17.

9   Jonathan B. Spira and Cody Burke, "Intel's War on Information Overload: A Case Study," www.basex.com.

10   Jonathan B. Spira, "A Day Without E-mail," www.basexblog.com, December 9, 2009.

11   Franklin, *Autobiography,* p. 378.

Chapter 10 나만의 월든 존을 만들라

1   Henry David Thoreau, *Walden in Walden and Other Writings of Henry David Thoreau,* ed. Brooks Atkinson (New York: Modern Library, 1937), p. 81.

2   Ibid., p. 122.

3   Ibid., p. 7.

4   Robert D. Richardson, Jr., *Henry Thoreau: A Life of the Mind* (Berkeley: University of California Press, 1986), pp. 137-39.

5   Ibid., p. 136.

6   Thoreau, Walden, p. 10.

7   Richardson, *Henry Thoreau,* p. 153.

8   "The Telegraph," *New York Times,* September 14, 1852; www.nytimes.

com.

9 Tom Standage, *The Victorian Internet: The Remarkable Story of the Telegraph and the Nineteenth Century's On-line Pioneers* (New York: Berkley Books, 1999), p. 166.

10 Thoreau, *Walden,* p. 33.

11 Ibid., pp. 46-47.

12 Thoreau, journal entry, September 3, 1851, in *The Heart of Thoreau's Journals,* ed. Odell Shepard (New York: Dover, 1961), p. 57.

13 Henry Petroski, *The Pencil: A History of Design and Circumstance* (New York: Alfred A. Knopf, 1992), p. 4.

14 Thoreau, *Walden,* p. 47.

15 Ibid., p. 83.

16 Thoreau, "Life Without Principle," in Atkinson, ed., *Walden and Other Writings of Henry David Thoreau,* pp. 723-24.

17 Ralph Waldo Emerson, "Self-Reliance," from *Essays: First Series, in Ralph Waldo Emerson: Essays & Lectures,* ed. Joel Porte (New York: Library of America, 1983), p. 261.

18 Ralph Waldo Emerson, "The Transcendentalist" in *Ralph Waldo Emerson: Essays & Lectures*), p. 205.

19 Thoreau, *Walden,* p. 82.

20 Thoreau, *Letters to a Spiritual Seeker,* ed. Bradley P. Dean (New York: W. W. Norton & Company, 2006), p. 21.

21 Thoreau, *Walden,* p. 127.

22 Ibid., p. 130.

23 Ibid., pp. 137-38.

24 Ibid., p. 127.

25 Ibid., p. 129.

26 Ibid., p. 81.

27 Richardson, *Henry Thoreau*, pp. 316-17.

28 Ibid., p. 171.

29 Dorothy J. Field, *The Human House* (New York: Houghton Mifflin, 1939), p. 17.

30 Thoreau, journal entry, February 8, 1857, in *The Heart of Thoreau's Journals*, p. 173.

Chapter 11 마음의 온도를 낮추라

1 Marshall McLuhan, *The Gutenberg Galaxy: The Making of Typographic Man* (Toronto: University of Toronto Press, 1962), p. 183.

2 Anne Morrow Lindbergh, *Gift from the Sea* (New York: Pantheon Books, 2005), p. 20.

3 McLuhan, *The Gutenberg Galaxy*, p. 4.

4 Ibid., p. 28.

5 Marshall McLuhan, *Understanding Media: The Extensions of Man* (Cambridge, Mass.: MIT Press, 1995), p. 248.

6 W. Terrence Gordon, "Terrence Gordon on Marshall McLuhan and What He Was Doin'," *The Beaver* 84 (2), May 2004.

7 McLuhan, *The Gutenberg Galaxy*, p. 6.

8 Ibid., p. 35.

9 McLuhan, *Understanding Media*, p. 41.

주

10   Ibid., p. 15.

11   Edgar Allan Poe, "A Descent into the Maelstrom," in *Edgar Allan Poe: Poetry and Tales,* ed. Patrick F. Quinn (New York: Library of America, 1984), pp. 432-48.

12   영화 〈McLuhan's Wake〉에서 매클루언이 던진 질문을 브라이언 존슨_{Brian D. Johnson}이 인용, "A Prophet Gets Some Honour," *Maclean's,* December 2, 2002.

13   Kevin McMahon, 존슨이 "A Prophet Gets Some Honour."에서 인용.

14   McLuhan, *Understanding Media,* p. 23.

15   Alvin Toffler, *Future Shock* (New York: Bantam Books, 1984); Robert M. Pirsig, *Zen and the Art of Motorcycle Maintenance: An Inquiry into Values* (New York: HarperTorch, 2006).

Chapter 12 깊이 있는 삶을 위한 일곱 가지 철학

1   "Get Smart? Testing the iPhone and the Blackberry Bold," *Conde Nast Traveler,* June 2009. Follow-up letter from Becca Podell published in the August 2009 issue.

2   Online ad for the Palm Pre.

3   John Freeman, *The Tyranny of E-Mail* (New York: Scribner's, 2009), pp. 208-10.

4   Lowell Monke, "Unplugged Schools," Orion, September/October 2007, www.orionmagazine.org.

5   K. C. Myers, "Have a Skill? Please Share!" *Cape Cod Times,* October 4, 2009, p. A1.

1   Pew Internet & American Life Project, "Networked Families," www.pewinternet.org, October 19, 2008.

2   Christopher Alexander, Sara Ishikawa, and Murray Silverstein, *A Pattern Language* (New York: Oxford University Press, 1977), pp. 828-32 and p. 665.

3   Ibid., p. 665.

4   Donald Winnicott, "The Capacity to Be Alone," in *The Maturational Processes and the Facilitating Environment* (London: Karnac Books, 1990), pp. 29-36.

5   Mark Bittman, "I Need a Virtual Break. No, Really," www.nytimes.com, March 2, 2008; "King's Screen Addiction," The Week, August 7, 2009, p. 10.

6   Alexander, Ishikawa, and Silverstein, *A Pattern Language,* pp. 319-21.

에필로그

1   Bill Persky, "We're Killing Communication," *USA Today,* November 2, 2009, p. 9A.

2   Alan Scher Zagier, "College Asks Students to Power Down, Contemplate," *Washington Post,* December 25, 2009, www.washingtonpost.com.

3   Mary Ann Bragg, "Modernist Makeover in Wellfleet," *Cape Cod Times,* January 2, 2010.

더 읽어보기

이 책은 내가 몇 년 전에 하버드대학의 언론·정치·공공정책 조안 쇼렌스타인 연구소에서 연구원으로 일하면서 쓴 짧은 글을 토대로 한 책이다. 인간이 사용하는 네트워크 도구 중 한 가지의 과거·현재·미래에 대해 다룬 그 글의 제목이 '햄릿의 블랙베리'였으며 그 한 가지 도구는 바로 종이였다. www.williampowers.com에서 그 글을 읽어볼 수 있다.

이 책에서 논의된 여러 가지 아이디어를 더 풍부히 하고 싶은 독자들을 위해 이 책을 쓰는 동안 참고했던 책 목록을 소개한다. 여기서 제시한 책 목록이 이 책에 전부 언급된 것은 아니며 저자들의 사상 혹은 결론에 전부 동의하는 것도 아니다. 하지만 여기 제시한 책들은 여러 가지 이유로 충분히 읽어볼 가치가 있다고 생각한다.

350

철학과 일상생활

· Botton, Alain de. The Consolations of Philosophy. New York: Vintage, 2001.

· Hadot, Pierre, Philosophy as a Way of Life: Spiritual Exercises from Socrates to Foucault, Malden, Mass.: Blackwell Publishing, 1995.

· James, William, On Some of Life's Ideals

※ 윌리엄 제임스의 하버드 대학 강의 두 편이 그가 죽기 전에 책으로 묶여 나왔다. 첫 번째 강의 《인간의 특정한 무지에 관하여On a Certain Blindness in Human Beings》는 일상생활에서 '반드시 꼭 필요한 의미vital significance'를 찾는 방법에 대해 탐구한다. 문고판으로도 여러 종 출간되었고 온라인에서도 찾아볼 수 있다.

· Richards, M. C, Centering: In Pottery, Poetry, and the Person, Middletown, Conn.: Wesleyan University Press, 1989.

자율성과 고독

· Lindbergh, Anne Morrow. Gift from the Sea. New York: Pantheon Books, 2005.

· Newman, Mildred, and Bernard Berkowitz, with Jean Owen. How to Be Your Own Best Friend. New York: Ballantine Books, 1986.

· Storr, Anthony, Solitude: A Return to the Self, New York: Ballantine Books, 1989.

도구와 인간

· Brown, John Seely, and Paul Duguid. The Social Life of Information. Boston: Harvard Business School Press, 2000.

· Pirsig, Robert M. Zen and the Art of Motorcycle Maintenance: An Inquiry Into Values. New York: HarperTorch, 2006.

· Sellen, Abigail J., and Richard H. R. Harper. The Myth of the Paperless Office. Cambridge, Mass.: MIT Press, 2003.

주택 디자인에 관한 철학

· Alexander, Christopher, Sara Ishikawa, and Murray Silverstein with Max Jacobson, Ingrid Fiksdahl-King, and Shlomo Angel. A Pattern Language. New York: Oxford University Press, 1977.

플라톤

· Cooper, John M., ed. Plato: Complete Works, Indianapolis: Hackett Publishing, 1997.

세네카

· Seneca, Letters from a Stoic: Epistulae Morales ad Lucilium, selected and trans. with an introduction by Robin Campbell. London: Penguin Books, 2004.

  – 금욕

  · Aurelius, Marcus, The Meditations of Marcus Aurelius
  · Epictetus, Epictetus: Discourses and Selected Writings, trans. and ed. Robert Dobbin. London: Penguin Books, 2008.

  – 집중

  · Csikszentmihalyi, Mihaly. Flow: The Psychology of Optimal Experience. New York: HarperPerennial, 1991.
  · Gallagher, Winifred, Rapt: Attention and the Focused Life, New York: Penguin Press, 2009.

구텐베르크

· Man, John, Gutenberg: How One Man Remade the World with Words, New York: John Wiley & Sons, 2002.

  – 책과 읽기

  · Basbanes, Nicholas A., A Splendor of Letters: The Permanence of

Books in an Impermanent World, New York: Harper Collins, 2003.
 Darnton, Robert, The Case for Books: Past, Present, and Future, New York: PublicAffairs, 2009.
 Manguel, Alberto, A History of Reading, New York: Viking, 1996.

세익스피어

 Greenblatt, Stephen, Will in the World: How Shakespeare Became Shakespeare, New York: W. W. Norton & Company, 2004.

프랭클린

 Franklin, Benjamin. Autobiography. Widely available.
 Isaacson, Walter. Benjamin Franklin: An American Life. New York: Simon & chuster, 2004.

소로

 Richardson, Robert D., Jr. Henry Thoreau: A Life of the Mind. Berkeley: University of California Press, 1986.
 Standage, Tom. The Victorian Internet: The Remarkable Story of the Telegraph and the Nineteenth Century's On-line Pioneers. New York: Berkley, 1999.
 Thoreau, Henry David. The Heart of Thoreau's Journals, ed. Odell Shepard. New York: Dover, 1961.
 —. Letters to a Spiritual Seeker, ed. Bradley P. Dean. New York: W. W. Norton & Company, 2006.
 —. Walden, ed. Jeffrey S. Cramer. New Haven, Conn.: Yale Nota Bene, 2006.

매클루언

Gordon, W. Terrence. Marshall McLuhan: Escape into Understanding. New York: Basic Books, 1998.

McLuhan, Marshall. The Gutenberg Galaxy: The Making of Typographic Man. Toronto: University of Toronto Press, 1962.

——. Understanding Media: The Extensions of Man. Cambridge, Mass.: MIT Press, 1995.

– 20세기 군중에 대한 고찰

Canetti, Elias. Crowds and Power, trans. Carol Stewart. New York: Farrar, Straus and Giroux, 1984.

Hoffer, Eric. The True Believer: Thoughts on the Nature of Mass Movements. New York: Perennial Classics, 2002.

Riesman, David, with Reuel Denney and Nathan Glazer. The Lonely Crowd. New Haven, Conn.: Yale Nota Bene, 2001.

– 기술과 인간에 대한 매클루언 이후의 사고

Freeman, John. The Tyranny of E-mail: The Four-Thousand-Year Journey to Your Inbox. New York: Scribner, 2009.

Lanier, Jaron. You Are Not a Gadget: A Manifesto. New York: Alfred A. Knopf, 2010.

Postman, Neil. Technopoly: The Surrender of Culture to Technology. New York: Vintage Books, 1993.

Shenk, David. Data Smog: Surviving the Information Glut. New York: HarperOne, 1998.

Shirky, Clay. Here Comes Everybody: The Power of Organizing without Organizations. New York: Penguin Press, 2008.